徐京植
Suh Kyungsik
評論集

植民地主義の暴力

「ことばの檻」から

高文研

❄——目次

Ⅰ　植民地主義の暴力

Ⅲ 記憶の闘い

装丁＝商業デザインセンター・増田絵里

本書に収録した文章について

著者は二〇〇六年四月から二〇〇八年三月までの二年間、勤務先である東京経済大学の国外研究員として韓国に滞在した。この経験は、本書中のいくつかの文章に反映している。韓国滞在以前はおおむね日本の読者のみを念頭において著述してきた著者は、これを契機に、韓国の読者を直接の対象に執筆することを始めた。本書所収の文章中、三篇は韓国の媒体が初出である（初出一覧に＊で示した）。

二篇は、韓国で出版された著者の評論集『難民と国民のあいだ』（서경식「난민과 국민 사이」돌베개、二〇〇六年）に収められている（✣で示した）。

なお、「記憶の闘い」という一篇は、イタリアのフィレンツェ大学から出版されたプリーモ・レーヴィ没後二〇周年記念論集に寄稿したものである。のちに、韓国の季刊雑誌『創作と批評』（창작과비평、二〇〇八年春、第一三九号）に掲載された。

異なる場所で、異なる読者を対象として書かれたものではあるが、これらの文章に、一貫した問題意識と主張が通底していることは言うまでもない。

今回これらを一冊にまとめるにあたり、あらためて全体を通読し、必要な修正と加筆を行なった。

《初出一覧》

Ⅰ　植民地主義の暴力

■ある在日朝鮮人の肖像
＊“분단의 경계를 허무는 두 자이니치의 망향가—재일한인 一〇〇년의 사진기록”（『分断の壁を崩す在日の二つの望郷歌—在日韓人一〇〇年写真記録』）현실문화연구、二〇〇七年所収

■怪物の影——「小松川事件」と表象の暴力（✣）
中野敏男ほか編著『継続する植民地主義—ジェンダー／民族／人種／階級』（青弓社、二〇〇五年）所収

■和解という名の暴力——朴裕河『和解のために』批判
書き下ろし

Ⅱ　ことばの檻

■断絶の世紀の言語経験——レーヴィ、アメリー、そしてツェラーン
日本ツェラーン協会「ツェラーン研究」第四号、二〇〇二年七月

■母語という暴力——尹東柱を手がかりに考える
季刊『前夜』第九号、二〇〇六年秋

■ソウルで『由煕』を読む——李良枝とのニアミス

日本社会文学会「社会文学」第二六号、二〇〇七年六月

■母語と母国語の相克——在日朝鮮人の言語経験

＊"황해문화"（「黄海文化」）第五七号、二〇〇七年一二月

東京経済大学『人文自然科学論集』第一二六号、二〇〇八年一一月

Ⅲ　記憶の闘い

■「太陽の男たち」が問いかける、「私たち」とは誰か？（✢）

＊"봄 journal BOL" vol.2. 2006 spring, 한국문화예술위원회 인사미술공간

■記憶の闘い——東京とソウルで読むプリーモ・レーヴィ

論文原題：."Leggere Primo Levi a Seoul e a Tokyo: battaglia per la memoria in Estermo Oriente"

原著：."Voci dal mondo per Primo Levi : In memoria, per la memoria" Luigi Dei, Firenze University Press,2007（イタリア語）

■道徳性をめぐる闘争——ホー・チミンと「革命的単純さ」

季刊『前夜』第六号、二〇〇六年冬

I

植民地主義の暴力

ある在日朝鮮人の肖像

私は一九五一年に日本の京都市で生まれた。振り返れば五五年の人生の大半を日本の地で過ごしたことになるが、二〇〇六年四月からはソウル市内で暮らしている。韓国の大学の客員教授として滞在することになったためだ。韓国で、ある程度長期間の生活をしてみるのは今回が初めてのことだ。人生が終わる前にせめて一度は祖国（祖先の出身地）での生活を経験してみなければ、という気持ちが私にはあった。ただ、それは祖国への憧れとか、愛着といった感情とは少し違う。むしろ、人生の宿題、避けて通ることのできない試験のような感じである。

韓国で生活していると、行く先々でしばしば「日本人ですか?」と尋ねられる。それだけ私の言葉つきや物腰が「日本人」らしく見えるのだろう。愉快なことではない。私は日本で生まれ育ったが、「日本人」ではない。「在日朝鮮人」である。人生のある時点から、「日本人」にだけはなるまいと自分に言い聞かせて生きてきた。

なぜ朝鮮人である私が日本で生まれたのか。それは、日本による植民地時代である一九二〇年代に、忠清南道青陽郡（朝鮮半島南西部の農村地帯）の没落農民だった祖父が生きる道をもとめて日本の京都に移り住んだからである。外祖父（母の父）も忠清南道論山の出身で、同じ頃に京都に来た。外祖父の場合は、朝鮮総督府による「土地調査事業」で道路工事に動員された際、日本に逃げることを決意した。作業用に貸与されたツルハシを妻の実家の垣根越しに投げ込んでおいて単身で逃げ、後から妻子を呼び寄せたのである。

祖父と外祖父、同郷の二人は互いの息子と娘を結婚させ、息子と娘は四男一女をもうけた。その四男が私である。

私が生まれたのは京都市内の西部に位置する庶民の街である。小学生だった頃の記憶では、当時人口約一二〇万人の京都市に四万人ほどの在日朝鮮人が住んでいた。日本国内の都市としては、大阪、川崎、神戸、福岡、広島などと並んで、かなり在日朝鮮人の人口が多いほうである。こうした都市にはかならず「チョーセン部落」があった。在日朝鮮人が集まって住む貧しい地区のことを日本人たちは、そう呼んでいたのである。「チョーセン」という独特なアクセントの日本語は朝鮮人を愚弄する差別語である。

日本には「部落差別」が存在する。京都は歴史の長い古都であるだけに前近代的な差別意識も強く、「部落」があちこちにあった。たいていは不衛生で乱雑な環境であった。日本に渡って来たばかりの朝鮮人たちは差別と貧困のため、一般の日本人が住む街で住居を求めることは困難であり、被差別民が集まって住む「部落」のそばに住み着くことになる。だから、「部落」と「チョーセン部落」とは隣り合っている場合が多いのである。

私が通った小学校の近くにあった「チョーセン部落」は、その地区を通る鉄道工事に従事する朝鮮人が住み始めたのが起源である。実は私の祖父も、最初はその鉄道工事の労働者として「チョーセン部落」に居をかまえたのだ。祖父をたよって同郷の青年たちが次々に渡日し、祖母は同じ屋根の下に暮らすことになった青年たちの食事や洗濯に追われたという。

祖父はやがて「チョーセン部落」を出て、京都市内の貧しい地区を転々と移り住みながら廃品回収の仕事を始めた。廃品回収は一般の日本人がやりたがらない仕事であり、「バタ屋」と呼ばれて差別される職業だった。

父の姓名は徐承春《ソスンチュン》という。一九二二年の生まれで、六歳の時に祖父に手を引かれて日本に渡った。幼いうちから祖父の仕事を手伝って働き、小学校を出るとすぐ自転車屋の「丁稚《でっち》」になった。もっとも無権利な低賃金労働者である。

その父の最大の楽しみは集めてきた廃品の山から本や雑誌を探し出して読むことだったそうだ。そのせいか、父は小学校しか出ていないのに知識は豊富で弁舌もたくみだった。

私が子どもだった頃、父が酒でも一杯飲んで上機嫌になった時、繰り返し語る思い出話があった。若い頃、偶然おなじ列車に乗り合わせた大学生と「宇宙無限論」についての哲学論争を闘わせ最後には論破したという話である。学ぶことのできなかった父にとっては大切な思い出だが、うっかりと調子を合わせると、今度は私に向って、すでに耳にタコができるほど聞かされた怪しげな「宇宙無限論」を滔々と説き始めるのが常だった。

もう一つ、酔っ払った父が好んで話したのは、なだらかな山を縫って錦江《クムガン》が蛇行する故郷の美しさである。祖父の代に没落して日本にまで流れて来ることになってしまったが、数世代前の祖先はもともと錦江流域の物流をとりしきる豪商として隆盛を極めたのだと、伝説か神話のように父は語った。遠い祖先は中国の明から朝鮮に渡って来た高級官僚だとか、同じ忠清南道出身の徐載弼《ソジェピル》博士【註1】は親戚だとか、大風呂敷も広げた。私は思春期を過ぎる頃から、こうした父の話に付き合うことが苦痛になったが、父は息子がいやがっているのもかまわず、壊れたレコードのように同じ話を繰り返した。

父には二人の弟と二人の妹がいた。日本がアメリカとの戦争に突入した一九四一年、父は結婚し、すぐに長男が生まれた。終戦の数カ月前には次男も生まれた。祖父は当時四〇代で、現在の感覚から見ればまだ充分に働ける年齢だったのに、父が結婚すると働くのをやめてしまった。朝鮮では一人前になった息子が親を養うのは当たり前だというのが、祖父の言い分だった。まだ若かった父は、結婚したばかりの妻と生まれたての長男のほか、両親と幼い四人の弟妹を自分一人の働きで養わなければならなかったわけである。母からすれば、結婚早々に貧しい大家族の主婦の役割を背負わされたことになる。

私の母は小学校にすら通うことができないまま、八歳の頃から子守りなどの労働に明け暮れた人だ。京都の伝統産業である西陣織は、長時間にわたりきわめて低賃金で機織り作業をする「織り子《おこ》」と呼ばれる少女たちの労働によって支えられていた。母も一〇代のはじめから同年齢の日本人少女たちが学校に通うのを羨ましい思いで眺めながら、「織り子」として働いた。

戦争が激しさを加えると、一家は京都市内を出て同じ京都府の周山《しゅうざん》村という農村に移って、日本人農家の小作人になった。当時、朝鮮人は農地の所有ができなかったので、たとえ貧しくなかったとしても小作人になるしかなかった。いまも在日朝鮮人に農民がほとんどいないが、その理由は、彼らがもともと低賃金の産業労働者として日本にわたったという歴史的経緯に加えて、日本の閉鎖的な農地制度にも原因がある。

収穫の半分は地代として地主に支払うのであり、残る半分からも国家が戦時供出という名目で多くを奪ったので、手もとにはわずかしか残らない。それでも父母が小作人になった理由は、食糧生産に従事すれば徴用を猶予されると聞いていたからである。日本は戦争の激化とともに朝鮮人への強制徴用を強化していた。朝鮮人の中には軍需工場や戦地での工事に動員されて負傷したり死亡する例が多く、サハリン、沖縄、南洋諸島などに徴用されたまま帰ってこない者の噂が交わされていた。徴用に引っ張られたら生きて帰れないかもしれない。自分たちは朝鮮人だ、日本のための戦争で殺されたくない。そうでなくとも、一家の働き手である父が徴用されてしまったら残された大家族が食べていくことはできない。生き延びるためには、何とかして父への徴用をまぬがれなければならない。それが、家族の一致した思いだった。

しかし、もとより小作だけで一家が食べていくことはできない。母に農作業をまかせて、父は繊維製品の仲買いのような仕事で日本全国をまわった。戦争中だから、スパイや闇商人を取り締まるという目的で憲兵の臨検がしきりに行なわれていたが、父はその監視の網の目をくぐるようにして日本全国を歩き回り、二、三カ月に一度、稼ぎを届けるために帰宅した。

父の留守中、母は、農業の経験などまったくなかったにもかかわらず、ひとりで畑にしがみつき、死に物狂いで農作業を営んだ。閉鎖的な日本の農村であるだけに、周囲の村人からの差別もはなはだしかった。母が山に入って暖房のため薪にしようと枯れ木を拾うと、「チョーセンが山を荒らす」と冷たい目を向けられた。村落共同体における農民の互助システムからも朝鮮人は排斥されたのである。

そんな思いをしてまで農村に移ったのに、あとを追いかけるように父に徴用令状が来た。その時は母が幼い子を背負って警察署に出かけ、父はどこか遠くに行ったまま行き先がわからないと、泣きながら嘘をついた。その後も二、三度、徴用令状が来たが同じようにやり過ごした。ただ生き延びるための嘘だが、もし発覚していれば徴用忌避という大罪にあたり、ただではすまなかったはずだ。

一九四五年八月一五日、日本が降伏し朝鮮民族が植民地支配から解放されたとき、父は周山村にいた。田で農作業をしていた最中、米軍の飛行機が空から撒いたビラで解放を知ったのである。父はその時、田にひざまずき、まだ青い稲穂を両手で握って、歓びに泣いた。

敗戦の衝撃に打ちひしがれている周囲の日本人から見れば、朝鮮人が解放の喜びを全身で表現している姿は意外でもあり、憎々しくもあっただろう。日本人の多くは朝鮮人も自分たちと同じ「天皇の赤子」であり日本臣民であると教えられていたため、日本の敗戦を喜ぶ朝鮮人の心を理解することができなかったのだ。終戦後すぐ父は一家を引き連れて周山村を離れ京都市内に移った。その理由は、もはや徴用のおそれはなくなったので都会に出て商売を始めるためだったが、もう一つの理由は日本人の敵意を感じ、狭い農村にいては危険だと考えたからである。

解放後、祖父母や家族たちは朝鮮に帰還したが、父は日本にとどまった。帰還した家族の生活は不安定で、長男である父が日本で金を稼ぎ仕送りしなければならなかったからだ。六歳のときから日本で生きてきた父からすれば、朝鮮には友人も知人もなく、仕事があるかどうかもわからなかった。一九四五年、解放の時点で約二三〇万人の朝鮮人が日本本土にいたが、その多くは帰還し、六〇万人ほどが日本にとどまった。これが現在の在日朝鮮人の起源だが、こうした人々の多くは私の父と同じような事情で日本にとどまったのである。

いったん帰還したもののとうてい生活がなりたたず、その上、朝鮮戦争まで始まったため、ふたたび知人や家族がいる日本に戻ろうとする朝鮮人が多かった。歴史的経緯からみれば当然の権利であるし、まして一九五二年のサンフランシスコ講和条約発効までは法的には朝鮮人は日本国籍保持者だったのだから、決して違法なことではありえなかった。しかし、日本政府と占領軍司令部（GHQ）はこうした朝鮮人の還流をきびしく取り締まり、摘発して強制送還した。

叔父（父の弟）は祖父とともに帰還したが、上記のような事情で、ふたたび日本に密航して来た。見つかると強制送還されるので、叔父はわが家に隠れて暮らした。幼かった私は、絶対に外で叔父さんのことを口外してはならない、警官や怪しい人の姿を見たらすぐに知らせるようにと、父母から強く念を押された。叔父は朝鮮総連が運営する朝鮮学校に通ったが、それは「密航者」は一般の公立学校に通うことができなかったからだ。当時、叔父と同じような「密航者」が二〇万人ほどいたと言われているが、正確な数字は明らかでない。しかし、確かなことは、わが家と同じように、自宅に「密航者」をかくまっていた在日朝鮮人家庭が少なくとも数万世帯は存在したということである。

叔父は長い間、偽の日本人名を使って生活していた。のちに偽名のまま結婚し、子どもが三人生まれたあとになって警察に自首し、「特別在留」という不安定な法的地位を認められた。ちぐはぐな人生を送った叔父は、六〇歳を過ぎて突然、自殺してしまった。

解放後、父は繊維製品を扱う商売を始め、成功したときには小さな紡績工場を経営するまでになった。父はなかなかの美男だったし、オシャレでもあった。羽振りが良かったときにはボルサリーノの中折れ帽とインバネスの外套という姿で記念写真を撮り、韓国の家族や親戚に送っていた。「チョーセン部落」から身を起こし、小さな成功を収めたという達成感と自負心をそういう形で表現しようとしたのであろう。これは父の世代の多くの在日朝鮮人に共通する性向であると思う。

父の考え方は、どちらかといえば保守派民族主義といえるが、むしろ商売人らしい現実主義だったというのが正確であろう。共産主義には反感を抱いていた。解放後の一時期は反共的な民族運動に関わったこともあるらしい。父が尊敬していたのは李承晩《イスンマン》【註2】である。もっとも父の頭にあったのは大統領としてではなく、若い日の民族独立運動家としての李承晩だったのだが。

六〇年代の末に、私の兄たち二人が韓国へ母国留学したとき、そのことを誰よりも喜び、誇りにしたのは父であった。しかし、その兄たちが一九七二年、軍事政権によって投獄された。一九七〇年代以降、韓国に渡った在日朝鮮人（韓国籍）留学生のうち少なくとも百数十名が朝鮮民主主義人民共和国（北朝鮮）や総連との接触を理由に投獄されたり過酷な取り調べを受けたりしたが、兄たちのケースはその先駆けであった。

兄たちの逮捕を知らされた父は、解放後の民族運動で知り合ったある人物に助力を求めた。その人物は親韓国政府側の民族団体の最高幹部になっていた。しかし、その人物から返ってきた返答は、「あんたの息子たちは大罪を犯したのだ、死刑になっても文句は言えない」という冷淡なものだった。

兄たちが裁判を受ける日、父と母はソウルまで傍聴に出かけた。そこで父が目にしたのは、取り調べ中に焼身自殺をはかり大火傷を負って顔を包帯でぐるぐる巻きにした息子の姿だった。無言のまま京都の家に帰宅した父は、床に座り込み、畳を叩いて号泣した。

兄たちは一九八八年と一九九〇年に生きて出獄したが、父母はその日をみないまま世を去った。母は一九八〇年に京都市の病院で死亡した。「夫婦の片方が先に死ぬと三年後に迎えに来るという言い伝えがある。お父さんが長生きできるよう、この三年を無事に乗り切るよう気をつけなさい」と親戚のおばあさんが私に言ったが、まるでその予言を律儀に実践したように、ちょうど三年後に父も死亡したのである。

最晩年の父は息子二人を韓国の獄中にとらわれ、頼りにしていた妻に先立たれ、事業にも失敗して、失意のうちに過ごした。病院で死の床にある父に、「お父さん、元気になったら、どこに行きたいの?」と話しかけたことがある。錦江の美しさを夢見るように語っていた父のことだから、祖国に帰りたいとでも言うのかと思った。だが、父は小さな声で「どこ?」と言っただけで、ぼんやりと濁った視線を病室の天井に向けたままだった。

あれからさらに二十数年の時間が過ぎて、いま私はソウルで生活している。父が生きていれば八四歳。生きていても不思議ではない年齢だ。父と母はいま、京都市郊外の墓地に眠っている。

父を人生の勝利者と呼ぶことはできない。父は強くもなく英雄的でもなかった。だが、その困難な人生には植民地支配と民族分断の歴史が刻み込まれている。父はまぎれもなく在日朝鮮人であった。

在日朝鮮人の世代交代は進んだ。だが、たとえ何世代が過ぎようとも、在日朝鮮人が自分とは何かという問いから解放されることはないだろう。自分とは何かという、この避けられない問いに答えようとすれば、歴史を、それも既成の教科書に書かれた歴史ではなく自分たち自身の歴史を振り返ることが、どうしても必要であるはずだ。私がいまソウルに暮らしながら、まるで宿題を背負っているような気持ちでいるのもそのためである。ここに自分自身の父の肖像を刻んだのも、そのためだ。

【註】

〈1〉独立運動家。一八六一年生まれ。一八八一年日本に留学して陸軍戸山学校に学んだのち帰国し金《キム》玉均《オクキュン》ら開化派にくみして甲申事変に参加、敗れて米国へ亡命した。一八九六年帰国後、独立協会結成を支援し独立運動の指導者となった。九八年再渡米後は、アメリカで独立運動を展開。解放後、一九四七年にアメリカ軍政顧問として帰国したが、四八年の大韓民国成立によって米国に戻り、五一年に死去した。

〈2〉韓国の政治家。一八九六年以後、独立協会の運動に参加し、九八年投獄される。一九〇四年釈放されて渡米。プリンストン大学から博士号を受けた。米国を拠点に独立運動を行なう。一九年上海に設立された大韓民国臨時政府の国務総理、ついで大統領に就任したが、まもなく大統領を罷免された。解放後、四五年一〇月に帰国し反共右派の指導者として活動。四八年、南朝鮮単独選挙実施により初代大統領に就任。一九六〇年の四月学生革命により下野して米国に亡命、六五年九〇歳で死去した。

怪物の影——「小松川事件」と表象の暴力

植民地主義の図像

ここに一枚の写真がある。

中央の白いワイシャツの若い男は、背が高く体格がよい。大男といってもよいだろう。その表情は茫漠としていて捉えがたく、眼はうつろである。怒りや悲しみなど、何らかの感情を読み取ることは難しい。黒いズボンの下にのぞく足には、ちびた下駄を履いている。

大男を両脇から、中年の男ふたりがつかまえている。二人がかりで大男を取り押さえているのだが、見ようによっては、ふたりが大男にぶら下がっているようにも見える。

向かって右側の男は大男を睨みつけている。左側の男は、むかし黒沢明監督の映画によく出ていた俳優の千秋実にすこし似ている。一方が強面《こわもて》で被疑者を追及し、他方が、出前の丼ものでもすす

逮捕直後の李珍宇

めながら、「おっかさんの気持ちも考えてみろよ」などと温顔《おんがん》でかき口説くのだろう。実際、大男はこの時「きつねうどん」を食べ、それまでの一生でこんなに美味いものは食べたことがないともらしたと伝えられる。

左右の背後にはさらに、制服制帽姿の小柄な男たちがいる。そのいでたちや表情が与える印象は、警官と言うよりむしろ岡っ引きに近い。

全体に、大男を中心とするシンメトリの構図になっている。

容易には手におえない巨大な怪物、あるいは、馴致《じゅんち》しがたい野生生物を寄ってたかって取り押さえる図である。

この写真を見たとき、何かしら既視感のようなものを覚えないだろうか？　事実、われわれはこうした図像を数え切れないほど目にしてきた。そこに映し出された対象はアメリカ合衆国や南アフリカ共和国の黒人であり、征服され連行される先住民であり、野蛮で凶悪な犯罪者たちである。彼らはひとしなみに、理解不能で馴致不可能な他者、すなわち怪物として表象される。植民者たちは温情をもって彼らを文明化しようとし、また必要に応じては厳父のように罰するのである。

全体に、B級警察映画の一シーンのような、どこか芝居がかった印象がただよっている。中央の大男は強姦殺人事件の被疑者であり、まだ一八歳の少年である。姓名は李珍宇《イジヌ》、通名を金《かね》子鎮宇《しずお》という。

まだ少年であるのに、このようにして報道陣の前に引き出され、その写真は読売新聞、日本経済新聞に、実名とともに大きく報じられた。こうした行為の呼称としては、「さらしもの」とか「引き回し」とかいう言葉しか思い当たるものがない。

これはアートではない、報道写真である。だが、ある明確な意図のもとに演出されたものであることが明らかであろう。そういう意味では、これは「権力」の制作になる一種のアートである。

さて、このアート写真にタイトルをつけるとすれば、どういうものがよいだろうか?

「現代のガリバー」、「東洋のゴーレム」、「荒川のキングコング」……。

加えて、この大男が実は「朝鮮人」であることがわかっていたら?

それはもう、このタイトルしかないだろう。――「植民地主義」。

植民地主義の寓話

私の小さい頃あったもので、幼い心にきざまれている話を姉さんに話しましょう。

私の小さい頃、小学三年頃かしら？　二人の日本人が家にやってきました。その頃父は家に居なく（私は幼な心に父が刑務所に居ることを知っていました）その二人の人は父の友人だ、といって家に来たわけです。それで心のやさしい母は彼らをもてなしてやりました。ところが二人は家にとめてくれといって家にとまりました。ところがそのまま二人は家で寝とまりするようになってしまったのです。母は不具ですし、兄も私も小さいので何も云えません。近所の人は大体朝鮮人でしたが、この二人はその顔のきく朝鮮人にうまくとりいってしまいましたので、私達はどうすることも出来ませんでした。

二人の日本人は年老いた人と若い青年でした。さて、ここに一人の朝鮮人の青年がいて、この人と私たちはよく遊びました。この人は力が強くてけんかも強いので、私は好きでした。またよく家に来て母と話したり笑ったりする好青年でもありました。

ある日、この青年とあの日本人の青年が何か話していました。私はそばに居たのですが、二人は私が小さくて何も分からないと安心していたのでしょう、私のことは気にかけず、こんなようなことを話していたのです。つまり朝鮮の青年は日本の青年に、私の母を犯したのか、と訊きました。日本の青年は、まだだ、と答えました。すると彼は、早く犯してしまえ、とすすめたのです。日本の人は、それは一寸出来ない、子供たちに気づかれてしまう、と云いました。私はこの話を理解しました。それで私はこのことを誰にも知らせず、私なりに注意していました。しかしそれ以上のことも起らず、あの二人は、私の家のものを少し持って家を去りました。

その後あの朝鮮の青年はいつものように私の母とも話しあったり笑ったりし、また、私たちとも遊びました。しかし、私の思いはもう以前のようではありませんでした。私はあの日本人よりもこの青年に対して憎しみをもっていました。私たちは同じ朝鮮人ではないか！　と。

これは、よくできた寓話である。むしろ、逆寓話というべきか。

これが書き手の個人的記憶を語っているだけのものだとは、どうしても思えない。

朝鮮人の「友人」であると自称する日本人たちが朝鮮半島に入り込み、貧しい朝鮮人住民の「心やさしさ」につけこんで、居座ってしまう。朝鮮人の中からは、どんな動機からであるにせよ、同胞を食い物にして日本人にとりいろうとする者が現れる。無力な朝鮮人少年である「私」は、ただ心を痛めて成り行きを見つめている。……これは日本による朝鮮植民地化という歴史過程そのものの、また、朝鮮人と日本人との抜き差しならない関係についての、卓抜きわまるメタファーではないか。

ここにはまた「朝鮮人」という存在形式に対する、恐ろしいほどの直感がある。

書き手である「私」が、朝鮮人青年に対して抱いた憎しみの感情とともに吐き出した言葉。私たちは同じ朝鮮人ではないか！

「私」は、母を犯すよう日本人にすすめた青年と自分とを、「同じ朝鮮人」であるととらえているのだ。「同じ朝鮮人」――なんと恐ろしい直覚であることか。

「私」は朝鮮の歴史や文化、朝鮮語をまったく知らない。彼は通名（日本名）で生活しており、彼のクラスメートは、彼が「朝鮮人」だったことなど「ちっとも知りませんでした」と述べている。彼はただ、たとえば就職を拒絶されるというような場面を通じてのみ、自分が「朝鮮人」という存在であるという現実に突き当たってきたのだ。その彼が吐いた「同じ朝鮮人」という言葉は、同じ国家に属する国民とか、同じ言語や文化の持ち主などといった定義づけなどとはまったく無縁である。このときの彼は、はっきりと「朝鮮人」の何たるかを理解していた。自分やあの青年のような存在こそが、すなわち「朝鮮人」なのだ、と。

よくできた寓話のようであるが、実は手紙の一節である（一九六一年五月一四日付）。強姦殺人事件の被疑者が支援者の在日朝鮮人女性に書き送った膨大な手紙の一部分である。もちろん、書かれていることがすべて事実そのままであるとは限らない。ただ、ここで被疑者の青年は、「朝鮮人」とは何であるのかという根源的な問いに対して、精一杯の回答を試みたのである。回答の形式は、彼にとって、寓話のようなものでなければならなかった。

さて、この寓話にタイトルをつけるとしたら？

それはもう、これしかない。――「植民地主義」。

一九六一年二月七日、在日朝鮮人女性記者・朴寿南《パクスナム》から李珍宇あてに最初の手紙が送られた。一九六二年一一月一五日、李珍宇から朴寿南あてに最後の手紙が出され、その翌日、彼は処刑された。両名の往復書簡は翌年、朴寿南編『罪と死と愛と』（三一新書）として刊行された。同じ朴寿南編で一九七九年に『李珍宇全書簡集』（新人物往来社）、一九八四年に『新版　罪と死と愛と』（三一新書）が刊行されている。

「小松川事件」の発生後、直接的であれ、間接的であれ、この事件を素材とする文学作品や映像作品が数多く発表された。木下順二のテレビ・シナリオ「口笛が、冬の空に…」、三好徹の「海の沈黙」、大岡昇平「無罪」、大江健三郎「叫び声」、大島渚の映画「絞死刑」などである。しかし、当時社会的に強い影響力をもった「絞死刑」の場合においても、登場人物（とくに小山明子が演じた朴寿南）の描かれ方は見るに耐えないステレオタイプであるというほかない。

ここに詳論する紙幅はないが、前記の諸作品のいずれも、獄中書簡において李珍宇自身が示した戦慄するほどの想像力、直感力には遠く及ばないように思われる。その原因にかかわって、ひとつだけ筆者の感想を述べれば、前記した日本人作家たちが、この「寓話」に登場する二人の日本人について、李珍宇に匹敵する強度をもって、「同じ日本人！」と直覚した形跡がないということである。いいかえれば、この事件とその表象をめぐる植民地主義的構造を、当事者として受け止めているとは思えないということだ。

「小松川事件」については、金達寿《キムダルス》によるいくつかの記録文（『中山道』所収）、金石範《キムソクポム》『祭司なき祭り』など、在日朝鮮人による作品も存在するが、その数は乏しく、総じて在日朝鮮人はこの事件を直視することを回避してきたといえよう。そうした中で、朴寿南との往復書簡は、両者の間にもどかしく悲痛なズレはあるものの、それをも含めて、驚嘆するほかない作品となっている。朴寿南の執念によって李珍宇の書簡が私たちのもとに残されたことは、特筆すべき業績というべきである。李珍宇の書簡を詳しく読解することは本稿の意図の外だが、それが在日朝鮮人について深く考えようとするとき、幾度も立ち返って熟読するべき基本文献であることは間違いない。

事件報道

【新聞記事引用1　一九五八年九月一日　読売新聞夕刊】
＊引用は原文のまま。ただし引用文中の傍線は筆者（徐）。以下同じ。

（大見出し）女高生殺し捕まる
（中見出し）一年生の18少年　朝鮮人部落で、犯行自供
（リード）先月二十一日東京江戸川の小松川高校定時制二年太田芳江さん（一六）が同校屋上で絞

殺死体となって発見された事件を追及中の小松川署捜査本部は一日午前五時、江戸川区上篠崎町一三〇〇朝鮮人部落内日雇人夫李仁竜さん（五九）の次男、小松川高校定時制一年金子鎮宇こと李珍宇（一八）（自称ベル工場工員）を殺人の疑いで自宅で逮捕、同本部に身柄を留置し取り調べたところ同七時半、犯行の一さいを自供した。（中略）五回にわたり読売新聞社に「オレが犯人だ」と電話し、完全犯罪だから絶対につかまらないとうそぶいた殺人魔もついに死体発見いらい十二日目で新学期始業式の朝、捜査の前にカブトをぬがされたわけだが、捜査本部ではさる四月二十日同区上篠崎町一九一七さき田んぼで同区鹿骨町六九八田中せつ子さん（二四）が殺された事件も李の住所が現場の近くであることから同一人物と断定、追及している。

（中見出し）「来たネ」とニンマリ　録音の声、投票でわかる

この朝、捜査本部から関口捜査一係長、出牛警部ら八人が李の逮捕に向かった。李の逃走に備えて六人がバラック建の外側を取巻き二人が李の寝ている三畳に踏込んだ。逮捕礼状を見せられた李はニンマリと笑い「とうとうやって来ましたネ。やはり完全犯罪は敗れましたよ……」とうそぶいたのち「後に残る両親や兄弟が本国へ送還されるようなことのないように考えてくれ」といいながらオシの母親仙劉（りゅう）さん（三九）をふり返った。（中略）

検挙の糸口は、犯人の声の録音を同校生徒、職員に聞かせ無記名投票で調べたところ李の声に似ているという証言があり、また同人が文学書多数を図書館から盗んで小岩署に捕まったこともある

ので、李のアリバイや素行の身辺調査を行った結果、犯人と断定したもの。

（小見出し）騒がれて首を絞める――自供内容

自供によると、犯行の日の先月十七日午後五時ごろ小松川高校のプールで泳ごうと思い自転車で登校したが、だれも泳いでいなかったので三階の自分の教室で一時間ほどブラブラしたのち、屋上に上がろうとすると中央階段の水ソウ（槽）のそばに太田芳江さんが立って本を読んでいた。話しかけながらブラブラしているうち自分のパンツにナイフがかくしてあるのを思い出し、これで殺そうと突然ナイフをつきつけた。

驚いて真青になった芳江さんの腕をつかみすぐ上の屋上の天文台のところに引っぱっていく途中、ナイフで自分の右手首を傷つけ血がとび散った。これを見て芳江さんが大声を出したので、危険を感じ右手で首を絞め、ドームになっている天

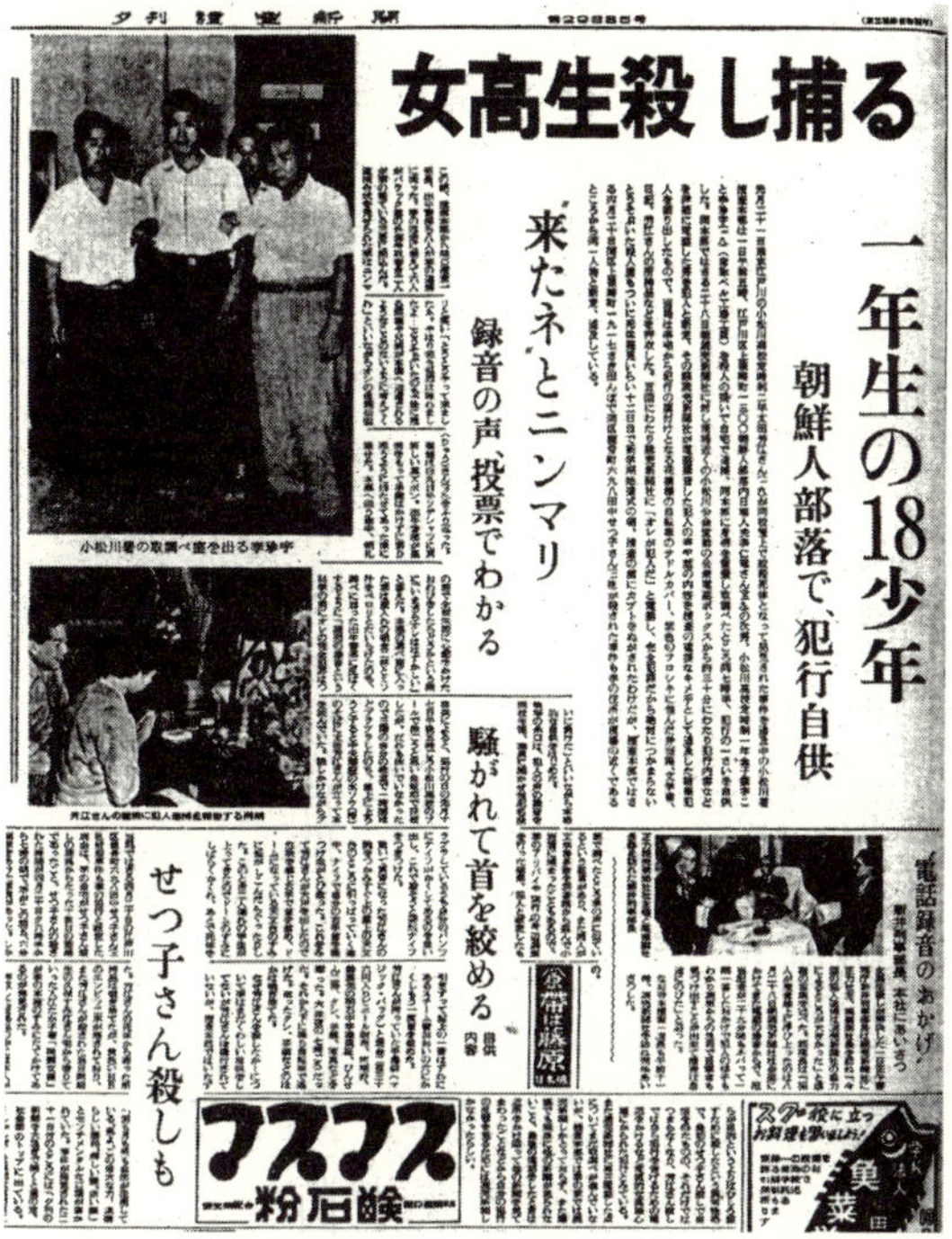

夕刊 読売新聞

女高生殺し捕る

一年生の18少年

朝鮮人部落で、犯行自供

"来たネ"とニンマリ

録音の声、投票でわかる

騒がれて首を絞める 自供内容

電話録音のおかげ

せつ子さん殺しも

小松川署の取調べ室を出る李少年

マスマス 粉石鹸

容疑者逮捕を伝える読売新聞夕刊（1958年９月１日付）

文台のすみに転がしこんだらぐったりした。このとき二人連れの学生が上がってきたのでドームのすみにしばらくかくれ、あとで死体を引きずって屋上の一番はずれにあるスチーム管おおいの穴にかくし、もう一度首を絞めた。（中略）

なぜ芳江さんを殺したか――について李はまだくわしい自供をしていないが芳江さんは暴行されていないが、捜査本部ではいたずらが目的というよりはむしろ殺すために殺したという異常性格で、最初のせつ子さん殺しで自信を得たものの、それだけではつまらなくなり、芳江さん殺しでは自ら犯行を告げるための電話をかけるなど変質的な英雄心理にかられた犯行と見ている。（中略）

（小見出し）せつ子さん殺しも

当局ではさる四月二十日の江戸川区鹿骨町六九八田中せつ子さん（二四）絞殺事件も李の犯行と断定した理由は、李の自宅がせつ子さん殺しの現場からたった十数メートルの距離であったこと、せつ子さんの殺された時間が四月二十日の夕六時半から七時の間で、李がこの間五、六分家をあけた事実があった。しかし本部では犯行に少くとも三十分は必要だとみていたことと、現場近くでは朝鮮人部落のものらしい男を見かけたとの情報もあったが見過ごしてしまった。

（小見出し）奪った本押収――日記に発覚当夜の随想

（前略）押収した証拠品の中には本人が大学ノートに万年筆でビッシリ書き込んだ日記風の手記

「随想録」があったが、その表紙には「雲も月も星も全部注視している。見よ、この偉大な力、素晴らしい勝利。輝かしい瞳、赤い顔」とセンチメンタルな言葉が書かれていた。事件が発覚した二十一日付のところには「夕刊の新聞を大急ぎで開くと案の定、社会面のトップに出ている。……しかしぼくは昼間は真面目に働き夜は読書にいそしんでいるのだ」と書いてあった。

（中略）

李は国籍は朝鮮だが生まれたのは江東区亀戸町、現住所の小、中学校を出たあと平井や向島付近の工場を転々と変えた末、最近は向島のベル工場に月給五千円で働くかたわら三十三年四月から小松川高校定時制に進学している。頭はよい方で世界文学を愛読していたが手くせが悪く、三十年六月、同九月には自転車の窃盗容疑で小岩署に、三十一年十一月には江東区の図書館から世界文学書五十六冊を盗み同署に捕まっている。

李の家族は父仁竜さん夫婦、当人を次男として兄一人、弟一人、妹三人の八人家族で現在仁竜さんはニコヨン人夫で兄弟三人は工員として働いている。

犯人の李珍宇はどんな性格か——同じ一年南組の同級生は口をそろえて「あんなことをやる人とは思えなかった」と驚いている。一年生としては年かさで、おちついていた李はクラス委員に選ばれていたが、ホーム・ルームの議長としても「適任」でクラスの人気もあった。（中略）同級生はだれも「李」という朝鮮名を知っていた者はなく日本人だと信じていた。

（以下略）

あからさまな差別

この新聞記事は、読めば読むほど多くのことを考えさせる。味のあるテクストというべきである。まず目に付くのは、当時としては珍しいことではなかったのだろうが、記事の筆致や用語に現れたあからさまな差別意識であろう。

そもそも「朝鮮人部落」という正式な地名はあるのか？ それは特定の地域に対する差別そのものの「通称」でしかないであろう。しかし、この記事は、この「通称」を見出しにまで使用している。

「日雇人夫」「オシ」などの用語も、なんのためらいもなく用いられている。

被疑者の通う学校の生徒や職員の「無記名投票」で犯人探しをしたということにも、その人権を省みない捜査手法に唖然とさせられるほかない。

ついでに言えば、この読売新聞と日本経済新聞（夕刊）の二紙が、まだ少年である被疑者の実名ばかりか顔写真までもデカデカと報じている。参考までに日経の記事の一部を見てみよう。

【新聞記事引用2　一九五八年九月一日　日本経済新聞夕刊】

（前略）捜査本部は、一日朝五時四十五分、同区上篠崎町一三〇〇通称「朝鮮人部落」の工員同

校定時制一年朝鮮人、金子鎮宇こと李珍宇（一八）＝本籍朝鮮京城市旭町一五五＝を容疑者として逮捕、同人は「八月十七日夜芳江さんを殺した」と自供した。（中略）
寝込みを襲われトレーニングパンツに丸くびシャツで本部に連れてこられた金子は、はじめのうち犯行をがん強に否認していたが、一時の興奮がすぎると観念したかのように意外に素直に同朝八時半ごろからぼつぼつ自供を始めた。
その態度には二十八日の電話で聞かれたようなふてぶてしい感じはなく、「お母さんのことが心配だ」などともらし、しょんぼりとしている。（以下略）

日経記事でも「朝鮮人部落」という語が用いられているだけでなく、「同校定時制一年」に続けてわざわざ「朝鮮人」と念を押し、ご丁寧に本籍地まで記載している。それも植民地時代の地名のままで。

読売、日経、両記事に共通して、この犯罪が、ほかならぬ「朝鮮人」によるものであることを、きわめて意識的に強調しているといえよう。

捜査当局はいうまでもなく、報道陣も、そして読者の多くもまた、当時の日本人マジョリティのもつ平均的な民族差別意識に浸透されていたことが容易に想像できる。言い換えれば、日本社会がこの事件を見る視角には、当初からそうした民族差別意識が色濃く作用していたことがわかるのである。

強制送還のおどし

読売記事の「両親や兄弟が送還されないように」云々という記述が示唆しているものは重大である。ここから、当時の在日朝鮮人がつねに強制送還の脅威にさらされていたこと、そうした怯えを、まだ一八歳の少年すらもが抱かされていたことがわかる。本国にいかなる生活基盤もなく、財産はもちろんなく、これといった技術ももたない在日朝鮮人にとって、強制送還は文字どおりの追放であり、死の宣告にも等しかった。

そして日本政府は一九五二年のサンフランシスコ講和条約発効にともなって、在日朝鮮人の日本国籍を一方的に剥奪する一方、一定の罪を犯した者や生活力のない者（生活保護を受けている者）は「強制退去」処分に付すことができるという圧力をかけていた。そうはいっても、ある個人が重罪を犯したからといって、その家族を強制送還することができるといった、封建的連座制のような制度は存在していないが、当の在日朝鮮人の中には、そうした怯えがひろく存在していたことは事実である。

さらに言えば、そうした在日朝鮮人の怯えを当局が利用したとの見方も成り立つであろう。読売記事では、警察に踏み込まれた直後に、被疑者の李珍宇が家族の強制送還のおそれを口にし、「オシの母親」をふり返ったと、まるで見ていたような書き方をしているが、日経記事では被疑者は当初「犯行をがん強に否認」していたのであり、捜査本部に連行され、逮捕後三時間近くを経過してから自供を始めるとともに母親が心配だともらしたことになっている。

この二つの記述には矛盾があるが、それ以上に重大なことは、日経記事が示唆するように、警察が被疑者に家族（とくに母親）の強制送還をチラつかせて自白を強要した疑いがあることだ。在日朝鮮人であるという被疑者の弱みに付け込んで、「母親を送還されたくなかったら吐け」と迫ったのであろうという推論である。『李珍宇ノオト』（三一書房、一九九四年）の著者・野崎六助は、こうした疑いを指摘して、新聞報道は警察の常套手段を反映しており、警察情報に依拠した作文であると述べている。

さらに、たとえば、「随想録」表紙の「雲も月も星も……」という書き込みについて、読売記事は「センチメンタルな言葉」と書いているが、同じ箇所について日経記事は「センチな走り書き」と書いている。二紙の記者が別々に取材した結果、偶然にもまったく同じ感想を抱いたのであろうか。そうではあるまい。記者たちが自分の頭で考えること、自分の感性で受け止めることを放棄し、ものごとの「感じ方」にいたるまで疑問もなく警察発表をなぞっていることがわかるのである。そもそも、この被疑者の置かれている歴史的、社会的状況を念頭において、くだんの文言をゆっくりと読むとき、はたしてこれを安易に「センチ」などと片付けられるだろうか？

田中せつ子事件

さて、この被疑者には八月二一日に起きた太田芳江殺人事件のみならず、その四カ月前の田中せつ子殺人事件の嫌疑もかけられている。嫌疑というより、読売記事によれば、ひとつの事件の容疑で逮捕されたわずか数時間後に、もうひとつの事件の「犯人と断定」されているのである。しかも、そう断定した理由は、事件現場が被疑者の自宅からたった十数メートルと近かったからだという。しかし、その一方で、田中せつ子殺害には「少なくとも三十分」程度の時間を要したはずだが、被疑者はそのとき「五、六分家をあけた」だけであるという矛盾は残されたままだ。

「朝鮮人部落」の近辺で起きた事件だからどうせ「朝鮮人」の仕業であろう、一つやったのだから、もう一つもやったに違いない、との予断をもって、犯人不明の未解決事件を、当の「朝鮮人部落」の住人である被疑者に押し付けたのではないかという疑いが生じる。弱い立場の被疑者に厄介な未解決事件の犯人役もおっかぶせるというやり口は警察の常套手段であり、冤罪事件の温床でもある。

しかも、この場合、「最初のせつ子さん殺しで自信を得た」被疑者が、「それだけではつまらなくなり」、「変質的な英雄心理」にかられて太田芳江事件を起こした、と、田中せつ子事件が太田芳江事件の動機を説明する論拠に用いられているのである。太田芳江事件を自供した被疑者を立証困難な田中せつ子事件の犯人であると「断定」しておいて、つぎに田中事件から太田事件の動機を説明するというのは、まったく恣意的な循環論法というほかない。

なお、ここで注意しておくべきことは、この時点の警察発表では両事件とも「殺人事件」ではあっても「強姦殺人事件」ではないという点である。読売記事はわざわざ、「芳江さんは暴行されていないが」と書いている。つまり、太田芳江の場合も、田中せつ子の場合も、司法解剖などの捜査所見からは性的暴行の証拠は得られなかった。したがって、犯行の動機に性的いたずら等は挙げられておらず、動機の解明が困難な事件と見られていた。いいかえれば、司直の側は「わかりやすい動機」を必要としていたのである。

小松川事件

❖経過

一九五八年九月一日　小松川高校定時制一年生金子鎮宇こと李珍宇、逮捕される。
同年九月二二日　拘留満期、東京家庭裁判所に送られる。精神鑑定など調査を受ける。
同年一〇月一四日　家裁、李珍宇を刑事罰相当として東京地検に送致。
同年一一月一五日　東京地裁で初公判。
一九五九年二月二七日　死刑判決。三カ月たらずのスピード審理で。

同年二月一八日　控訴。
同年一二月二八日　控訴棄却。
一九六〇年一月一〇日　上告。上告期限切れの日、たまたま面会に訪れた韓国留学生・朴菖熙《パクチャンヒ》が上告手続きがなされていないことを知り、恩師である歴史学者・旗田巍《はただたかし》にそのことを告げた。旗田の尽力によって期限切れ一時間前に上告手続きがとられ、この時から助命救援運動が始まった。
一九六一年八月一七日　上告棄却、死刑確定。
一九六二年八月三〇日　処刑の場所である宮城刑務所に移送される。
同年一一月一六日午前一〇時、絞首刑執行。死刑確定から一年三カ月という異例のスピード執行である。

❖「姦淫」の有無

家裁の地検送致決定書（一九五八年一〇月一四日）は、取り調べ中の自供にもとづいて婦女暴行殺人および婦女暴行致死を犯罪事実として認定している。しかし、被告人・李珍宇は法廷で太田芳江について姦淫の事実を否定、取り調べ中には最初否定したが、検察官から「こうだろう」と言われて結局認めてしまったと陳述している。第一審判決は「姦淫」の事実を認めて死刑を宣告したが、これに対し弁護人は「控訴趣意書」において「事実誤認」であり、「田中せつ子及び太田芳江の屍体解剖の鑑定結論によれば性交の事実は絶対にないものと科学的に結論づけられている」と主張している。弁護側はまた「上告趣意書」において、被疑者が取り調べ中に数人の捜査官に取り囲まれ「動機がなければ町に放った虎のようだから罪は重くなるが、姦淫の点を認めれば罪は軽くなる」と迫られたとして、「姦淫」の自供は検察側の誘導によるものと主張した。

これに対し一審の死刑を支持した控訴審判決は、次のような「反論」を展開した。

「(弁護側の) 所論は、射精しなかったから強姦にあらずと主張するも、強姦の罪の既遂は交接作用即ち陰茎の没入を以って成立するのであって、必ずしも生殖作用即ち射精することを要するものではない」云々。

しかし、この議論は弁護側の所論をはなはだしく捻じ曲げたものである。「弁護人は『射精しなかったから強姦にあらず』と主張しているのではない。原判決は『陰茎の没入』をもって争いのない事実であるかのような前提に立って論議を進める誤りを犯している。弁護人は、射精せず、陰茎の没入のみあったという被告人の自供じたいの信用性を争い、ひいては陰茎の没入の事実そのものを争っているのである」(上告趣意書)

だが、こうした主張は上告審でも退けられた。上告審判決は次のようにいう。

「射精もせず、性交のみをしたという被告人の自供が必ずしも経験則に反し、延《ひ》いてその真実性が疑わしくなるものとは云えず、従ってこのような自供だからといって、姦淫の事実がなかったものと断定できるわけのものではない」

ひとりの人間の生命を左右するにしては、これはあまりにもずさんで非論理的である。この記述の後段はまったく逆に、「姦淫の事実があったものと断定できるわけのものでもない」と差し替えても充分に成り立つことは、野崎六助も述べているとおりである（前掲書）。

❖精神鑑定

裁判開始に先立って、被疑者の責任能力が問題となった。東京少年鑑別所での鑑別結果では、知能指数は「総合ＩＱ一三五」を示したため、マスコミは「千人に一人の秀才」などと書きたてた（読売新聞夕刊　一九五八年一一月一四日）。

家裁調査官の報告は、次のように述べている。——被疑者の少年は貧困や民族差別のため希望の職場に就職できなかったことなどから「劣等感」を抱き、「文学の世界に逃避」したが、しかし、「肉の世界へも心を引かれ」、日曜日には「自慰することが常」であった。少年の性格は「自閉的」「固執的」「耽溺的」であり、「情緒不安と内訌《ないこう》と攻撃性が心の奥底にひそみ」、「僅かの機縁で異常なる行動を惹起しやすい性格」であった。

このように述べた上で、それにもかかわらず、調査官の報告は、「両事件とも意欲も行動もよく自覚され意識されていて責任能力に欠陥は認められない」と断言している。

❖生育環境

李珍宇の生育環境について、家裁の検察官送致決定書から以下に引用する。

少年は昭和一五年二月二八日東京都〇〇区××町△丁目△△番地において父E母Bの間に三男三女中次男第二子として出生した。家庭は極度に貧しく、父母ともに無学無教養である。父は窃盗の前科六犯を有する好酒家で、父の弟Dも又前科九犯を有し、現に府中刑務所に服役中であり、祖父は賭博常習犯で大酒家であった。祖父、父ともに近所交際をしない偏屈者である。母Bは唖者であって、母の兄と弟の二人が唖者であるという外その家系は詳かでない。昭和二〇年三月九日少年が五才の時戦災に因り焼け出され現住所に八帖、四帖半二間の粗末なバラックを建てて移転した。その環境は小岩の繁華街を遠く離れて、通称鹿骨街道に面した農家の間に点在する一部落であって戸数は二七戸あり、その中四世帯は犯罪家庭であり、五世帯は生活扶助を受けており、その殆どが貧困家庭である。

ここに描写されている家族像は、当時の在日朝鮮人の例外ではない。

胸のつまる記述である。とくに、「兄と弟の二人が唖者であるという外その家系は詳かでない」という、母についての記述。どこから来た誰であるかすら不明だというのである。これほど無名の、これほど突き落とされた人物像があるだろうか。その母を強制送還するぞという脅しが少年にチラつかされたのだ。

しかも、少年の入獄後、母はさらに彼の弟にあたる男子ひとりを産んでいる。産まされている、と言うべきかも知れない。

人がこうした環境に生をうけたとき、「犯罪者」以外の者になることはどれほど困難であろうか。少年は中学校のとき「食事ができなくて」一〇〇日近く学校を休んだ。自転車窃盗歴二回、六カ所の図書館からの書籍窃盗歴があるが、「盗んだ自転車を売りとばした金で遊ぶわけではなく、ただ本だけを買った。また盗んだ本も自宅に積み上げて工場の昼休みはもちろん、ひまさえあればむさぼり読んでいた」。中学卒業時に日立製作所と精工舎に就職を希望したが、成績優秀であったにもかかわらず民族差別の故に採用されず、工員として小さな町工場を転々とした。

少年は、あの日本人に母を犯すようすすめた青年と自分が「同じ朝鮮人」であることを、恐ろしいほどに知っていた。少年は就職を拒絶されることによって、自分が「朝鮮人」であることを思い知っていた。その「朝鮮人」である自分は、隠さなければならない存在だった。だから定時制高校ではクラス委員にまで選ばれる人気者だったのに、「同級生はだれも〈李〉という朝鮮名を知っていた者はなく日本人だと信じていた」のである。

「文学の世界に逃避」したこの少年は、「随想録」に次の一行を書いた。

雲も月も星も全部注視している。見よ、この偉大な力、素晴らしい勝利。輝かしい瞳、赤い顔
誰にも注視されず、どんな偉大さからも、どんな勝利からも見放された少年が、一家八人が起居

するバラックの片隅でこれを書いたのである。それを日本人警官が殺人後の感情の昂揚を記した証拠品とみなしただけでなく、「センチメンタル」と評した。日本人新聞記者がその警察官の感想を丸写しにして報道し、多くの日本人読者がその解釈に納得したのである。これは侮辱である。この浅薄さは人間という存在そのものへの耐えがたい侮辱だ。そうではないだろうか？

実はこの「随想録」の記述は、太田芳江事件の直後ではなく、卒業式の頃、つまり事件の半年近く前に書かれていたものだと、のちに同級生が語っている。

❖情状

家裁の検察官送致決定書は、被疑者の情状に関する記述の結論部分でこう書いている。

（8）本少年はその知能、体格はむしろ優秀であって成人以上の発育をもっており、本件犯行当時の精神状態においても何らの異常のなかったこと、等その他諸般の情状を綜合勘案すると、少年の本件各所為はいずれの点から見ても、天人ともに許さざる凶悪非道なものである。

この決定により一八歳の李珍宇は成人なみの裁判を受けることになり、特例により死刑の宣告も可能となった。体格がよく知能指数が高かったことが、彼の命を奪ってもよい理由となったのだ。

実際に死刑の判決を下した第一審の判決書（一九五九年二月二七日）の情状に関する部分に、こんな記述がある。

被告人が貧しい家庭に育ちその両親が朝鮮人であるということから社会的民族的偏見をもっていたのではないかということが懸念される。（傍線筆者）

念を押していうと、貧しく差別された被告に対し、社会が「偏見」をもったと言っているのではない。その逆である。被告が社会に「偏見」をもった、というのである。「偏見」という言葉は、権力によってこのように使われる。たとえば、戦前（植民地時代）の「朝鮮独立運動」にかかわる治安維持法違反事件の判決文を見ると、「八紘一宇・大東亜共栄の崇高な理念を理解せず、いたずらに偏狭なる民族主義的偏見にとらわれ」云々といった記述を随所に見出すことができる。

❖夢の中

李珍宇が犯したとされる犯罪行為の有無を精査立証することが本稿の目的ではない。こうした論点については築山俊昭『無実！　李珍宇』（三一書房）、小笠原和彦『李珍宇の謎』（三一書房）などを参照されたい。本稿の目的は、「小松川事件」という「表象」の構成に、いかに民族差別が、いいかえれば継続する植民地主義が貫徹していたかを見ることであった。

それにしても、実際のところ、李珍宇は何を行ない、何を行なわなかったのか。そのことは苛立たしい霧の彼方にあって、容易に見きわめることはできない。

李珍宇は第一審の法廷で、事件の二、三日後に読売新聞社に自分が犯人だと電話をしたのはなぜか、という弁護人の尋問にたいして、次のように陳述している。

（事件後）ぼくもそのまま二、三日すごしていくうちに自分がやったのかどうかおかしくなってきたんです。自分のあれでは夢ではなかったかと思ってきたんです。それなら、あそこ（現場）に行ってみればよかったのですが夢の中で行われたようで自分も穴には行きたくなかったんです。それで自分の考えをただすつもりで新聞社にかけたんです。

ここに「真実」がある。「事実」がどうであるかということをひとまず別にして、李珍宇がそれを「夢の中」の出来事と捉えていたことは「真実」である。夢をみているような思いのまま現実に何かをなしたのかもしれないし、夢の中での行為を現実になしたものと信じたのかもしれない。いずれにせよ、それは夢の中のことであった。それが彼にとって唯一の「真実」であり、そうだからこそ法廷でもそのことをありのままに述べたのだ。だが、裁判官はその態度を「改悛の情」の欠如と解釈するのである。

李珍宇の獄中書簡に、決定的な文言がある（朴寿南あて　一九六二年八月七日）。

私がそれをしたのだった。そう思う私がそれをした私なのである。それなのに、彼女達は私に殺されたのだ、という思いが、どうしてこのようにヴェールを通してしか感じられないのだろうか。

ここではもはや、実際に何がなされたのかは問題ではない。いまここにいる自分と犯罪行為をなしたとされる自分との断絶の感覚。自分が自分以外のものでもあるという分裂。性欲過剰で極悪非道な「朝鮮人」である自分と、もうひとりのほんとうの自分との分裂の感覚。しかし、ほんとうの自分とは、どこの誰のことなのか？

植民地支配が被支配者に引き起こす自己分裂。この感覚こそが、「真実」なのである。

植民地主義は他者の系統だった否定であり、他者に対しての人類のいかなる属性も拒絶しようとする凶暴な決意である故に、それは被支配民族を追いつめて、「本当のところおれは何者か」という問いをたえず自分に提起させることになる。

——フランツ・ファノン「植民地戦争と精神障害」『地に呪われたる者』（みすず書房）

権力にとってもっとも許すことのできないのは、彼らにとって理解しがたい行為（「動機なき犯罪」）である。権力は、自らが全能であり、人間性というものの隅々まで解釈する権限を有していると信じている。権力は被支配者について隅々まで知り尽くしており、それゆえに被支配者の上に君臨することができる。そう固く信じている権力を、被支配者の理解しがたい行為は不安に陥れる。彼らは自らの不安を打ち消すために、被支配者の行為を無理やり自らの解釈の水路に引きずり込む。

第一審判決文は「(被告が法廷で)姦淫の意志及姦淫の事実を否認し動機なき犯罪であるかのごとく弁疏《べんそ》し全く改悛の情の認めるべきものがない」と断言し、「本件は極悪非道の犯罪であり被告人のため何らの情状酌量すべき点がないから極刑に処するのを相当と認めた」と判決した。この判決は控訴審、上告審でも支持され、死刑が確定した。

野崎六助は「二件の強姦殺人において、一件は強姦及び殺人とももどもについて、一件は強姦について、それぞれ無実は確信される。一件の殺人についてのみ確信が欠ける」と述べている(前掲書)。つまり、李珍宇の犯行であるとの合理的疑いが残るのは太田芳江に対する殺人のみだというのである。かりにそうだとすれば、被疑者が一八歳の少年であったことも勘案すると、死刑判決はありえなかったであろう。

ここに伺えるのは、過剰な性欲をもてあます怪物が強姦を目的に二つの殺人を犯したのだというわかりやすいストーリーに何が何でも当てはめよう、厄介なことにならないうちにさっさと片付けてしまおうという権力の強固な意志である。その怪物が「朝鮮人部落」から現れた「朝鮮人」であり、犠牲者が若い日本人女性であるとき、このストーリーは大半の日本人マジョリティに疑いなく受け入れられるであろう。

消しがたく残るのは、あまりにもずさんかつ拙速な審理によって、ひとりの生命が奪い去られたという印象である。そのために、基本的な事実の有無すらあいまいなままになってしまった。なぜそんなことになったのか。その理由は被疑者が「朝鮮人」であったからにほかならない。「何しろヤツは朝鮮人ですからねえ……」。それだけで暗黙のうちに、あらゆる不合理、あらゆる理不尽を説明してしまうのである。

帰国運動

「小松川事件」が世間の耳目を集めていたまさにその時、一方で在日朝鮮人の朝鮮民主主義人民共和国（北朝鮮）への帰国運動が展開されていた。当時の新聞記事で事件を追っていると、同じ新聞の紙面に、帰国運動に関する記事が多く見られる。

一九五二年に日本国籍を奪われた在日朝鮮人は当時、全体の約八割が失業・半失業状態にあった。さらに、一九五六年度には在日朝鮮人への生活保護給付が大量に打ち切られた。朝鮮人企業は金融機関からの融資も受けられず、学生は民族差別のために希望の職場にほとんど就職できなかった。こうした状況下で、「社会主義祖国」の建設に参加したいと希望する者も出てきて、北朝鮮への帰国要求が高まり始めた。

一九五八年八月に川崎市居住の在日朝鮮人が北朝鮮への帰国運動を開始し、北朝鮮政府もこれを歓迎して、新生活を営むためのすべての条件を保障すると表明したことから、帰国運動は全国の在日朝鮮人に広がっていった。

日本人側でも元総理大臣・鳩山一郎を含む超党派発起人による「在日朝鮮人帰国協力会」が結成され（一九五八年一一月一七日）、二八三の地方自治体が帰国要求支持の決議をした。こうして一九五九年二月一三日、日本政府（岸信介内閣）は世界人権宣言の「何人も自国を含むいずれの国も去り、また自国に帰る権利がある」という条項を確認し、在日朝鮮人の北朝鮮帰国実現に踏み切る閣議了解を行なった。韓国および民団（大韓民国居留民団）はこれを「北送」であるとして反対運動を展開し、総連（在日朝鮮人総連合会）側は帰国促進要求運動を強力に推進した。

国際赤十字の仲介のもとジュネーヴで朝・日赤十字会談が行なわれ、五九年八月一三日、インドのカルカッタで「帰国協定」が調印された。同年一二月一四日、第一次帰国船が九七五名を乗せて新潟を出港した。以後、一九六七年までに八万八千人あまりが帰国、八四年までに約九万三千人が帰国したとされる。以上が帰国運動の簡略な経過である（朴慶植『解放後在日朝鮮人運動史』三一書房）。

この経過に「小松川事件」の経過を重ねてみよう。川崎市で帰国運動が始まった時、太田芳江殺人事件が起きていた。「在日朝鮮人帰国協力会」が結成されたのは、李珍宇の初公判の直後である。最初の帰国船が出港した二週間後に、控訴審死刑判決が下されている。

このような共時性をもって、帰国運動と「小松川事件」とを直接に結びつけるのは短絡に過ぎよう。しかし、帰国運動が展開されているとき、それに関わる日本人にも朝鮮人にも、「小松川事件」が、正確に言うとその「表象」が、それぞれに濃い影を投げかけていたと言うことはできる。

『無実！ 李珍宇』の著者・築山俊昭は、「小松川事件」が「帰国運動に水を差そうとする政治的意図」のもとに作り上げられたものではないかという推理を述べている。事件当時、そうした推論が語られた事実はあったのだろうが、こうした見方は今日では、あまりにもナイーヴなものと言うほかない。むしろ事実は築山の推理とは逆である。日本政府は帰国運動に水を差すどころか、在日朝鮮人を国外に厄介払いすることに腐心していたのである。「小松川事件」が日本政府の意図を実現するためにねつ造された事件だということには無理があるが、事件の「表象」が一方では帰国運動に、他方では李珍宇の裁判に目に見えない影響を与えたことは想像に難くない。

最近、こうした心証を補強してくれる研究が、テッサ・モーリス＝スズキによって発表された。それによると、総連主導の帰国運動が開始される三年近く前から、日本政府と日赤は在日朝鮮人の大量帰還について赤十字国際委員会に働きかけていた。一九五六年の段階で六万人の帰還の可能性が日本政府と日赤の間で検討された。その主要な動機は、当時の日赤外事部長・井上益太郎の手紙によれば、「(在日朝鮮人は) 性格が粗暴で生活水準は低く無知蒙昧」であり、日本の治安や福祉にとって負の要因になっているからであった。

モーリス・スズキによれば、一九五六年頃から厚生省主導で在日朝鮮人への福祉（生活保護）削減キャンペーンが行なわれたことも、この在日朝鮮人帰還計画と連動していた可能性がある。前記の井上外事部長は、在日朝鮮人への福祉削減は彼らが北朝鮮で仕事を見つけようとする動機になるだろう、と国際委員会に書き送っているという。（以上――「朝鮮人『帰国』事業で新資料　問われる日本政府の責任」朝日新聞夕刊　二〇〇四年九月二一日）

日本政府が「人道的判断」を装って行なった帰国事業が、その実、どれほど偽善的なものであったかを想ってみるべきであろう。

在日朝鮮人が日本国内に生活することになったのは、日本が朝鮮植民地支配を行ない、朝鮮人に日本国籍を押し付けて臣民化したからである。敗戦後、日本はいち早く在日朝鮮人の諸権利を抑圧したが、サンフランシスコ講和条約発効とともに、かつて自らが押し付けた日本国籍を剥奪して在日朝鮮人を難民化させた。無権利な難民となった在日朝鮮人は、福祉削減によってさらなる貧窮に苦しめられた。このようにして日本国内に存在することになった旧植民地出身者、いいかえれば自らが行なった植民地支配の負の遺産を、日本政府は「人道」の装いのもとに国外追放したのである。北朝鮮政府と総連の推進した帰国運動は、結果的にではあるが、こうした日本政府の意図に合致するものであったというほかない。

まさにこの時、「朝鮮人部落」から李珍宇という理解不能かつ馴致《じゅんち》不能な怪物が現れたのである。この怪物に直面した日本人マジョリティの心理は、自らの国家が行なった植民地支配の反省、戦後処理の過程で在日朝鮮人に加えられた理不尽な権利剥奪への批判に向かうのではなく、厄介払いの方向へと向かったであろう。李珍宇は「あの世」へ、多くの在日朝鮮人は国交のない北朝鮮へと、ていよく追放されたのだ。しかも、「正義」や「人道」の名において。この偽善は、その後も今日まで長く続く日本人マジョリティの自己欺瞞の一つの原因となった。

多くの在日朝鮮人もまた、「小松川事件」から目を背けた。その理由は、端的にいえば、在日朝鮮人の負性を全身にまとった（そのように表象された）あの「怪物」と自らとを同一視されたくないという心理に尽きる。それもまた、一歩踏み込んで考えれば、差別される者に特有の、差別を恐れる心理にほかならない。朴寿南は稀有な例外であった。彼女は民族組織から孤立し、やがて追放されることになる。

二〇〇二年九月一七日の小泉首相の訪朝以降、拉致問題の露呈にともなって、日本国内で北朝鮮バッシングの世論が昂まった。その中には、「楽園」の夢を求めて北朝鮮に帰国し、夢破れた在日朝鮮人を憐憫するかのような議論も多く見うけられる。そこには、自国の植民地支配の歴史を深く捉えかえす視点も、戦後日本の在日朝鮮人に対する抑圧と追放の政策に対する自覚もまったく欠如している。偽善が反復し、増幅しているのみである。こうした偽善の連鎖を断ち切るためにも、いま、「小松川事件」が想起されなければならない。

「同じ朝鮮人」

多くの在日朝鮮人が李珍宇の記憶を心の底深く抑圧していた時、いいかえれば李珍宇という「怪物」との同一化を恐れ、その濃い影から逃れようとしていた時、李珍宇と自らを「同じ朝鮮人」であると直覚していた人物が、少なくとも二人、存在した。

ぼくはこんな国で生まれたくはなかった。どんなに貧しくとも祖国朝鮮で生きたかった。幼時より、ものごころついてより、周囲の日本人の白い目は、ぼくに敵意と憎悪に蝕まれた人格を形成させた。（中略）

父母は苦心の末、この国の市民権を取得した。ぼくたちは法的には日本人になったのである。しかし、本質的平等はたんに法によっては保障されはしないのだ。

ぼくが九歳の少年でなかったら、国籍帰化を拒んだろう。（中略）

やすらぎの場はどこにもないのか？（中略）

絞死刑。クスリで眠れなかったら、絞死刑だ。みにくく悲惨な絞死刑、それはぼくにふさわしい……。ぼくもひとりの「R」だから……。

『山村政明遺稿集　いのち燃え尽きるとも』（大和書房、一九七一年）よりの引用である。

山村政明は本名を梁政明《ヤンジョンミョン》という。一九七〇年一〇月六日未明、早稲田大学文学部前の穴八幡神社境内で、同大学第二文学部学生であった彼は焼身自殺した。自殺の現場には「抗議嘆願書」が残されていた。その末尾に列挙されたスローガンの中には、キャンパスを暴力的に支配する某セクトへの抗議とともに、次のような項目も見出された。「南北朝鮮の自主的平和統一実現！」「在日朝鮮人の民主的民族権利の弾圧を許すな！」「金嬉老同胞の法廷闘争断固支持！」

梁政明は朝鮮人小作農の子として、山口県下に生まれた。七人兄姉の三男であった。一家は貧困と差別から逃れるため日本国籍に帰化した。高校卒業後、いったん就職したがロシア文学への憧れを抑えきれず、一九六四年、苦学を覚悟で上京した。商社の営業員、ペンキ屋、トラック助手、倉庫要員、新聞配達、夜警、土工などのアルバイトに明け暮れた。朝鮮民族という出自を打ち明けたため、手ひどい失恋もした。二度目の受験で早稲田大学に合格、授業料の負担に耐えかねて第二文学部（夜間）に転部した。クラス委員に選ばれ学生運動に加わることになるが、対立するセクトによって「自由にキャンパスを歩くこともできない」立場に追い込まれてゆく。梁は在日朝鮮人学生のグループにも接近したが、そこからも「帰化者」であるが故の孤独を感じて遠ざかっていった。

彼の遺稿に「R」とあるのは李珍宇のことである。小松川事件を題材とした大島渚の映画「絞死刑」は一九六八年に公開されている。この作品中では、登場人物の李珍宇は終始「R」という記号で表現されている。おそらく梁政明はこの作品を見たのであろう。そして、製作者の意図をもはるかに超える痛切なメッセージを、そこから受け取ったに違いない。そのメッセージとは、自分も「ひとりのR」であるということ。いいかえれば、たとえ自分の国籍は日本であれ、自分と李珍宇とは「同じ朝鮮人」であるという、電撃のような直覚である。李珍宇から目をそむけ、梁正明の苦悩を受け止めることのできなかった当時の在日朝鮮人学生たち（筆者自身もその一人であった）よりもはるかに、彼は「朝鮮人」という存在の何たるかを直覚していたのである。

在日僑胞（在日韓国人）は、日本の植民地時代に、植民地治下の本国において辛酸をなめ、強制的・半強制的に日本に連行されてありとあらゆる苦労の末に解放を迎えました。解放後においても、日本で、その社会的境遇の故に民族的蔑視の下で多くの差別と苦痛を受けてきました。

在日僑胞社会においては、このようなことに起因する大きな事件として、金嬉老《キムヒロ》事件あるいは李珍宇事件（小松川事件）を挙げることができます。（中略）これらは、韓国においてのみならず、日本人をはじめ多くの人々の関心を集めました。それはほかならず、これらのことが在日僑胞社会の生活または実態の矛盾点の一つの集約された表現であるからです。

では、何故このようなことが起こったのかといえば、一つには日本での（韓国人にとっての）困難な生活条件のためともいえるが、また一方では、自己の民族に対する自負心を持ち得ないことに起因していると考えることができます。（中略）

私は在日僑胞二世としてこのような社会に生まれ、金嬉老事件あるいは李珍宇事件を体験しました。このような問題を解決しなければならない、如何にしても在日六十万僑胞の未来を幸福なものにしなければならない、何とかしてそのために寄与しなければならない、と考え、このような意図から積極的民族主義を自分の考えるように歴史的で誇るに足る民族主義として定

立する必要がありました。（以下略）

以上の引用は、徐勝《ソスン》が一九七二年一一月二三日、韓国ソウルの高等法院で行なった最終陳述の一部である（徐勝『獄中一九年』岩波新書）。

京都生まれの在日朝鮮人二世である徐勝は、東京教育大学を卒業したのち、一九六八年に韓国に「母国留学」した。一九七一年四月、彼とその弟・徐俊植《ソジュンシク》は「学園に浸透した北のスパイ」として陸軍保安司令部に逮捕された。逮捕直後、徐勝は激しい拷問を受けた。その苦痛のあまり虚偽の自白をして友人・知人などに被害を及ぼすことをおそれて焼身自殺を図ったが、一命をとりとめた。第一審の判決は死刑。先に引用した最終陳述は控訴審で死刑の求刑をうけた直後のものである。

その後、徐勝の無期懲役、徐俊植の懲役七年が大法院（最高裁）で確定。徐俊植の刑期は一九七八年に満了したが、彼は「非転向」を理由に一九八八年まで拘束された。徐勝は一九九〇年、金泳三《キムヨンサム》文民政権の登場とともに一九年ぶりに仮釈放された。

李珍宇は一九四〇年、東京生まれ。梁政明と徐勝は一九四五年の生まれである。「小松川事件」が起ったとき、梁政明と徐勝は一三歳であった。李珍宇が処刑され、朴寿南との往復書簡集が刊行され、さまざまな文学や映像作品で事件が繰り返し表象されているときに彼らは思春期から青春期へと自己形成したのである。「小松川事件」をどう受け止めるか、それは無意識のうちにも、彼ら二人にとってきわめて重要な課題であっただろう。

梁政明と徐勝はときおり対比的に語られる。たとえば、朴寿南は一九七八年という時点で次のように書いた。

「わたしたちは、『もうひとりのR』である正の典型のひとりとして、いま、韓国の獄中で闘っている徐勝兄弟たちを生んでいる」

二〇〇四年という現時点（本稿執筆時）に立って、筆者はこの「正の典型」という評価には慎重でなければならないと考えている（その理由を述べるためには別途に長い論考が必要となる）。ただ、ここで次のことを確認しておきたい。「帰化者」の苦悩を吐露して自殺した梁政明。「スパイ」として、また「非転向政治犯」として一九年の獄中生活を過ごした徐勝。二人の在日朝鮮人二世が生きた軌跡はまったくかけ離れているようでいて、「強姦殺人犯」として処刑された李珍宇を間にして互いに結び合っている。梁政明と徐勝とは、李珍宇と自らを「同じ朝鮮人」する直覚を共有していた。その意味で、二人はまぎれもなく「同じ朝鮮人」であったということである。

＊　　＊

前述したように、「小松川事件」の表象は一九五〇年代から六〇年代にかけて、きわめて政治的な効果をもった。その後、その記憶は抑圧され、いまあらためて事件を問題にする人はほとんどいない。しかし、「朝鮮人」という「怪物」の薄ぼんやりとした姿は、その表象がどのように造られ、どんな効果をもったのかについての記憶が失われたまま、人々の心理の奥底にわだかまっており、時として、ぬっとよみがえる。それは原因のわからない怯えのような感情として残りつづける。かって、そうした事件があったという記録をなぞるだけでは、こうした抑圧された記憶と表象の政治性を真に問題化することはできない。

二〇〇三年二月、ソウルの淑明女子大学で行なわれたワークショップ「ポストコロニアル状況における在日朝鮮人」において、筆者が本稿冒頭の写真を掲げながら李珍宇について報告したのは、このような意図からであった。さらに告白すれば、この「同じ朝鮮人」という感覚が、若い世代の在日朝鮮人や、とりわけ韓国国内の人々にどのような反応を引き起こすか、共感されるか、反発されるか、その点に関心があった。「朝鮮人」とは何か、「民族」とは何かといった議論が、自らの実存からかけ離れた不毛な知的ゲームに堕さないためにも、そのことは必要であると思われた。

結論的な印象をいうと、筆者の試みは失敗に終わったと言わねばならない。筆者はひそかに、「李珍宇」という表象を間に置くことで、韓国本国人と在日朝鮮人の間に「同じ朝鮮人」という電撃のような直覚が共有される瞬間を夢見ていたのかもしれない。だがそれは、甘い夢であった。失われた記憶は、それが失われたという茫然とするような自覚のもとに、長く困難な過程をたどりながら、繰り返し問題にされるしかないようである。

〔付記〕

今回、本稿に加筆するにあたり、手もとにあった朴寿南編『罪と死と愛と』(三一新書、一九六三年初版)を久しぶりに開いてみた。そこに、以下のくだりがある。

それなのに死を目の前にして朝鮮語の一歩をやりはじめるというのだ。それを活用する望みもほとんどないというのに！（中略）私はこの残された生を気ちがいのように愛している！最後のそのような時に私は自分を「〇〇」と認めたのだった。私は「鎮宇」として生きるよりも、「〇〇」として死ぬ自分を誇りに想う。私はなんだか悲しくて、今涙を流してしまった。（一九六二年九月一五日李珍宇から朴寿南へ）

処刑の二カ月前に宮城刑務所で書かれた手紙である。李珍宇は獄中で朝鮮語を学び始めていた。引用した部分の「〇〇」には、朝鮮語（ハングル）で自らの名前を書いている。若い頃と同じように、いま読んでも感動を覚える。だが、今回、ある重大なことに気づいた。「鎮宇」または「珍宇」のハングル標記は「진우」である。しかし、実は原書の当該部分「〇〇」は「진무」となっているのだ。明白な誤記である。なぜ私自身、今まで何十回となく読みながら、気づかなかったのだろう？　そのこと自体、深刻に考察すべき対象であるといえる。

考えられる誤記の原因は三つであろう。第一は、李珍宇自身が誤記し、編者と編集者・出版社がそのまま転記したケース。第二は、編者が誤記したケース。第三は、編集者・出版社が誤記したケース。

第一のケースはあまりにも悲痛である。死を前にした獄中で自分は失われた真の名で死んでいくのだと宣言した若者が、その「真の名」を誤記していたのだとしたら。だが、その場合、なぜ編者はそのことを指摘して訂正しなかったのだろう?

第二のケースは編者が在日朝鮮人団体の雑誌記者だったことを考えると、ありそうもない。

第三のケースはどうか? 一九六三年という時点では、活字印刷が一般的であったので印刷の段階で技術的なミスのため誤記されたことはありうる。日本の出版人が朝鮮語標記を校正できたかどうかも疑わしい。しかし、この本は当時ベストセラーといえるほどよく読まれたのだ。読者の中には朝鮮語を理解する者もいたはずなのに、誰もこの重大な誤記を指摘しなかったのだろうか? 多くの読者が引用したくだりを読み「感動」したはずである。しかし、誤記に気づかないまま「感動」していたのだとすれば、それはむしろ滑稽を通りこして無惨である。

ちなみに、同じ編者による一九七九年刊の『李珍宇全書簡集』(新人物往来社)では、当該部分は「진우」と訂正されている。だが、もしこれが李珍宇自身の誤記だったのだとしたら、それをそっと改めるのではなく、誤記のまま提示すべきであったと私は考える。それがむしろ、「在日朝鮮人」という存在のありようを、その悲痛さと無惨さともども、ありのままに映し出すやり方であった。

和解という名の暴力──朴裕河『和解のために』批判

他人の歯や眼を傷つけながら、報復に反対し、寛容を主張する、そういう人間には絶対に近づくな。

──魯迅「死」

「国民主義」とは何か

本稿では、いわゆる「先進国」のマジョリティが広く共有する「国民主義」が、いわば「国境を越えた共犯関係」を形成することによって、旧植民地宗主国の「植民地支配責任」を問題にしようとする全世界的な潮流に対する抵抗線を形成しているという状況について述べる。また、そのような抵抗が「和解」という美名を用いて行なわれている様相、すなわち「和解という名の暴力」を批判する。

「国民主義」とは何か？　私は以前、日本のマジョリティの内面に深く浸透した「国民主義」に

ついて、おおむね以下のように論じたことがある。【註1】

「国民主義」とは、「国家主義」と区別して暫定的に用いる用語である。両者はいずれも英語に訳せばナショナリズムとなるが、いまから問題にしようとする「国民主義」は、いわゆる先進国（旧植民地宗主国）のマジョリティが無自覚のうちにもつ「自国民中心主義」を指す。「国民主義」は多くの場合、一般的な排他的ナショナリズムとは異なるように見え、当事者も自分自身をナショナリストとは考えていない。それどころか「国民主義者」は自分をナショナリズムに反対する普遍主義者であると主張することが多い。彼らは自らを市民権の主体であると考えている。

しかし、その一方で彼らは自らが享受している諸権利が、本来なら万人に保証される基本権であるにもかかわらず、近代国民国家においては、「国民」であることを条件に保証される一種の特権となっているという現実をなかなか認めようとしない。国民主義者は自らの特権には無自覚であり、その特権の歴史的由来には目をふさごうとする傾向をもつ。したがって国民主義者は「外国人」の無権利状態や自国による植民地支配の歴史的責任という問題については鈍感であるか、意図的に冷淡である。この点で、「国民主義」は、一定の条件のもとで排他的な「国家主義」とも共犯関係をむすぶことになる。

このような「国民主義」的心性は、近代国家の国民であれば多かれ少なかれ共有しているだろうが、日本の場合は、旧植民地宗主国であり、かつ第二次世界大戦の敗戦国でありながら、ドイツの場合とは異なり、植民地支配や侵略戦争の歴史的責任を取ろうとしないまま現在に至ったという特徴がある。

　また、一九九五年に「戦後五〇年決議」に反対する右派勢力が台頭して以降の日本国家の歩みは歴史的な「反動」と呼ぶべきものであり、二〇〇六年に誕生した安倍晋三内閣は「極右政権」と規定するのがふさわしいが、このような現状は保守派や右派のみによってもたらされたというより、むしろ日本国民多数の「国民主義」的な心性が保守派・右派を大きく利したと見ることができる。こうした日本の現状は東アジアのみならず世界平和にとっての危険要因である。そして、その危険に対抗するために必要な諸民族間の連帯やマジョリティとマイノリティとの連帯を阻む障碍もまたこの「国民主義」なのである。

植民地責任論

　日本国民の多くは、第二次世界大戦における敗戦を、中国をはじめとする被侵略諸民族に対する敗北としてでなく、強大な軍事力を持つ米国に対する敗北として意識している。彼らは「アメリカに敗北した」と思っているのであり、「中国をはじめとする被侵略民族の頑強な抵抗に敗北した」という認識はきわめて希薄である。したがって、戦後日本における「戦争責任」論議は、自国の行なった戦争は不当かつ違法な侵略戦争であったという認識と反省を深めることができず、むしろ戦争中に繰り広げられた個々の行為の違法性や責任の有無という範囲に（それすらも不十分にであるが）

局限されてきた。

このような傾向は、「戦争責任」論から植民地支配責任という視点が欠落している点によく現われている。たとえばフランスにおける脱植民地化がアルジェリアやベトナムでの被植民地人民の解放闘争に対する敗北の結果であったのとは異なり、日本における脱植民地化は連合国に対する軍事的敗北の結果として他律的に行なわれたため、民族解放闘争に敗北した結果であるという認識が欠如しているのである。

「慰安婦問題」を、法が禁じている戦時の犯罪行為に違反しているかどうかという狭義の「戦争責任」論の枠内でのみ論じていては真の解決は望めない。なぜなら、「慰安婦」制度は植民地支配と深く結びついた性奴隷制度であり、その真相解明には植民地支配そのものの責任を問う視点が不可欠であるからだ。しかし、日本では、一切の責任を否認する右派や極右派は別としても、国民の多数が、可能な限りこうした問題を戦時の犯罪行為という狭い枠内に閉じ込めておこうとする傾向を見せている。それは、意識的にであれ無意識的にであれ、前記した「国民主義」に根ざした、植民地支配責任を回避しようとする欲求の現われであるといえよう。

たとえば「慰安婦」問題について、日本国民の多くが、「無理やり縄で縛って引っ張っていったかどうか」という瑣末な事実関係に関心を集中させ、そのことを完璧に立証できない事例に対しては疑いの目を向ける傾向をもつのも、戦争そのもの、植民地支配そのものへの批判的、反省的認識が欠如しているからだ。こうした傾向は、右派や極右派による否定論ないし歴史修正主義にとって有利な心理的土壌を提供している。

慰安婦問題や強制動員・強制労働など、国家や企業が行なった個々の行為の土台に植民地支配が存在し、それ自体が違法であるとする主張は今日まで、「植民地支配が開始された当時の法はそれを禁じていなかった」等の理由でまともに採り上げられてこなかった。しかし、そうした「当時の法」そのものが、実は当時国際社会を形成していた帝国主義諸国が被支配民族の主権をあらかじめ否定した上で定められたものであり、植民地支配を受けた側はそうしたルール決定の過程そのものから排除されていたのである。

世界的に見ても、かつて植民地支配を受けた地域の人々からの謝罪や補償を要求する声は、長年にわたり黙殺されてきた。これは全世界的に帝国主義支配がまだ終わっていないことを意味する。植民地支配責任の否定という防御線は、いわゆる先進国（旧植民地宗主国）が国際的に連係して張っている共同の防御線であるといえる。逆にいえば、日本に朝鮮植民地支配の清算を要求することは、帝国主義支配と植民地支配の清算を求める全世界的な潮流に合致する普遍的な意義をもつのである。

私はこうした主張をすでに一二年前に、あるシンポジウムで行なったことがある。【註2】

しかし、その当時、こうした主張が広く理解されたとか、支持されたとは言えない。日本国民多数の認識は、「慰安婦」制度など個々の国家犯罪の反人権性や非人道性は否定しないものの、戦争そのものや植民地支配そのものを根本的に否定するという水準には達していなかった。そして、そのことは、今日も大きな変化がない。むしろこの間、露骨な国家主義的主張が拡散すると同時に、そうした右派的国家主義とは一線を画すリベラルな多数派の間にも、「日本だけではない」とか「いつの時代にもあること」といったシニカルな相対主義、あるいは弱肉強食を当然視する新自由主義的イデオロギーが蔓延したことによって、日本国民の認識水準はさらに低下している。

とはいえ、学会や市民運動の一角に、ささやかではあれ、全世界的な潮流を視野に入れながら日本の「植民地支配責任」を批判的に問題にしようとする動きも芽生えている。板垣竜太「植民地支配責任を定立するために」【註3】は、そのような問題意識を鮮明にした論文であった。板垣の主張は、慰安婦問題や強制連行問題などについて、たんに戦争における国家間の賠償問題に解消することなく、植民地支配による被害を取り上げて国家（ならびに企業）の法的責任を明らかにするとともに、被害者個人の救済のために補償を実現しようとするものである。

また、二〇〇九年三月には南部アフリカ史研究者である永原陽子らの研究グループによる成果として『「植民地責任」論—脱植民地化の比較史』（青木書店、二〇〇九年）が刊行された。同書は、二〇〇一年八月から九月にかけて南アフリカのダーバンで開かれた国連主催の「人種主義、人種差別、排外主義、および関連する不寛容に反対する世界会議」（ダーバン会議）の発した宣言が、「植民地主義の責任追及を回避することで成り立ってきた」第二次世界大戦後の世界秩序を破る意義を有するものである（永原）との認識を出発点に置き、七人の著者たちがさまざまな角度から「植民地責任」という概念の定立のため考察を展開している。

だが、これらの動きが広く日本国民に共有されるかどうかについては、悲観的にならざるを得ない。

「道義的責任」というレトリック

前に述べたような、「植民地支配責任の回避」という先進国共通の防御線を守るために頻繁に使用されたレトリックが「道義的責任」である。

日本政府が「植民地支配」の事実をしぶしぶ認めたのは敗戦から五〇年を経た一九九五年のことである。当時の連立政権で首相を務めた社会党出身の村山富市が記者会見で、「過去の戦争や植民地支配は『国策を誤った』ものであり、日本がアジアの人々に苦痛を与えたことは『疑うことのできない歴史的事実』」であると述べたのである。

この談話は植民地支配の事実すら認めようとしなかった従来の政府の立場から見れば一歩前進と言うこともできよう。しかし、談話発表時の記者会見で村山首相は、天皇の戦争責任があると思うかという質問に対して「それは、ない」と一言で否定した。また、いわゆる韓国「併合」条約は「道義的には不当であった」と認めつつ、法的に不当であったということは認めず従来の日本政府の見解を固守したのである。この線、すなわち「象徴天皇制」と呼ばれる戦後天皇制を守護し、植民地支配の「法的責任」を否定すること、相互に深く関連するこの二つの砦を死守するための防御線を当時の日本政府は引いたのだといえる。

これが、それ以来、日本政府が頑強に維持している防御線であり、いわゆる「慰安婦」問題においても国家補償をあくまで回避して「女性のためのアジア平和国民基金」(以下、国民基金)による「お見舞い金」支出という不透明なやり方に固執した理由でもある。国民が支出する「お見舞い金」は「道義的責任」の範囲と解釈されるが、政府が公式に補償金を支出すればそれは「法的責任」を認めることにつながるからである。ここで「道義的」という語は、法的責任を否認するためのレトリックとして機能している。

私たちはやがて、このようなレトリックに、別の文脈で遭遇することになる。

先に述べた二〇〇一年のダーバン会議において、初めて、奴隷制度と奴隷貿易に対する補償要求がカリブ海諸国とアフリカ諸国から提起された。しかし、欧米諸国はこれに激しく反発し、かろうじて「道義的責任」は認めたが、「法的責任」は断固として認めなかったのである。その結果、ダーバン会議の宣言には奴隷制度と奴隷貿易が「人道に対する罪」であることは明記されたが、これに対する「補償の義務」は盛り込まれなかった。欧米諸国が法的責任を否認する論拠は、「法律なければ犯罪なし」とする罪刑法定主義の原則であり、奴隷制は現代の尺度から見れば「人道に対する罪」に該当するかもしれないが、当時は合法だった、という論法である。

ここに、どこまでも植民地支配責任を回避しようとし、そして、それができない場合でも、「法的責任」を否定して「道義的責任」の水準に止めようという、先進国(旧植民地宗主国)の共同防御線がはっきりと見て取れるのである。

もちろん、このようなレトリックは「道義」という言葉の本来の意味を否定する、意図的な誤用でしかない。「法」が未整備であった状況での犯罪、あるいは「法」の主体となることを歴史的に否定されてきた人々に対する犯罪、これら現存する「法」の範囲を超える犯罪の責任を問い、補償を行なっていくためにこそ、「法」の上位概念としての「道義」が問題となるのである。そして、場合によっては、このような「道義」の認識にもとづいて新たな立法が行なわれ、「道義的責任論」が新たな「法的責任」を生み出すことにつながる。

永原陽子は先の書物の序文で、一九九三年パン・アフリカ会議の「アブジャ宣言」から、「重要なのは経済的発展を奴隷労働や植民地主義に負い、先祖がアフリカ人の売買や所有、植民地化に参加していた国々の責任であり、その罪ではない」という一節を紹介しながら、「『罪』として成立していようといまいと（つまり該当する『法』があろうとなかろうと─徐）、問われるべき『責任』はあり、償われるべき人々はいるというその主張は、本書のいう『植民地責任』の考え方である」と述べている。

いうならば旧植民地宗主国とその国民の多数派は「道義的」という言葉を責任回避のレトリックとして用い、旧被支配諸民族はあらたな法的責任の源泉として用いようとしているのである。ここに「道義」という概念の定義をめぐる反植民地闘争が繰り広げられているともいえる。

「記憶のエスカレーション」

私はかつて日本人マジョリティの国民主義的心性の重要な特徴である「先の世代が犯した罪の責任を後の世代である自分たちに問われることへの反発」という心理について述べたことがある。【註4】

何か迷惑をかけたことがあったとしても、それはすべて過ぎた昔のことであり、先の世代が行なったことである。自分たちにその責任の帳尻をまわされるのは迷惑だ。アジアの被害民族がそれを執拗に問題にするのは過去に執着する民族性、豊かな日本人へのひがみ、あるいはナショナリズムにもとづく対抗意識などのせいだ。――このような言説に傾く心性を、必ずしも若者に限らず、日本国民の多くが共有している。

実はこうした現象も、日本人に限ったことではなく、むしろ九〇年代以降の文脈の中で世界的な広がりを持っている。

フランスで奴隷制の補償問題に取り組む弁護士ロザ＝アメリア・プリュメル(Rosa Amelia Plumelle "Les crimes contre l'humanité et le devoir de réperation")によると、ダーバン会議における鋭い告発はいわゆる先進国の「良心的な人々」をおおいに狼狽させ、それ以来、被害者による補償要求に対する否定的な言説が多く流布するようになった。たとえば二〇〇二年三月にジュネーヴで行なわれた「補償問題―和解あるいは政治闘争？」と題された学術シンポジウムの序文は次のように「憂慮」を表明している。

「今日われわれは記憶のエスカレーション surenchére de la mémoire を招来する過去の読み直しに直面している。過去の世代が犯した『犯罪』（しかも本質的に今日の考え方や感受性にもとづいて『犯罪』といわれる行為）が、いまの世代が負うべき歴史的負債として、さかんに掘り返されている」

これに対して、プリュメルは次のように主張している。【註5】

「記憶のエスカレーションを招来する過去の読み直し」とは侮蔑的な呼び方である。これまで歴史を叙述してきたのはヨーロッパの専門家だけであり、非ヨーロッパ世界を蹂躙した自分たちの破壊政策をどのように解釈し評価するかを決定できるのも彼らだけだった。アメリカ大陸でのジェノサイドの末裔であるアフロ＝アメリカンの尊厳は、白人支配の下で法的・制度的にだけでなく、歴史教育においても否認され続けてきたのだ。ここで問われているのは過去の世代が犯した空想の罪などではなく、かつての奴隷貿易国家、奴隷制国家、そして植民地国家が総力を挙げて制度化し、何世紀にもわたって遂行したジェノサイドである。奴隷貿易国家や奴隷制国家が犠牲者たちに負っている負債。これは『過去の世代が犯した』行為のせいで『現在の世代』に押し付けられる『歴史的負債』ではない。これは『いくつかの世代』による行為ではなく、『いくつもの国家』による行為だった。奴隷貿易国家は何百万人もの非ヨーロッパ人男女や子どもの組織的な隷属化と大量殺戮を通じて莫大な富を蓄積し、経済的軍事的強国にのし上がった。この災厄は当該地域の持続的な貧困化と破壊をもたらしてきた。したがって、これらの地域住民とその出身者に対する補償義務に応じることは、かつての奴隷貿易国家が担うべき最低限の責任である。

二〇〇一年のダーバン会議は、ナチズムによるジェノサイドを経験して「人道に対する罪」という概念を生み出した欧米諸国が、同じ基準を自らが行なった奴隷貿易、奴隷制、植民地支配に当てはめる可能性を初めて公的に論じた場所だった。しかし、イスラエルと米国は退席し、欧米諸国はすでに述べたように「道義的責任」という防御線に立てこもった。

この会議の閉会から三日後、いわゆる「9・11」事件が起きた。それはまるで、ダーバン会議を見て、植民地支配責任と補償の問題を平和的な対話を通じて解決してゆく可能性に絶望した者による、欧米諸国への応答のようにも見える出来事だった。

しかし、その後の世界では、和解を妨げているのは責任を回避しようとする加害者の側ではなく、むしろ被害者の側であるかのような本末顛倒した言説が拡散した。「和解」というレトリックを用いて被害者側に既成事実への屈服を強いる圧力が強まり、これを批判したり、これに抵抗する者たちには「原理主義者」「倫理主義者」「過激派」「ナショナリスト」「テロリスト」といったレッテルが貼り付けられるのが常である。

九〇年代の前半、それまで口を閉ざされていた植民地支配の被害者証人たちが次々と現われ、それに呼応して日本国内にも戦争責任を問う人々の運動が起こってきたとき、私はそれを「証言の時代」と呼んだ。それは日本社会において、国民の多数が加害の歴史と向き合い、被害者たちとの対話を通じて過去を克服していく好機であるはずだった。もちろん右派からの強硬な巻き返しはあったものの、それとの闘いを通じて被害者たちと真に和解する未来へと進んで行くことのできる好機を日本国民は迎えたのである。しかし、実際には、社会全般の右傾化とともに、歴史問題においても実際に教科書の慰安婦関連記述が激減するなど、九〇年代半ば以降、日本社会は反動の時代に突入した。そのような状況のなかで、日本植民地支配の被害者たちは右派や歴史修正主義からの暴力だけでなく、中間派マジョリティからの「和解という名の暴力」にまでさらされている。

和解のために？

ここに述べた「和解という名の暴力」の代表的事例を、朴裕河《パクユハ》著『和解のために』（平凡社、二〇〇六年【註6】）が日本で異常なほど歓迎された現象に見ることができる。この本は、韓国ではあまり注目されたとは言えないが、日本ではリベラル派と目される朝日新聞社が主催する大佛次郎論壇賞（二〇〇七年）を受賞し、大きな注目を浴びた。著者の朴裕河はマスメディアに数多く登場して自説を説く機会を与えられた。

この本は教科書、慰安婦、靖国、独島（竹島）という四つの論点をめぐる日韓間の認識のズレと対立を扱っているが、その内容そのものは、用語の誤用、事実の誤認、先行研究や関連文献の恣意的引用などが多く、高く評価できるものではない。この点には本稿では深く立ち入る紙幅はないが、金富子《キムプジャ》『「慰安婦」問題と脱植民地主義―歴史修正主義的な『和解』への抵抗』【註7】が、広範な論点にわたって徹底的な批判を加えている事実を紹介しておこう。ただ、一方は発行部数が数百万部に達する朝日新聞に繰り返し紹介され、それに対する金富子の批判は事実上一般人の目には触れない小さな媒体にしか掲載されないという、圧倒的な非対称的関係があることは指摘しておかなければならない。

朴裕河の著書は、みずからを日本をよく知る者であると規定した上で、「韓国」が日本をよく知らず、日本に対して根拠のない「不信」を抱いていることが、両国の間での度重なる「不和」の原因であると断言する。そして、そのような日本に対する無知と不信の原因がナショナリズムにあるとした上で、被害者側が加害者側を赦すことで「和解」を実現するよう呼びかける。

以下にそのレトリックの代表的なものを紹介しよう。朴裕河よりの引用は《　》で示す。

①《これまで韓国では、どのような問題であれ常に「反省なき日本」と考えられがちだった。その理由の一つは、日本の右派の発言と行動の背景に日本の戦後教育と教科書に対する不満があったという事実についての理解が欠如していた点にある。（中略）しかし、新しい日本を築

こうとした人々、いわゆる「良心的知識人」と市民を生んだのもまた、ほかでもない戦後日本ではなかったか。そうである限り、そして彼らが少なからぬ影響力をもつ知識人であり、また市民の多数を占めていることが明らかである以上は、日本が戦後目指してきた「新しい」日本は、ある程度達成されたとみるべきであろう。そのような意味では、韓国における「反省なき日本」という大前提は再考されるべきである。》（二四頁）

前記引用文の第一行目は文法的にみても正確ではないが、それはさておき、このような乱暴な断定口調に朴裕河のレトリックの特徴がある。《どのような問題であれ常に》などというのはほんとうだろうか？　そんなことがありうるだろうか？　静かな心でこの一文を読んだとき、これは事実ではないばかりでなく不誠実な断定だと言うほかないであろう。

《日本の右派の発言と行動の背景に日本の戦後教育と教科書に対する不満があったという事実についての理解が欠如していた》というレトリックは「理解」という語の用法が微妙である。かくかくの《事実》について多くの韓国人が「無知」であると言えば、それははっきりと事実に反する。日本の右派が戦後民主主義教育を標的としてきたことは韓国においても、とくに朴裕河が批判の対象としているような民主化運動や市民運動に携わる人々の間では常識以前の問題であるからだ。だから朴裕河はここでは「無知」といわず、「理解の欠如」というのだろう。しかし、「理解」していないのは誰だろうか？

朴裕河は同書の別の箇所で、《戦後日本の歩みを考慮するなら、小泉首相が過去の植民地化と戦争について「懺悔」し「謝罪」する気持ちをもっていること自体は、信頼してもよいだろう。その上で「あのような戦争を二度と起こしてはならない」と言明しているのだから、戦争を「美化」していることにもならないはずである》などとも述べている。小泉首相を「信頼」するのはご自由だが、保守与党と政府が一体となって戦後憲法の再軍備放棄・戦争放棄条項や政教分離原則を意図的かつ計画的に空洞化させてきたという《戦後日本の歩み》を理解してさえいれば、こんな「信頼」はできないというのが常識というものであろう。

はっきり言うなら、朴裕河こそが日本右派の《発言と行動の背景》について誤った理解をしているのだ。朴裕河が批判する挺身隊問題対策協議会（以下、挺対協）など韓国の市民運動圏の人々は、朴裕河とは違う仕方で（私の考えでは朴裕河よりも正確に）日本右派の言動の背景を理解しているのであって、それが理解できないから《反省なき日本》を批判してきたのではない。その危険性を理解しているからこそ批判しているのである。

引用部分①の後段についても同じことが言える。戦後日本が「良心的知識人」と「市民」を生んだといえるか？　その良心的知識人が少なからぬ影響力をもっているといえるか？　そんな良心的な人々が市民の多数を占めていると明らかにいえるのか？（ではなぜ在日朝鮮人への差別や「北朝鮮バッシング」にブレーキがかからないのか？）「新しい日本」はある程度達成されたなどといえるのか？（ではなぜ天皇制は維持強化されているのか？）——ここに列挙された問題は、私自身は朴裕河の見解に反対だがそれはともかくとしても、それぞれに日本社会においても決着のついていない論点である。

しかし、大事なことは朴裕河がこうした問題を分析検証するためにではなく（分析検証すればいくらでも反論がありうるであろう）、「韓国」の「日本」に対する「無理解」を言い立てる材料として列挙しているという点である。自分こそが「日本」を正しく理解しており、「韓国」はそれを理解していない、という粗雑な論法には呆れるほかない。

②《これまでの韓国の批判には、日本の戦後に対する理解が決定的に欠如していた。それゆえ日本の左派が「新しい」日本に変えるために努力を重ねてきた事実も、きちんと理解されたことはなかった。右派の抱く『無念さ』、つまり被害者意識が、はたしてどこに起因するのかについて真摯な関心をもつこともなかった。いわば左派の努力にも右派の被害者意識にも、きちんと向きあうことはなかったのである。そして、そのように、相手に対する理解がともなわなかった韓国と中国の非難は、右派の反発をいっそう強める役割を果たしただけである。》（二二〇頁）

《韓国の批判》とは、これまた粗雑な言い方である。この「韓国」とは誰のことなのか？　政府か？　国民の多数か？　知識人のことか？　民主化運動や市民運動のことなのか？　ここで著者が描いてみせる「韓国」像は、李文烈《イムニョル》、趙廷来《チョウジョンネ》など大衆文学作家の言説、朝鮮日報や中央日報など保守派メディアの論説にはじまり、盧武弦《ノムヒョン》政権から挺対協などの市民運動体にいたるまで、相互に対立さえしている多種多様な政治的主張や社会的立場の相違を無視して包括した乱雑な呼称である。朴裕河はそのように包括した「韓国」像を、植民地支配のトラウマのため日本への無理解と不信に凝り固まったものとして描き出す。その上で、そんな「韓国」と「民主的で多様性に富む市民社会の存在する日本」という対立図式をつくりあげるのである。

しかし、言うまでもなく、韓国内部に排他的国家主義者も存在すると同時に、（朴裕河は意図的に無視しているが）国家主義をきびしく批判し、開かれた社会の形成を目指して闘う諸個人や諸団体も数多く存在している。また、日本はといえば、植民地支配責任の認識と克服という点に限っていっても、市民社会が健全な機能を果たしてきたとはとてもいえない。

日本と韓国という二つの社会を構成する諸要素から、相対立する諸要素のみを取り出して強調し、それを包括的に「日本」「韓国」と名づけているのである。このような図式は恣意的なものでしかない。たとえば朴裕河は国民基金を中心的に担った和田春樹氏を日本の「良心的知識人」の代表に挙げ、国民基金に反対した挺対協などを「無理解な韓国」の代表に挙げる。だが、日本国内に国民基金を批判している人々は広範に存在するし、この人々は韓国の市民運動とも連帯を保っている。この日本人たちは（朴裕河よりも）日本に対して「無理解」だからそうしているのだろうか？　それとも、この人々はもはや「日本人ではない、非国民だ」とでも言うのだろうか？　朴裕河が引いて見せた線は、「韓国」と「日本」の間に引かれているのではなく、実際には継続する植民地主義の克服を志向するか否かをめぐって引かれているのである。

ここに見られるように『和解のために』（日本語版）の記述の主語はほとんどの場合、「韓国」である。原著では「우리（私たち）」である。本来、「우리」と「韓国」は等式では結べないはずだが、日本をよく知り日本語にも堪能であることを自任する著者であるから、この訳語は熟慮の上で用いられているのであろう。しかし、ここにも朴裕河流レトリックの秘密が潜んでいる。

朴裕河がこの「우리（私たち）」という語に自分自身を含めているのかどうかは曖昧である。ある時には自己批判のようでもあり、別の時には韓国内のある勢力や潮流への批判のようでもある。「韓国」の誰に対する批判であるのか、その対象を厳密に特定し、具体的な論拠を挙げて批判すべきである。

この「우리（私たち）＝韓国」という用語の効果によって、少なからぬ日本の読者は「韓国」について抱いている誤ったステレオタイプをさらに強化されると同時に、それを「韓国」の中から出た誠実な自己批判であるかのように受け取るのである。「韓国はこうである」と断言してくれる「韓国人」ほど、日本人マジョリティにとってわかりやすいことはないのだ。しかし、その「わかりやすさ」は誤解のたすけにはなっても、真の理解の妨げでしかない。

③《ふたたび「植民地支配責任という概念」（板垣竜太）の定立が必要だとする日本知識人

の主張は、倫理的には正しい。しかし、それ（朝鮮「併合」）が「法」的に正しかったとすれば、依然として韓国側にそれを要求する権利のないことは明らかである。だとすれば、一九〇五年の条約【註8】が「不法」だとする主張（李泰鎮ほか）には、自国が過去に行ってしまったことに対する「責任」意識が欠如しているように、韓日協定の不誠実さを取り上げて再度協定の締結や賠償を要求することは、一方的であり、みずからに対して無責任なことになるだろう。日本の知識人がみずからに対して問うてきた程度の自己批判と責任意識をいまだかつて韓国はもったことがなかった。》（二二六頁）

すでに述べたように、植民地支配責任という概念は日本の知識人がまず主張したのではない。それは多くの被害者たちや在日朝鮮人などの長年にわたる要求と闘争の結果、ようやく最近になって浮上してきたのである。しかも、そうした認識をもつ者は日本社会全体から見ればまだ微々たる少数派にすぎない。

この概念に、朴裕河自身は、「倫理的に正しい」と留保しながらも、根本的には反対しているようだ。まさしく、「道義的責任」を認めると言いながら「法的責任」は頑強に否定し続ける先進諸国のレトリックと同一である。朴裕河によれば、当時の法に照らして「正しい」とされた条約は、たとえそれが不平等条約であっても反対すべきではないらしい。現在の大韓民国国民が、かつての大韓帝国が強制された条約を否定したり修正を要求したりすることは「責任意識の欠如」だと言うのである。

一九六五年の日韓条約は日本が植民地支配責任を認めなかったため、在日朝鮮人の日本居住権の歴史的正当性をも無視することになり在日朝鮮人への差別状況を固定化した。また、同条約は韓国政府を「朝鮮半島における唯一の合法政府」とみなし朝鮮民主主義人民共和国（北朝鮮）を敵視する中で結ばれた。在日朝鮮人の中でも「韓国籍」の者にだけ「協定永住権」を与え、「朝鮮籍」の者は不安定な在留権のままにするなど民族の分断を固定化するものだった。朴正熙《パクチョンヒ》軍事政権が国内での反対運動を弾圧しながら結んだこの条約は、冷戦体制下で強要された不平等条約であるともいえよう。それの見直しを求めることは、朴裕河によれば、無責任なことだというのである。それでは日米安保条約に反対する日本人は無責任だということになるのか？

朴裕河にとって責任ある知識人とは、たとえそれがどんなに反人権的かつ非人道的なものであろうと、国家がいったん締結した条約には最後まで黙々と従う人のことらしい。これほど国家権力を喜ばせ、植民地支配者やその後継者たちに歓迎されるレトリックもないであろう。

先の引用文中末尾の一文は、韓国版の原書にはなく日本版にのみ付け加えられたものだ。どうして著者は、このような一文を加えたのだろうか？　著者は「日本語版あとがき」で、《日本語版を出すにあたって、日本への批判を少し加筆した。その理由は、この本をその場に必要な本にしたかったからである》と書いている。しかし、問題の一文を《日本への批判》と読むことができるだろうか？　《その場に必要な本にしたかった》というのが著者の本音なら、ある層の日本の読者に迎合することが著者のいう《必要》なのだろうか？
端的に言って、この一文は事実に反する。韓国において、朴裕河がさかんに指摘するような問題がまったくないわけではないが、痛切な自己批判と責任意識をもって植民地支配と闘い、軍事政権と闘って来た人々が存在することは、これもあらためて言うまでもないことだ。その一方、日本では、もちろん少数の例外【註9】はあるが、知識人たちは多くの場合、植民地支配責任を痛切に自己批判することができず、自国の犯した犯罪に対して骨身にしみる責任感を示してきたとはいえない。
この引用部分③では歴史学者の李泰鎮《イテジン》の学説が、それ自身の妥当性を議論するためにではなく、ナショナリズムに凝り固まっている「韓国」という恣意的な像をつくるために利用されているにすぎない。別の場所では大衆文学作家の言説が、また別の場所では挺対協など市民運動団体の主張が、断片化されたまま利用される。しかし、李泰鎮の学説は学問的に誠実な考証を経たものであり、真剣な検討と議論の対象ではあっても、決して「無責任なもの」ではない。【註10】
もう一度、この文章をじっと眺めてみよう。
《日本の知識人がみずからに対して問うてきた程度の自己批判と責任意識をいまだかつて韓国はもったことがなかった。》
どうしてこんなに乱暴な断言ができるのだろう？　読者はここに誠実な自己批判を読みとるのだろうか？　私はここに、不誠実さしか読みとることができない。

ここでの「韓国」を「中国」なり「フランス」なり任意の他の国名と入れ替えて眺めてみれば、これがどんなにあやしげな論法であるかは明らかであろう。ある国なり民族なりのステレオタイプをつくっておいて、その一部分をあげつらって全体を包括的に否定するやり方は典型的な否定論のレトリックであり、「ブランケット・ディナイアル（全体に毛布を被せておいて否定する）」と通称される。そんな言辞を他国人が吐けば明らかに差別に該当するが、しかし、その国の人間の口から出れば当事者の「自己批判」であるかのように見えるのである。

朴裕河がこんな断言をあえてすることができる足場は、韓国内に対しては「自分は長い留学経験をもつ知日人士だ」という自任であり、日本に対しては「自分は韓国人だ」という表象でしかない。そのため韓国内では一部の読者が「それほど日本を知る人の言うことなら」と幻惑され、日本の読者は「韓国人自身が言うことだから」と幻惑されるのだ。「우리（私たち）＝韓国」という主語にはそういう効果が潜んでいるのである。

さらに問題なのは、朴裕河が和解の主体と想定する「우리（私たち）」から、朝鮮民主主義人民共和国（北朝鮮）と在日朝鮮人がみごとに脱落していることである。植民地支配がすべての朝鮮人を対象に行使されたものである以上、この両者への謝罪と補償ぬきに日本と朝鮮民族の真の和解はあり得ない。日本の植民地支配責任の清算は北朝鮮、在日朝鮮人その他の在外朝鮮人を含むすべての被害者を対象に行なわれなければならないことは理の当然であろう。

ところが、日本は現在も北朝鮮とは国交すら結んでいない。また、日本政府は在日朝鮮人に対す

る植民地支配の加害責任を認めたことはないし、もちろん謝罪や補償など問題にされたこともないのである。韓国ナショナリズムの批判者を自任する朴裕河は、「우리（私たち）」を「韓国」と訳して怪しまない意識にあらわれているとおり、韓国という国家やその政府に朝鮮民族全体を代表させることに問題を感じていないようだ。

④《もとよりいまの日本を批判する人々は、日本の謝罪と正しい行動がなされないための不信というだろう。しかし、たとえ日本が国家補償を行い、天皇がやってきて韓国の国立墓地にひざまずくとしても、いまのような対日認識が続く限り、それを、諸外国に披露するためのパフォーマンスに過ぎないとする人は必ず出てくるはずである。不信が消えない限り、どういう形であれ謝罪は受け入れられないのである。

ならば和解成立の鍵は、結局のところ被害者側にあるのではないか。ある意味では、加害者が赦しを乞うたかどうかは、もはや問題ではないとさえいえる。そして不十分な点はありながらも、大枠においては、日本は韓国が謝罪を受け入れるに値する努力をしたのだと、私は考えている。》

（「日本語版あとがき」二三八頁）

これにはまったく説得力がない。かりに日本政府が九〇年代に被害者に対する国家補償に積極的に乗り出していたなら、《対日認識》もそれに応じて変化していたはずである。

ここでは原因と結果とが意図的に転倒されている。かりに「韓国」の日本に対する「不信」が著者が強調するほど深刻であるとしても、それは原因ではなく結果である。不信があるために謝罪を受け入れないのではなく、まともな謝罪が行なわれないために不信が増幅されてきたのだ。

そのような「不信」に根拠があることは、二〇〇七年に起こった一連の事態によってふたたび証明された。この年一月、「慰安婦」問題について日本政府に「明確かつ曖昧さのない形」での責任の承認と謝罪を求める決議案がアメリカ下院外交委員会に提出されると、日本右派は危機感を感じて反発を強めた。慰安婦制度への国家関与を認めた一九九三年の河野官房長官談話の見直しをかねてから公言してきた安倍晋三首相はこの時慰安婦制度の「強制性」を否定する発言を繰り返したが、結局、的外れにもブッシュ米大統領に「謝罪」するという醜態を演じた。日本の右派人士や国会議員たちはアメリカの新聞に大々的な意見広告を出し、日本政府は決議案の議決を妨害するためのロビー活動を繰り広げたのである。これら一連の動きが「不信」をさらに強化することになったことは想像にかたくない。【註11】

このように、現在までの歴史をあるがままにみた時、日本国家と国民多数が植民地支配を真に反省したとは到底いえないし、韓国からみて《謝罪を受け入れるに値する努力をした》というのは事実に反する。

私はかつて、日本において戦争責任および植民地支配責任問題がほとんど解決していないのは、『他者』に対する『日本人としての責任』を自覚的に担おうとする人々と、『他者』を黙殺して自己愛に終始しようとする人々との対立のせいであり、日本では前者が極端に少数かつ脆弱であり、後者が依然として社会の中枢を占め続けているという単純な事実」のせいであると論じた。【註12】それがすでに一三年前のことだが、今日なお問題はほとんど解決していない。この私の指摘を引いて歴史学者の吉澤文寿は、「我々日本人は積極的であれ、消極的であれ、このような政治状況を作り出してきたのである。これこそが日本国民の政治的な植民地責任であると認めなければならないだろう」と論じている。これが客観的かつ妥当な現実理解というものであろう。【註13】

天皇訪韓問題に関して言えば、もし、ほんとうに《天皇がやってきて韓国の国立墓地にひざまずく》という事態が実現したとすれば(私はその実現性は低いと見ているが)、《対日認識》にかなりの変化をもたらすだろうと思う。ありていに言うと、「天皇が謝る」というパフォーマンスは、現実にはかなり多数の韓国国民の人心を「慰撫」し「収攬《しゅうらん》」するに効果的であろうと予測する。しかし、植民地主義の克服という課題に照らして考えると、それは許してはならないことだ。

韓国政府が天皇を招請することにも、天皇が訪韓することにも、私は反対である。また、韓国にかぎらず一般的にいって、どの国の場合でも、外国元首が国立墓地に参拝するといったセレモニーによって人心の収攬をはかることは国家主義の強化にほかならない。

かつての植民地支配は日本の天皇制という制度によって行なわれたのであり、朝鮮総督は天皇に「直隷」していた。朝鮮植民地支配の最高責任者は天皇であった。朝鮮植民地支配を根本的に克服するということは、天皇制そのものを克服することと同義である。にも関わらず日本敗戦後、天皇の「威光」を利用して戦後日本を間接支配しようとする連合国の意向もあって天皇制は生き延びた。戦後天皇制は植民地支配との絶縁の上に成立しているのではなく、戦前の天皇制の延長として存在するのである。一九三〇年代後半に朝鮮総督府は、朝鮮人への徴兵制実施と天皇の朝鮮行幸実現を目標に「皇民化政策」を推進した。しかし、ついに天皇行幸は実現できなかったのである。それは植民地支配への朝鮮人民の抵抗がそれだけ粘り強いものであったことの証左であろう。

私は現行憲法の第一条（象徴天皇制）に反対である。日本国民自身が自らの手で天皇制を廃止すべきであり、それが、侵略戦争に終始した日本の近代と決別し日本人自身を解放するためにも必要なプロセスだと考えるからだ。しかし、そのことを措いて現行憲法に照らして見た場合でも、これは天皇の政治的利用の最悪のケースといえるだろう。現行憲法上でも天皇は元首ではない。日本国家と国民を代表し得ないはずの存在なのである。国家としての謝罪の意は国会決議を経て、内閣総理大臣によって公式に表明されるべきものだ。

日本の天皇を「和解と平和の使徒」に仕立て上げて植民地支配の責任を曖昧にし、旧植民地人民を「慰撫」する役割を演じさせることは、過去の克服ではなく、克服されるべき過去をまたしても延命させることでしかない。そのことを韓国政府が推進しようとするのは天皇を利用して自らの威信を高め国民統合をはかるためである。日本と韓国いずれの国民も、そんなことに手を貸してはならない。

⑤《いわば「被害者」としてのナショナリズムの呪縛から解き放たれるためにこそ自己批判は必要なのではないか？「赦し」は、被害者自身のために必要なのだ。怨恨と憤怒から自由になって、傷を受ける前の平和な状態にもどるために。》（二四〇頁）

朴裕河はいかなる資格において、被害者たちに加害者を赦せと説くのだろうか？ もと慰安婦のハルモニ、強制連行された労働者、日帝による弾圧被害者、その他の被害者たちが日本の植民地支配責任を明らかにすることを求めているのである。それらを代表する権利は、韓国という国家にもない。韓国という国家がそれらの要求を代弁する役割を付与されるのは、そうした被害者と、その意を汲んだ国民の要求に応えるためであり、その限りにおいてである。国家自身のために、ましてや時の政権の利害のためにこの問題を横領することは許されない。

朴裕河という人物が、あたかも被害者代表のように「韓国」という主語を用いて寛容と和解を説くのは、どんな理由によるのか？「同じ韓国人だから」という理由は、答えにならない。「同じ韓国人」の中にも、さまざまなグラデーションで被害者性と加害者性が複合的に混在しているからだ。日本軍慰安婦制度に末端で加担した「朝鮮人業者」にはもちろん応分の加害性と責任がある。同じように韓国軍事政権時代の光州における一般人虐殺などについても、当時の与党政治家、高級官僚、軍人など支配層には加害責任があるだろう。朴裕河という個人は、「우리（私たち）＝韓国」という主語を曖昧なままに使用するのではなく、自分自身にはどのような意味で被害者性があるといえ

るのか、どのような意味で被害者を代弁できるのかをきびしく自問しなければなるまい。

ここでこれ以上詳しく触れることは紙幅が許さないが、朴裕河はその著作において「植民地近代化論」への親和感を隠そうとしていない。もちろん、軍事政権時代にもそうであったように植民地時代にも、それなりに「いい目」を見た特権層は存在した。そういう人々の視点から見ればあの時代もそれほど悪くはなかったのであろう。だが、そういう人々には、「慰安婦」被害者であれ、強制連行・強制労働被害者であれ、政治弾圧被害者であれ、筆舌に尽くせぬ苦痛と屈辱を経験した被害者たちを代弁することはできまい。まして、《「赦し」は、被害者自身のために必要》などと高説を説く資格はあるまい。「同じ韓国人だから」という理由だけで、それをあえてするのだとしたら、それこそ被害経験の横領というべきであろう。

被害者は《ナショナリズム》に呪縛されているのではない。実際に被害に苦しみ、その責任を明らかにして補償することを求めているのだ。かりに百歩譲って、《ナショナリズムの呪縛》なるものが作用していると仮定した場合でも、その《呪縛》の原因は加害者側にあり、《呪縛》を解くためには加害者側からの行動が不可欠であることは当然である。

あらゆる意味で、被害者が《傷を受ける前の平和な状態》に戻ることはもはや不可能である。取り返しのつかない加害を今後二度と繰り返さないためにこそ、真相の究明、責任の承認、謝罪、補償が必要なのだ。それが行なわれた後になってようやく、《赦し》のための条件が生まれるのである。加害者からのそうした行動がない限り、どうして被害者が《怨恨と憤怒》から解放されることができるだろうか。

「和解という名の暴力」――その流通と消費

ハーバード大学教授の入江昭は二〇〇七年大佛次郎論壇賞の選考委員として、朴裕河の著書を「歴史文献や世論調査などを綿密に調べた上で、説得力のある議論を展開している」と評価し、同じく選考委員で朝日新聞論説委員の若宮啓文は著者の「実証的に事実に向き合う知力と根気」を賞賛している。いずれも不思議なほど的外れな評だというほかない。【註14】

朴裕河は『和解のために』の「日本語版あとがき」で、同書の刊行に努力してくれたとして和田春樹に、また、日本語訳をよんで貴重な助言をしてくれたとして、上野千鶴子、成田龍一、高崎宗司に謝辞を述べている。朴裕河が本文中で賞賛する《日本の良心的知識人》の代表的人物ということになろう。私はこの人々を含む日本の知識人たちに、繰り返しになるがもう一度、次の一文を静かに読んでもらいたい。

《日本の知識人がみずからに対して問うてきた程度の自己批判と責任意識をいまだかつて韓国はもったことがなかった。》

その上で、日本の《良心的知識人》たちに問いたい。

「あなた方は、ほんとうにそう思っているのですか?」

私自身は、かつては必ずしもそうではなかったが、今では多くの日本の知識人たちが本音ではこう思っているのだと考えるようになった。かつての私はナイーヴすぎたようだ。

なぜ、こういうことが起こるのだろうか？　その理由を推測するに、朴裕河の言説が日本のリベラル派の秘められた欲求にぴたりと合致するからであろう。

彼らは右派の露骨な国家主義には反対であり、自らを非合理的で狂信的な右派からは区別される理性的な民主主義者であると自任している。しかし、それと同時に、北海道、沖縄、台湾、朝鮮、そして満州国と植民地支配を拡大することによって近代史の全過程を通じて獲得された日本国民の国民的特権を脅かされることに不安を感じているのである。

植民地支配による資源の略取や労働力の搾取を通じて蓄積された巨大な富が日本国民の経済生活や文化生活を潤してきた。日本敗戦（朝鮮解放）後、在日朝鮮人の日本国籍を一方的に剥奪したことだけをみても、植民地支配によって蓄積した富を日本国民が排他的に占有してきたことは明らかだ。まして、被害者側からの補償要求にも誠実に応えてこなかったのである。

しかし、右派と一線を画す日本リベラル派の多数は理性的な民主主義者を自任する名誉感情と旧宗主国国民としての国民的特権のどちらも手放したくないのだ。その両方を確保する道、それは被害者側がすすんで和解を申し出てくれることである。

『和解のために』に上野千鶴子が「あえて火中の栗を拾う」という熱のこもった推薦文を寄せているが、そこに次のようなくだりがある。

《日本の読者に求められる態度は、著者の自国批判に、乗じてはならないという節度であろう。日本語版を刊行するにあたって、著者は日本批判を増やしたという。外国人の書き手が、とりわけ日本の元植民地だった地域の国籍を持つ書き手が、日本の読者に耳あたりのよい情報ばかりを供給することで一定の市場を獲得することがあるが、そのマーケッティング戦略の逆を朴さんは行ったわけだ。韓国の中では自国に批判的にふるまい、日本では日本の読者に耳の痛いことを言う……それは知性というものが、何より批判的知性というものであるからだ。その批判的な知性が自らの属する社会に向けた苦言を、あたかも自分たちへの援護射撃であるかのごとく「領有」してはならない。》

《市場》云々という記述は確かにそのとおりである。しかし、《マーケッティング戦略》という上野の言葉を借りれば、ひとひねり加えた朴裕河の《戦略》に上野自身が乗せられているか、あるいは意図的に《戦略》を共有しているか、そのどちらかであろう。

実際のところ朴裕河の日本批判は、小泉首相談話の解釈について上野自身も《あまりに「善意」に過ぎる》と言及せざるを得なかったように、おおいに甘い。それは日本の読者を居心地悪くさせるような鋭さをまったく欠いている（しかし、起きている事態そのものは居心地悪くて当然なのだ）。朴裕河の日本批判はほとんど右派の排外的国家主義者や国粋主義者に向けられた批判（それも甘いのだが）であり、その一方でリベラル派の日本知識人については最大限の理解と共感を表明している。したがって、右派とは一線を画すリベラル派にとっては《耳の痛いこと》どころか、むしろ《耳あたり》がよいのである。朴裕河のすべてのレトリックは究極的には、日韓間の不和の原因は（「日本」にではなく）「韓国」の不信にあるという彼女一流のニセ「和解論」へと収斂する。これが日本の国民主義者にとって《耳の痛いこと》であるはずがないであろう。

すでに述べたように朴裕河の《自国批判》は不誠実な断定に終始しているが、それこそが、リベラル派の消費者にとって市場価値があるのだ。どのような価値か？《節度》ある《良心的知識人》と認められたいという欲望ゆえに抑圧してきた隠された本音を、著者が《自国批判》であるかのようなレトリックを駆使して代弁してくれるという価値である。上野は《著者の自国批判に乗じてはならない》と言っているが、同じ文章の中で《「慰安婦」問題に関わる韓国内の女性団体への（朴裕河の──徐）批判は、日本の運動体がもっとも言いにくかった批判のひとつである》と書いている。これが朴裕河流「和解論」の日本における消費の一類型である。こうすれば《節度》と本音の両方を手に入れられるのだ。

つまり、《自国批判》の形式を備えていることは、上野が言うように《マーケット戦略の逆》ではなく、この戦略こそ、この《市場》における市場価値の源泉なのである。その上、この言説は「ナショナリズム批判」と「家父長制批判」という形式（あくまで「形式」である）まで備えているのだ。自分たちの本音を代弁してくれている人物は「韓国人」であり「女性」であるという二重の護符に守られているのである。リベラルを自任する消費者にとって、これほど口に合う商品もないであろう。

たとえて言えば、『スカートの風』(角川文庫)の著者である呉善花《オソナ》が「サンケイ新聞」の読者層である右派の需要を満たしてきたとすれば、朴裕河は「朝日新聞」の読者であるようなリベラル派の需要を満たしてくれる存在であるといえよう。前者は国家主義に、後者は国民主義に対応しているのである。

朴裕河現象は一九九〇年代以降における日本リベラル勢力の思想的頽落現象が、被害者側(と自称する人物)の口を借りてまで自己を承認しようとする、そして、しばしばそうした承認を被害者側に要求しさえする水準にまで至ったことを示している。

いうまでもないことだが、真の和解とは、真実を明らかにし、責任の所在を問い、責任者の謝罪を経て、初めて達成されるものだ。しかし、日本においては、九〇年代中盤の「証言の時代」以降、このような真の和解を求める運動が起こったものの、その声は少数派のまま封印されてしまった。真の和解を通じて「新しい日本」へと変化する好機を失ったばかりか、そのような変化の中核となるべきリベラル派の知識層が、一五年あまり経った現在、このような無惨ともいうべき姿をみせているのである。

歴史問題を契機に中国や韓国で反日運動が高揚するたびに、日本のメディアが好んで流す言説は、「反日運動の原因は(日本にではなく)相手国のナショナリズムにある」というものだ。その反日

「ナショナリズム」の由来を歴史的な原因にまでさかのぼって考察しようとする議論は乏しい。後進的で非文明的な「ナショナリズム」という正体不明の怪物を想定し、自国と被害民族との不和や対立の原因をこの怪物に負わせようとするのである。彼らはみずからはナショナリストではないと堅く信じているので、自分のうちに根深く浸透している国民主義を自己批判することはない。むしろ、彼らは被害者の側に、みずからの「道義的」な正当性を承認するように要求しさえするのである。

このような心性はある意味で、先に述べた欧米における「記憶のエスカレーション」論に通じるものであり、先進国マジョリティに共通のものだ。朴裕河のように「あいだに立つ」身振りで、ニセの「和解」を説く旧植民地出身の知識人たちは、先進国マジョリティの需要に応えて、今後も世界各地に現われるであろう。「グローバル化」によって、旧宗主国と旧植民地地域との境界をまたぐ言説の市場が生み出され、リベラル派国民主義の需要に応える「和解論」が流通し消費されているのである。それはつまり、植民地主義の克服という世界史的潮流に対する反動の一現象であるともいえる。

「和解という名の暴力」は、和解達成を阻む主たる障害が被害者側の要求であるかのように主張し、和解という美名のもとに被害者に対して妥協や屈服を要求する。しかし、それは結局、真実を隠蔽することで責任の所在をあいまいにする結果を招き、長期的に見れば、むしろ問題の解決を遠のかせることになる。「和解という名の暴力」に反対する理由は、それが真の和解への障碍だからである。

日本の植民地支配を受けた朝鮮民族に課されている人類史的使命は、全世界的に繰り広げられている植民地主義との闘争の前線に自分たちが立っていることを自覚し、被支配諸民族と連帯しながら、ニセの「和解」を拒否して真の和解のために闘うことだ。日本人にとっても、このような闘争に連帯して真の和解を実現する方向にのみ安定的で平和な未来があることは明らかである。

ここに述べた私の見解が日本社会においては不人気であろうことを私は承知している。読者のなかには「この筆者はほとほと悔い改めない反日ナショナリストだ」というわかりやすい結論を下して満足する人も少なくないだろう。私としては、それこそが朴裕河流のレトリックの罠にとらわれた見方であると、あらかじめ指摘しておくほかない。

一枚の絵から何が読み取れるか

本稿をほとんど脱稿した後になって、雑誌『インパクション』二〇〇九年一〇月号に掲載された朴裕河のエッセー「『あいだに立つ』とは、どういうことか」を目にした。「『慰安婦』問題をめぐる九〇年代の思想と運動を問い直す」という副題のついたこの文章は、この間、朴裕河に寄せられた批判に対する反論を主な内容としている。私自身は、この文章を読んだ後でも、ここに書いた自らの見解に修正すべき点があるとは考えなかった。というより、朴裕河「和解論」のもつ問題点がよりいっそうあらわになったと考える。

紙幅に限りがあるので、どうしても気にかかる二、三の点についてのみ、できるだけ簡潔に言及しておきたい。

まず、私自身にかかわることから。私は韓国の日刊紙『ハンギョレ』にコラムを連載しているが、その欄（二〇〇八年九月七日執筆）において、朴裕河『和解のために』に批判的に言及した。短いコラムであるが、その趣旨は本稿とほぼ同じである。朴裕河はこれを取り上げ、かなり長く引用した上で、次のように批判している。

《問題は、このような認識自体もさることながら、「日本のマジョリティ」批判が、韓国のリベラル新聞に大きく載り韓国のリベラル市民が日本に対するさらなる不信に陥ることを促すということである。「文脈」のことがまったく考慮されていないこのような文章は、たとえ徐氏にその意図がないとしても韓国のナショナリズムをあおるほかない。》

この批判はむしろ朴裕河自身に跳ね返ってくるものであろう。「文脈」を考慮しない彼女の「韓国」批判が日本のリベラル新聞に大きく掲載されることが、どんな効果を生んでいるのかは本稿ですでに述べたとおりである。このようなことを書く以上、おそらく彼女自身は自分の言説が日本社会に及ぼす効果を熟知しているのだろう。

《韓国のリベラル市民が日本に対するさらなる不信に陥る》と朴裕河はいうが、私は彼女とは異なり、「韓国のリベラル市民」が日本に対して抱く「不信」にはそれ相当の理由があり、その「不信」を解く第一義的な責任は日本側にあると思っている。また「韓国のリベラル市民」の多くが、日本に対するこのような「不信」にもかかわらず、日本のリベラル派に対してはむしろ過大な評価や誤った期待を抱いていると考えている。

朴裕河が引用している私の文章の末尾は以下のとおりである。（引用文は韓国語から再度日本語訳したものなので表現に不自然な部分がある。ここでは私のもとの原稿〈日本語〉から当該部分を原文で示しておく。）

「『和解という暴力』には、徹底的に抵抗しなければならない。ただし、その場合、私たちが立脚すべき地点は韓国という一国へと閉ざされた国家主義的ナショナリズムではなく、全世界の被害者たちとの連帯へと開かれた反植民地主義という原点である。」

この引用を受けて朴裕河は以下のように述べる。

《目指されるべきは単なる「全世界の被害者たちとの連帯でもって開かれた反植民地主義という原点」に安住することなく、常に「共感的不安定」の場所を選ぶような緊張を保つことであるはずだ。》

「共感的不安定」とは、朴裕河が自己の立論を補強するためドミニク・ラカプラの著作から引いてきた用語だが、ここでは簡単に「対象に共感しつつも安易に同一化しない精神状態」とでも解しておく。さて、ここでいう《安住》とは、どういう含意であろうか？

韓国であれ、他のどこであれ、「開かれた反植民地主義という原点」を理解せず、それを歪曲して利用する人や勢力は存在するであろう。しかし、ここで朴裕河が批判しているのは誰のことなのか？「韓国」か？すでに繰り返し指摘したように、「韓国」という包括的な記述は大いに問題である。「韓国」の中にも記号化されたスローガンとしての「反植民地主義」に《安住》している勢力と、《安住》を拒否して植民地主義と闘っている勢力が存在する。私の立場は前者を批判し、後者と連帯しようとするものだ。

「開かれた反植民地主義という原点」という言葉が私の文章からの引用である以上、朴裕河の《安住》という批判は私に向けられているとも解しうる。だが、私の言わんとする「開かれた反植民地主義という原点」は《安住》できるような安全で安定的な拠点ではない。それどころか絶えず包囲され、切り崩され、孤立を強いられ、長い闘争の結果ようやく二〇〇一年「ダーバン会議」の地点にまでたどり着いたのに、その後はまた世界的な反動に脅かされている地点である。

それは、一例をあげれば、右傾化の一途をたどる日本社会の中で「北朝鮮バッシング」の嵐にさらされている在日朝鮮人の立場である。学校の校門前で右翼たちがあげる「日本から出て行け！」という罵声を浴びねばならず、日本マジョリティ大半の冷たい無関心に耐えなければならない学生たちが立たされている、その地点のことである。そのような継続する植民地主義の脅威にさらされている人々が全世界に偏在している。《安住》だって？　朴裕河には、一度でもそのような立場への「共感的不安定」を実践してみるようお勧めしておく。

次に、朴裕河はこのエッセーの註で、(『和解のために』が)「リベラルを自称する日本の知識人たちに迎合的なことを書くことによって潮流をつくりだそうとした」のではないか等と早尾貴紀が推測している点について、次のように記述している。

《なによりも二〇〇五年の時点においての日韓関係が、「和解」どころか独島(竹島)問題などで最悪な状況へ走る一方だった「事実」を無視しての暴言といわざるをえない。当時「和解論を待望している日本の知識人」がいたと考えること自体が、根拠のない「憶測」の始まりなのである。》

早尾の推測の当否は別として、この一文が正直に書かれたものだとしたら、「韓国」の「日本」への無理解を非難してやまない彼女自身が、いかに「理解」していないかがわかる。植民地主義の克服という問題は日韓両国間の関係だけに限定されないが、かりに日韓関係に限定してみた場合でも、一九六五年の日韓条約以来今日まで、絶えず対立と緊張が内包された関係であるだけに「和解論」への待望も絶えず存在してきた。緊張がなければ「和解論」も不要なのである。日韓関係の対立相があらわになり、緊張が高まれば高まるほど、そのような「待望」もまた強まる。これは日韓関係だけに限らぬ、一種の一般法則のようなものだが、どうやら朴裕河には、このことがわからないらしい。

最後にもう一点、かなり気の重いことを言わねばならない。朴裕河は今回のエッセーの冒頭に、一枚の絵をかかげている。それは日本軍捕虜としてタイの捕虜収容所で強制労働を経験した元オランダ兵が自身の記憶にもとづいて描いたものだという。朴裕河の説明によると、裸にさせられたオランダ兵が川岸で朝鮮人軍属とおぼしい人物から、性的虐待と拷問を受けている場面であり、そこには川の中に裸で立つ二人の「Japanese Nurses（日本人看護婦）」がオランダ兵に向かって卑猥で挑発的なポーズをとっている様子が描かれている。

朴裕河は断定を避けながらも、その「日本人看護婦」が「慰安婦」であることを強くほのめかした上で、《ここでの女性たちを「慰安婦」とみなしていいなら、わたしたちは彼女たちについてどのように考えるべきだろうか。しかし、どのような解釈をするにしてもそれがすでに定着している「慰安婦」像を大きくはみ出るものになることは確かである。その確認は、慰安婦＝被害者の認識を根底からゆらがせる》と述べている。

さて、どうであろうか？　私自身はまず、このようなデリケートな素材を、こうした「ほのめかし」に用いる朴裕河の手つきに強い違和感を覚えた。扱われ方によっては被害者に対する二次、三次的な加害を招きかねないことを危惧する。その女性たちを《「慰安婦」とみなしていいなら》というが、《みなしていい》かどうかは、それほど軽い問題ではないだろう。当事者本人が二次被害をも覚悟しながらカムアウトするのと、他人が憶測を交えて公開するのとはわけが違う。少なくとも、ここに描かれた「慰安婦」かもしれない女性への「共感的不安定」が機能していれば、別の扱い方があったはずだと思う。そのことを押さえた上で、私の感想を述べる。

私自身は、ここに描かれた「日本人看護婦」が「慰安婦」であると断定することは今はできないと思う。タイの捕虜収容所にも慰安所が設置されていたのかどうか、また、この絵を用いて朴裕河が推測しているような出来事が実際にあったのかどうか、研究者の検証を待たなければならない。だが、かりにそうであったとしても、私には驚きはない。そういうこともあるだろうな、あって当然だな、と思う。私の中の《「慰安婦」像を大きくはみ出るもの》ではない。「慰安婦」にせよ「軍属」にせよ、道徳的に完全な存在ではない。それは、いまさら言うまでもないことだ。民族差別、性差別、階級差別が幾重にも折り重なる差別構造の最底辺に若い年齢で投げ込まれ、その上、「鬼畜米英」をスローガンとする皇国思想を叩き込まれた彼女たちが、その過程で人間のもつ悪しき側面の多くを引き出されることになったとしても、それは不思議のないことだ。不思議がないというのは、それが「悪」ではないと言っているのではない。「悪」には違いないが、彼女たちをそうさせた構造的な「悪」と同一の次元で比較できるものではないと言いたいのである。

この絵を見せられ、朴裕河の説明を読んだあとでも、私の心に最初に迫ってくるのは、拷問の被害者であるオランダ兵への同情とともに、人間をこのようなところにまで突き落とす植民地主義・

帝国主義への悲憤である。したがって、少なくとも私に関する限り、「慰安婦＝被害者」という認識は根底からゆらぐどころか、むしろより確固としたものになる。

私はアウシュヴィッツ収容所の生き残りであるプリーモ・レーヴィを想起した。彼の最晩年のエッセー集『溺れるものと救われるもの』（朝日新聞社）の中に「灰色の領域」という一篇がある。それは自分たち生き残り（ナチズムの被害者）のなかにも純粋な被害者とは言い切れない「灰色の領域」があるという、きびしい自己省察である。レーヴィは「自分たち生き残りはほんとうの意味での証人ではない」とまで言う。ほんとうの証人に値する人々はみな死んでしまった、自分たちは誰か他の人の場所を奪って生き残ったのだ、と。

そこでは同じ囚人への暴力や盗みなど、被害者たちの人間性の否定的な側面がいやというほどさらけ出されたに違いないのである。とくに、ナチ収容所で大量殺戮の下働きというダーティーワークをさせられ、その代償としてわずか数週間の延命という「特権」（なんという特権！）を得た「特別部隊」に向けるレーヴィの眼差しはきわめて複雑である。被害者の中に浸透した加害性という問題を、究極の条件において考察した論考である。

私がこの話を持ち出すのは、しかし、レーヴィのメッセージを誤読する人々のように、被害者にも加害性があるのだから加害者をきびしく追及する資格はないとか、結局のところ誰が加害者で誰が被害者かを決めることはできないなどと言いたいからではない。レーヴィ自身、ナチが特別部隊のユダヤ人に大量殺戮の手伝いをさせたことは、被害者から、「自分は無実だという自覚」すら奪いとる「最も悪魔的な犯罪」だったと述べている。レーヴィはさらに、囚人の中の（ナチ当局への）「協力者」の行動に「性急に道徳的判断を下すのは軽率である。明らかに、最大の罪は体制に、全体主義国家の構造自体にある」と強調している。彼はナチ収容所体制というシステムによって人間性の破壊を経験させられた囚人のひとりとして、人間性の再建可能性について苦悩に満ちた考察を私たちに残したのである。それは、そのシステムを作り上げ、運用した加害当事者を赦すためではない。

もちろん、ナチの収容所システムと、日本軍国主義の慰安婦制度とは共通点もあれば相違点もある。しかし、ここで見失ってはならないことは、被害者の中に加害性が浸透していたとして、そのことによって、そのシステムを作り上げ、運用したものの加害責任を相対化してはならないということだ。むしろ、そのシステムの非人間性と残酷さの真実を明らかにし、より深く理解するためにこそ、こうした考察が必要なのである。

朴裕河とレーヴィの大いに異なる点は、レーヴィは自分自身が被害者でありながら、その自分の内部を切り開いて、そこに浸透した微細な加害性までも抉り出していることだ。それに対して、朴裕河は自分自身ではなく、「慰安婦」という他者の加害性を暴いてみせているのである。それがあたかも「自己批判」のように見えるのは、先に述べた「韓国=私たち」という用語のトリックにすぎない。

朴裕河がここで示した資料は、今後、研究者たちによって慎重に検討されるだろう。そして、場合によっては、非常に意味深い考察の機会を私たちに与えるかもしれない。しかし、その考察の引き出すであろう結論は、日本軍慰安婦制度の残酷さと責任の重大さであって、「和解という名の暴力」を補強するものではないはずだ。

【註】

〈1〉徐京植「日本国民主義の昨日と今日」二〇〇六年一一月一日、韓国全南大学における相互哲学国際学会での発表（日本語未訳）。

〈2〉徐京植「民族差別と『健全なナショナリズム』の危険」（『ナショナリズムと「慰安婦」問題』〈青木書店、一九九八年〉、のちに徐京植『半難民の位置から』〈影書房、二〇〇二年〉）。

〈3〉中野敏男ほか『継続する植民地主義』〈青弓社、二〇〇五年〉。

〈4〉前出「日本国民主義の昨日と今日」

〈5〉ロザ＝アメリア・プリュメル「白人どもの野蛮―人道に対する罪と補償の義務」（季刊『前夜』二〇〇六年冬号）。なお同論文の訳者・菊池恵介氏の解題に多くを教えられた。記して感謝します。

〈6〉朴裕河は一九五七年、ソウル生まれ。現在、韓国・世宗大学校日本文学科教授。高校卒業後来日。慶應義塾大学文学部国文科を卒業後、早稲田大学文学研究科に進み、日本文学専攻博士課程修了。原書は박유하“화해를 위해서 – 교과서／위안부／야수쿠니／독도”뿌리와 이파리 2005

〈7〉『インパクション』一五八号（二〇〇七年七月）。のちに金富子・中野敏男編『歴史と責任―慰

安婦問題と一九九〇年代』（青弓社、二〇〇八年）。

〈8〉第二次日韓協約（韓国では「乙巳条約」）、日露戦争中に強要されたこの条約によって韓国は外交権を奪われ日本の「保護国」とされた。

〈9〉ここでは「少数の例外」の一例として、山田昭次『植民地支配・戦争・戦後の責任』（創史社、二〇〇五年）を挙げておく。

〈10〉李泰鎮・笹川紀勝編著『国際共同研究　韓国併合と現代』（明石書店、二〇〇八年）ほか。

〈11〉このような日本政府の動きにも関わらず、二〇〇七年七月、決議案は米下院本会議で採択され、これと同様の対日「慰安婦」謝罪要求決議はオランダ、カナダ、欧州会議本会議でも採択されるにいたった。

〈12〉徐京植「『日本人としての責任』をめぐって」『半難民の位置から』（影書房、二〇〇二年）所収。

〈13〉「日本の戦争責任論における植民地責任—朝鮮を事例として」『「植民地責任」論—脱植民地化の比較史』（青木書店、二〇〇九年）所収。

〈14〉この本に批判的に言及した日本人の論考は筆者の知る限り、きわめて乏しい。中野敏男「日本軍『慰安婦』問題と歴史への責任」、同「戦後責任と日本人の『主体』」（いずれも前掲『歴史と責任』所収）と早尾貴紀「『和解』論批判—イラン・パペ『橋渡しのナラティヴ』から学ぶ」（『戦争責任研究』二〇〇八年秋号）、おなじく早尾による書評（『軍縮地球市民』二〇〇八年冬号）くらいである。前出の金富子のほか、尹健次《ユンコオンチャ》と宋連玉《ソンヨノク》も朴裕河を批判しているが、この三人は在日朝鮮人である。（尹健次「むすびにかえて」『思想体験の交錯—日本・韓国・在日一九四五年以後』〈岩波書店、二〇〇八年〉、宋連玉「植民地女性と脱帝国のフェミニズム」前掲『歴史と責任』所収、のちに宋連玉『脱帝国のフェミニズムを求めて』〈有志舎、二〇〇九年〉）

II　ことばの檻

断絶の世紀の言語経験――レーヴィ、アメリー、そしてツェラーン

ツェラーンとの出会い

私は、のちに述べるように、イタリア出身のユダヤ人作家であるプリーモ・レーヴィに対しては、一九八〇年以来もう二〇年以上にわたって関心をもち続けているのだが、パウル・ツェラーンを強く意識するようになったのは、さほど以前のことではない。もちろん、ツェラーンの作品「死のフーガ」についていては、「《ホロコースト》以後の世界を代表する詩」といった程度の一般的認識はもっていたが、彼の人生の物語を、その「母語」との緊張感に満ちた関わりの中で考えるようになったのは、ここ五、六年のことだ。

そのきっかけとなったのは、二冊の書物を読んだことである。一冊は『パウル・ツェラーン／ネリー・ザックス「往復書簡」』（飯吉光夫訳、青磁ビブロス）、もう一冊は『パウル・ツェラーン〈若き日の伝記〉』（イスラエル・ハルフェン著、相原勝・北彰訳、未来社）。これらはいずれも一九九六年

に刊行されている。この年はまた、私がイタリアのトリノにプリーモ・レーヴィの墓を訪ね、さらにイスラエル、ポーランドのアウシュヴィッツと旅して歩いた年でもあった。

現代音楽に興味のある人なら、尹伊桑《ユンイサン》という作曲家の名前を知っているだろう【註1】。一九八〇年五月に韓国の光州《クワンジュ》市において民主化を求める市民多数が軍隊によって虐殺されるという悲劇が起きたとき、尹伊桑は「光州よ、永遠に!」という大作を発表して犠牲者への哀悼と軍事政権への憤りを表現した。

同じ年の冬、尹はネリー・ザックスの詩に想を得て、「ソプラノと小管弦楽のための《夜よ、ひらけ!(Teile dich Nacht)》」を作曲している。

夜よ　ひらけ
おまえの双のつばさは光を受けて
愕ろき慄える
わたしが去ろうと思うから
そしておまえにとりもどしてあげるから
血まみれの宵を
〈生野幸吉訳〉

曲の終末部にいたり、ソプラノ独唱によって「血まみれの宵(den blutigen Abend)」という詩句が繰り返される。まずは超高音のピアニッシモでかすかな悲鳴のように、次に低い吐息か呻きのように。尹伊桑は自ら、ネリー・ザックスの詩の世界に深く共感してこの曲を書いたと述べ、「この詩の象徴するすべては、私自身の受けた生々しい世界と一致する」と付け加えている。二〇世紀というすさまじい政治暴力の時代を生きたネリー・ザックスと尹伊桑は、一方は反ユダヤ主義による迫害と「ホロコースト」そしてスウェーデンでの亡命生活を経験し、もう一方は日本による植民地支配と韓国軍事政権による弾圧そして西ドイツでの亡命生活を経験した。ふたつの魂が響き合ったことは不思議ではない。【註2】

このように、尹伊桑への関心から、その音楽作品を通じてネリー・ザックスの詩へと誘われた私は、今度はザックスとツェラーンの「往復書簡」を読むことによって、ツェラーンへの目を開かれることになった。この「往復書簡」の書評を書いた私は、それに「共振する狂気」と題した（『世界』一九九七年一〇月号）。事実、「往復書簡」はナチズムの敗北によって戦争が終わったはずの現在にあってもなお、反ユダヤ主義やネオ・ナチの黒い影に脅かされ続けるふたつの傷ついた魂の、共鳴共振の記録でもある。

ツェラーンと国語イデオロギー

ネリー・ザックスとパウル・ツェラーンには、ドイツ語圏の外に亡命した身でありつつ「母語」

であるドイツ語で詩作を続けた詩人という大きな共通点がある。

一九六六年にノーベル賞を受賞したザックスに対して、西ドイツでは次のような賛辞がもっぱらであった。「このユダヤの女性は第二の祖国スウェーデンにおいて、ドイツ語で書くことによって、この迫害者たちの言葉にかつての信望をとりもどしてくれた」（ヴァルター・イェンス）。

だが、はたしてザックスはこの賛辞を喜んだだろうか。ザックスの心のなかは複雑だっただろうと私は推測する。「迫害者たちの言葉」に「信望」をとりもどすことが彼女の本意ではなかったであろう。同じことはツェラーンについても言えるのではないか。

ザックスはノーベル賞受賞の挨拶で、こう述べている。

「あれほど多くの恐怖を生きてくると、自分が、いかなる国家であれ、ひとつの国家に属しているとは考えられなくなるものです。たしかに、私はスウェーデン国民でありますが、私の言葉はドイツ語であり、ドイツ語は他の人々と私を結んでいるのです」

ここで述べられたことは、「かずかずの損失のなかでただそれだけが――言葉だけが――届くもの、身近なもの、失われていないものとして残りました」というブレーメン賞受賞挨拶でのツェラーンの発言に共鳴する。

ストックホルムで暮らしているザックスとパリにいるツェラーン、ふたつの亡命地のあいだには「苦しみと慰めの子午線」（ザックスのツェラーンあての手紙）がかけわたされている。詩人たちの生活する場所に二人の「母語」を解する読者はほとんど存在せず、一方、詩人たちと「母語」をともにする人々の多くはつねにそれを「ドイツ」という国家の「国語」という水路へと導こうとし、この詩人たちが追放の苦しみを代価に産み出した作品を自らの「国語」へと回収しようとする。その意味で、二人は「あて先」をもたない詩人であった。二人はあらゆるものを奪い取られたあと辛うじて残された「母語」だけをわが身に携えて、母語の共同体（家族、故郷、国家）から追放された亡命者なのである。二人の「共振する狂気」は、ある言葉（「母語」）を、特定の国民や国家と単線で結びつけようとする思想、すなわち「国語イデオロギー」に対する、もっとも根源的な拒絶であり抵抗であったともいえよう。

「母語」と、「母国語」ないし「国語」とはまったく異なる概念である。「母語」とは「生まれながらに母から注ぎ込まれる言語」という比喩であり、人にとってもっとも根源的な言語である。他方、「国語」とは国家が教育やメディアを通じて人民を「国民」へと造り上げる手段である。同じ「国語」を有するものが同じ「国民」であるという虚構の国民的一体感もここから造り出される。だが、自らの言語共同体に安住し、近代の国語イデオロギーを疑ってもみない多くの人々にとっては、「母語」と「国語」の区別は明瞭ではない。

この視点からみると、ツェラーンのブレーメン賞受賞挨拶を日本語に翻訳する際、名高い冒頭の一行を「思う（デンケン）と感謝する（ダンケン）は、わたしたちの国語では同じ起源を持つものです」と、「国語」という訳語を用いて訳しているのは根本的な誤りであるというほかないであろう（『パウル・ツェラーン詩論集』飯吉光夫訳、静地社所収）。

また、私の手もとに思潮社刊の『パウル・ツェラン詩集』（飯吉光夫訳編）があるが、一九九二年の新装版においてすら、その帯に「西ドイツの最も優れた詩人」という惹句が書かれている。一九九二年にはすでに「西ドイツ」という国家は存在していないが、それはさて措くとしても、ツェラーンが「西ドイツ」という「国家」の詩人でないことだけは確かだ。こうした問題が起こるのは、訳者や編集者が無意識のうちに自らに浸透している国語イデオロギーに対して繊細な警戒心を働かせていないためであろう。訳語の一つ一つに敏感なはずのツェラーンの読者からも、この点についてとくに指摘がなかったとすれば、読者もまた同じである。

以下ではツェラーンとその同時代を生きたユダヤ人作家プリーモ・レーヴィおよびジャン・アメリーとを、それぞれの「母語」との関係をめぐって比較してみることにする。

証人・人間・イタリア人――プリーモ・レーヴィの場合

プリーモ・レーヴィはアウシュヴィッツからの生還者である。北イタリアのトリノに生まれ、大学では化学を学んだ。第二次大戦の末期、対独レジスタンス活動に参加したが、一九四三年一二月に逮捕され、ユダヤ系であったため翌年、アウシュヴィッツに送られた。アウシュヴィッツではガス室送りをまぬがれ、およそ一年間、「ブナ」と通称されるアウシュヴィッツ第三収容所で強制労働につかされた。

進攻してきたソ連軍によって解放され、一九四五年一〇月にトリノの生家に帰還した彼は、わずか数カ月のうちに、アウシュヴィッツでの経験を『これが人間か』と題する書物に書き上げた。同書は最初はほとんど反響を得られなかったが、一九五〇年代末からベストセラーとなり、世界各国で翻訳刊行されることになった。日本では、『アウシュヴィッツは終わらない――あるイタリア人生存者の考察』（竹山博英訳、朝日新聞社）という書名で一九八〇年に刊行されている。その序文に、プリーモ・レーヴィは次のように書いている。

ラーゲル［強制収容所］とは、ある世界観の論理的発展の帰結なのだ。だからその世界観が生き残る限り、帰結としてのラーゲルは、私たちをおびやかし続ける。であるから抹殺収容所の歴史は、危険を知らせる不吉な警鐘として理解されるべきなのだ。

また彼は同書の中で「生き残りにとっては、思い出すことは義務である。彼らは忘れたいなどとは思わないし、特に社会が忘れ去ることを警戒している」とも述べている。こうした考えから、彼は、アウシュヴィッツの証人という重荷を自らに課したのである。

戦後のプリーモ・レーヴィは化学工場に技術者として勤務しながら小説、エッセー、詩を書き続け、『休戦』で第一回カンピエッロ賞、『星型のスパナ』でストレーガ賞、『今でなければ　いつ』でヴィアレッジョ賞を受賞するなど、戦後イタリア文学界に重きをなした。彼はまた、アウシュヴィッツの経験を若い世代に語り伝える活動にも熱心だった。そんな彼は、戦後イタリアにおける一種の「文化的英雄」とも見なされていた。

私自身は一九八〇年、『アウシュヴィッツは終わらない』が刊行されてすぐに読んだ記憶がある。当時、まだ三〇歳になる前だった私がなぜ、地獄からの証言ともいえるプリーモ・レーヴィの著作に心をひかれたのか。その答えは簡単ではないが、少なくとも言えることは、それを地獄からの生還と証言の物語と読んでいたからであろう。

ところが、そのプリーモ・レーヴィが、一九八七年四月一一日、トリノの自宅で階段から身を投げて自殺した。六七歳だった。

ツェラーンや、のちに触れるジャン・アメリーもそうであるように、強制収容所の生き残りが自殺する例はまれではない。しかし、プリーモ・レーヴィのケースは、世界中で、とくに欧米の思想界や文学界において特別な衝撃をもって迎えられた。その理由は、彼がつねにその著作を通じ、アウシュヴィッツで破壊された「人間」という尺度を再建する仕事に取り組んでいたからだ。いいかえれば、彼自身が、アウシュヴィッツ以後の世界においても私たちがなお「人間」に希望をつなぐことのできる根拠のような存在であったからである。

プリーモ・レーヴィの自殺の原因は一つに特定できるものではないだろう。ここで、その考察に深入りすることはしないが、ただ一点、生還した証人の証言を軽んじ、「不吉な警鐘」に耳を傾けようとしない人々（私たちのことではないだろうか？）との「断絶」の感覚が、彼を深く消耗させたと言うことはできるだろう。

私自身も、彼の自殺に衝撃を受けた一人である。生還と証言の物語を私に与えた当の人物が、生還後四〇年あまりを経て、証言に疲れはてて死を選んだのだとすれば？　レーヴィの自殺によって、私たちは再び、世界と人間の複雑さ、その救いのなさの前に立たされたのだ。（徐京植『プリーモ・レーヴィへの旅』朝日新聞社参照）

『アウシュヴィッツは終わらない』を一篇の物語として読むとき、その基底部にダンテの『神曲』が大きな位置を占めて横たわっていることを見て取るのは難しくない。

作品の冒頭近く、アウシュヴィッツに到着したプリーモ・レーヴィがガス室行きではなく労働部隊に選別され、トラックに載せられて「ブナ」に送られる場面に、すでにそのことが現われる。囚人を監視するためトラックの荷台に同乗したドイツ兵が、囚人から金品を巻き上げる場面である。


その兵士は懐中電灯をつけ、「よこしまなる亡者どもめ、わざわいあれ」と叫ぶかわりに、お金や時計をくれるかどうか、一人一人に、ドイツ語やフランク語でていねいに尋ねるのだった。もう役に立たないのだから。これは命令でもないし、規則でもない。我らが三途の川の渡し守のカロンの、ささやかな個人的申し出なのだ。私たちはこうした行動に、怒りと、笑いと、奇妙な安堵をおぼえた。

『神曲』地獄編第三曲は、ヴィルジリオに導かれたダンテが地獄の門に行き着いた場面から始まる。その黒い門の上には、「われをくぐりて　汝らは入る　なげきの町に」で始まり「一切の望みは捨てよ　汝ら　われをくぐる者」（寿岳文章訳）と結ばれる恐ろしい銘文がしるされている。「よこしまなる亡者どもめ、わざわいあれ」というのは、地獄との境を隔てるアケロン川の渡し守、カロンが二人に投げかけた叫びである。つまり、いままさに強制収容所の門をくぐろうとする時、プリーモ・レーヴィの心には『神曲』が浮かび上がったのである。

「ブナ」に到着し、トラックから降ろされた囚人たちは、がらんとした大部屋に押し込まれ、そのまま長時間放置された。四日間も水を飲んでいなかった彼らは狂わんばかりに渇いている。その部屋には水道の蛇口があった。だが、そこには「汚水につき飲用を禁ず」と貼り紙がされている。かまわず飲んでみると、水は生ぬるく、甘く、どぶ臭くて、とても飲めたものではなかった。突如としてレーヴィは、自分が地獄への待合室にいることを直覚する。

　これは地獄だ。我々の時代には、地獄とはこうなのだ。（中略）何かきっと恐ろしいことが起こるはずなのだが、いっこうに何も起こらず、しかも何も起こらない状態がずっと続くのだ。

『神曲』においてヴィルジリオは「理性」を、ベアトリーチェは「神学」を意味する。レーヴィはこの時、「理性」に導かれて地獄をくぐり抜けるダンテに我が身をなぞらえていたのであろうか。『神曲』は、この世は地獄への待合室にすぎず、人はすべてその待合室にいるのだということを私たちに語り聞かせる。わけても地獄編第二六曲「オデュッセウスの帰還」のくだりは、地獄からの生還と証言の物語である。「ブナ」での苛酷な野外作業中に、レーヴィはこのくだりを囚人仲間のジャンに暗唱して聞かせる。ジャンはアルザス出身のユダヤ人で、フランス語とドイツ語をどちらも正確に話すが、イタリア語も習いたいと望んでいた。それは人間を非人間化する収容所の日常にあって、せめて「文明の形式」だけでも残そうとする「個人的な、ひそかな闘い」でもあった。レーヴィはジャンのため、記憶のなかの「神曲」をできる限り正確にフランス語に訳して伝えようとする。以下の引用中「ピコロ」とはジャンのことである。

きみたちは自分の生まれを思え。
けだもののごとく生きるのではなく、
徳と知を求めるため、生をうけたのだ。……

私もこれをはじめて聞いたような気がした。ラッパの響き、神の声のようだった。一瞬、自分がだれか、どこにいるのか、忘れてしまった。

ピコロは繰り返してくれるよう言う。ピコロ、きみは何といいやつだ。そうすれば私が喜ぶ

と気づいたのだ。（中略）

三たび風は水もろとも舟を旋（めぐ）らし
四度目にはへさきが上に、ともは
下に沈む、かの人の心のままに……

私はピコロの足をとめる。手遅れにならないうちに、この「かの人の心のままに」を聞き、理解してもらうのが、さし迫った、絶対に必要なことなのだ。明日はどちらかが死ぬかもしれない。あるいはもう会えないかもしれない。だから彼に語り、説明しなければ、中世という時代を。

これに続けてレーヴィは、脳裏に刻まれているはずの詩句がなかなかよみがえってこないとき、思い出させてくれるなら文字どおり命の綱である「今日のスープ」と交換してもよいとすら思ったと記している。

アウシュヴィッツから生還したばかりの、当時二五、六歳の若者だったプリーモ・レーヴィは、一気呵成に自らの経験を書いたという。だが、そのことがにわかには信じがたいほど、『アウシュヴィッツは終わらない』は、隅々まで計算されたような重層的な物語の構造を備えている。基底にあるギリシャ＝ローマ神話、その上に重ねられたダンテの『神曲』、それはまた「イタリア語」と「イタリア人」の誕生と生成の物語でありルネサンスと人文主義の物語でもある。それは「人間性」や「理性」の勝利を唱える西欧啓蒙主義思想へと伸びていくが、反転倒立して、啓蒙主義的人間観の破壊的な挫折すなわち「ホロコースト」の物語に繋がることになる。そのような見方をすれば、これは西欧精神史そのものの物語であるともいえよう。「ホロコースト」の地獄を生きのびて証言するプリーモ・レーヴィは、いうならば現代のオデュッセウスであり、ダンテでもある。

生還から四〇年以上たって、死の前年である一九八六年にプリーモ・レーヴィは『溺れるものと救われるもの』（竹山博英訳、朝日新聞社）という重要なエッセー集を出しているが、この書物に収められた「アウシュヴィッツの知識人」という文章で、彼は、自分にとってアウシュヴィッツの地獄を生き延びることに「教養は役に立った」と回想している。

私はその記憶（『神曲』の詩句）を無から救い出すためだったら、本当にパンやスープを、つまり血を、あげただろう。（中略）当時、あの場では、それは非常な価値があった。それは過去との絆を再構築し、忘却から救い出し、私のアイデンティティーを強化してくれた。私の頭は日々の必要によって締め付けられていたが、まだ活動をやめていないと確信が持てた。それを思い出すことで、会話の相手にも、自分自身にも、自分の価値が高まったと感じられた。私に束の間だったが、鈍った頭を覚醒させ、解放をもたらす、特異な休暇を与えてくれた。それは要するに自分自身を再発見するあるやり方だった。

ここでレーヴィが「アイデンティティー」と言い、「自分自身を再発見する」と言っていることは重視するに値する。それはいかなる意味での「アイデンティティー」を含意しているのであろうか。

まず第一に、それは「証人」としてのアイデンティティである。レーヴィは自らの人生の意義や目的そのものを、その点に見いだしたのだ。実際、彼は著書（『アウシュヴィッツは終わらない』）において、「単に生きのびるだけでなく（大多数はこうした考えだった）、体験し、耐え忍んだことを語るために生きのびるのだ、というはっきりした意志を持っていたことが、私を助けてくれたのだろう」と述べている。

第二に、「けだもの」ではない、「徳と知」を求める「人間」としてのアイデンティティであろう。西欧啓蒙主義的人間観が破壊にさらされた場所がアウシュヴィッツだったとすれば、プリーモ・レーヴィはまさに、こうした自己の記憶の中のダンテを通じて、こうした啓蒙主義的人間観を再発見したのである。その意味で、これは同時に、「ヨーロッパ人」としてのアイデンティティであるともいえよう。

第三にそれは、「イタリア人」としてのアイデンティティでもあるだろう。いうまでもなく、ダンテは『神曲』の記述において、それまでの文学作品がもっぱらラテン語を用いていた伝統を打ち壊し、一般庶民にも読みやすい俗語トスカーナ語を用いた。これが今日一般に「イタリア語」と呼ばれている言語の始まりでもある。つまりここでレーヴィはおそらく無意識のうちに「イタリア語」を母語とする人々すなわち「イタリア人」の一員としての自己を再確認しているといえるのである。
実際、レーヴィは記憶の中の『神曲』をフランス語に訳そうとする際、文法的な正確さを守ること、いいかえれば正しい「イタリア語」を正しく翻訳することに驚くほどの情熱を傾けている。たとえば、以下のような記述がそのことを示唆してくれる。

「大海原（マーレ　アペルト）」。「大海原（マーレ　アペルト）」。「見捨て（デゼルト）ない」で韻を踏んでいる行は知っている。「私を見捨てたことのないあのわずかな仲間たち……」の行だ。だが前に来たか、後に来たかは、思い出せない。（中略）
何と悲しいことか。彼に散文で語らねばならないのだ。これは冒瀆だ。一行しか救い出せなかった。（中略）

……その時、遠くにあって、黒く見える
山が現われたが、高しも高し、
今まで見たこともないほどだった。

そう、そう、「高しも高し」だ、「とても高い」ではない。結果の陳述だ。

このようにプリーモ・レーヴィは、命を削る強制労働の最中、ダンテの詩句を暗唱する行為を通じて、「証人」「人間」「イタリア人」という三重に折り重なった自己のアイデンティティを確認したのである。そこにおいて、イタリア語が彼の「母語」であるという事実の意味したものはきわめて大きい。

プリーモ・レーヴィにおける三重のアイデンティティといったが、さらにこれらと半ば相反しつつ、半ば折り重なるものとして、「ユダヤ人」としてのアイデンティティを加えなければならない。しかし、彼の場合の「ユダヤ人」アイデンティティは、ユダヤ教の共同体やイディッシュ語文化と結びついた東欧ユダヤ人のそれとは大いに異なっている。

プリーモ・レーヴィの祖先は一四九二年にイベリア半島を追われたセファルディーム【註3】である。南フランスのプロヴァンス地方を経て、一五〇〇年頃、ピエモンテ地方にやって来た。トリノで拒絶された彼らは、ピエモンテ地方南部の農業地帯に定住し、絹の技術を導入したが、つねに「非常に数の少ない少数派」であった。東欧ユダヤ人のような激しいポグロム【註4】の記録はないが、一八四八年に身分解放され【註5】、都市に移住した後も数十年間、「嫌疑と、漠然とした敵意と、嘲笑の壁」が、彼らを囲んでいた。

とはいえ全般的にみれば、イタリアのユダヤ人とキリスト教との関係は、他の地域に比べてはるかに良好だった。身分解放に続く同化も急速に進んだといえる。『ヨーロッパ・ユダヤ人の絶滅』(柏書房)の著者である歴史家のラウル・ヒルバーグも、その著書で、「一九世紀のイタリアほど、ユダヤ人が日常生活の織り目のなかに急速に吸収されていったところはなかった」と指摘している。

プリーモ・レーヴィが生まれて三年後の一九二二年にムッソリーニのファシスト政権が発足しているが、この政権も当初はユダヤ人排撃にさほど熱心ではなかった。政治家、高級軍人、官僚の中に、そしてファシスト党党員の中すら、ユダヤ人たちが地位を占めていたのだ。ドイツとの大きな相違点である。

しかし、ドイツでナチ党が政権を奪取するとイタリアは亡命ユダヤ人たちの流入先のひとつとなり、ドイツからイタリア政府への反ユダヤ政策の実施を迫る圧力が強まった。一九三七年一一月の日独伊三国防共協定締結につづいて、一九三八年九月、イタリアでもニュルンベルク法に倣って人種法【註6】が布告された。この時点でイタリアには全人口の〇・一パーセントほどにあたる約五万七千人のユダヤ人が住んでいた。うち約一万人はドイツ、オーストリアからの亡命者である。プリーモ・レーヴィの故郷、トリノには三千七百人のユダヤ人がいた。

人種法発布以前は、プリーモ・レーヴィにとって自分がユダヤ人であるという意識はきわめて稀薄だっただろう。それまでは、レーヴィは自分がユダヤ人であるということを、「鼻が曲がっていたり、そばかすがあったりするという笑って見逃せるささいな違い」であると思っていた。「ユダヤ人とは、クリスマスになってもクリスマスツリーを飾らず、サラミソーセージを禁じられているのに無視して食べ、一三歳になってヘブライ語を少し覚えるが、やがて忘れてしまうものだった」(「亜鉛」『周期律』〈竹山博英訳、工作舎〉所収)。つまりそれは、出自の遠い記憶、消え去りつつある慣習や文化の別名にすぎなかったのだ。彼は自分を、ユダヤ人である以上にイタリア人であると感じていただろうし、それ以上に「理性」にのみ従う「人間」の一員と考えていただろう。「人間」という普遍性の前では、「ユダヤ人」であることなど「そばかす」ほどの違いだと信じていただろう。

ところが、人種法以後は、キリスト教徒の学友や教授はほとんど、レーヴィから遠ざかっていった。イタリア社会という有機体から「不純物」が析出されるように、レーヴィはひとりの「ユダヤ人」として析出されていった。

アウシュヴィッツへの移送のため、北部イタリアの中継キャンプに送られたプリーモ・レーヴィは、そこでリビアのトリポリをはじめ、さまざまな土地から集められてきたユダヤ人たちに出会う。ある家族が「先祖のしきたり」のとおりに火をともし、輪になって座り、一晩中祈るのを見て、レーヴィの心に「土地のない民が大昔からなめてきた苦悩」「絶望的な追放の旅の苦しみ」が湧き上がってくる。近代化の進んだ工業都市トリノで生まれ育った同化ユダヤ人レーヴィには、以前なら、これらの人々は異邦人と感じられたことだろう。

しかし、逆説的なことに、彼らと同じ「ユダヤ人」の烙印を押され、共通の苦難に投げ込まれたことで、レーヴィは自らの中の「ユダヤ人」アイデンティティと対面することになった。アウシュヴィッツの「ブナ」においても、全ヨーロッパから集められてきた、互いに言葉も通じず、生活習慣も異なる「ユダヤ人」たちの中に放り込まれて、彼らとともに「奴隷以下」と分類され差別されることによって、レーヴィは自己のユダヤ人アイデンティティを再発見していく。

アウシュヴィッツから解放されてから三〇年後の一九七五年に発表された「アルゴン」という短篇（『周期律』所収）は、レーヴィが描いた一世代、二世代前の親戚縁者たちの肖像集である。そこには、一九世紀という同化と解放の時代を生きたピエモンテ地方のユダヤ人たちの共同体の記憶が、ユーモアとペーソスに溢れる筆致で活写されている。とくに、ヘブライ語とピエモンテ方言とが混じってできた彼ら独特の言葉があったこと、そして、その言葉が非ユダヤ人たちには理解しがたい「犯罪者用語的機能」をもち、「感嘆すべき喜劇的な力」をもっていたという興味深い記述は、かつては「ユダヤ人」であることを「そばかす」程度の違いと考えていたレーヴィの関心が、アウシュヴィッツ後には自らの「ユダヤ人」としてのルーツの探索へと向かったことを物語っている。

また、一九八二年発表の『今でなければ　いつ』（竹山博英訳、朝日新聞社）という長編小説は、第二次大戦末期のソ連、ポーランド地域におけるユダヤ人パルチザンの物語だが、ここで初めて、レーヴィは東欧ユダヤ人を主人公にしている。「ブナ」で出会った東欧ユダヤ人たち、レーヴィにとって最初はまったくの異邦人そのものだった人々に対して、次第に芽生えていった一種の同胞意識が彼にこの物語を書かせたのであろう。この作品を書くため、レーヴィは東欧ユダヤ人の歴史、生活習慣、文化、宗教、言語などを集中的に学んだという。

このように、アウシュヴィッツを経た後に、レーヴィは自己の「ユダヤ人」アイデンティティとの格闘を始めている。いいかえれば、プリーモ・レーヴィはアウシュヴィッツによって「ユダヤ人」となったのである。

では、レーヴィにおける「ユダヤ人」アイデンティティと、先に述べた啓蒙主義的な「人間」としてのアイデンティティ、および「イタリア人」アイデンティティとは、相互にどのような関係にあったのだろうか。また、その関係のありようは、ジャン・アメリーやパウル・ツェラーンの場合と、どのように異なっているのだろうか。

母語からの追放――ジャン・アメリーの場合

ここでまず、ジャン・アメリーについて簡単に紹介しておこう。アメリーは本名をハンス・マイヤーという。ツェラーンの場合と同じように、アメリー（Améry）というのは、戦後の一九五五年になってマイヤー（Mayer）の綴りを変えて造った筆名である。

一九一二年ウィーンに生まれ、ウィーン大学で文学と哲学の学位を取得した。三八年、ナチス・ドイツのオーストリア併合の際、妻とともにベルギーのアントワープに脱出した。四〇年、ドイツ軍のベルギー進攻にともない、南フランスのギュール収容所に収容されたが脱走、ベルギーに戻って対独レジスタンス活動に参加した。

一九四三年七月、アメリーはゲシュタポに逮捕され、ベルギーのブレーンドンク収容所で激しい拷問を受けた。四四年一月、アウシュヴィッツに送られ、「ブナ」での労働に配置された。つまり、彼はプリーモ・レーヴィと同じ時期に同じ場所にいたのである。アメリーは数週間、レーヴィと同じバラックにいたというが、レーヴィの方ははっきりと憶えていないと述べている。

ドイツ軍がアウシュヴィッツから撤退する際、重病だったレーヴィは収容所に残りソ連軍に解放されたが、アメリーは大半の囚人たちとともに「死の行進」に連行され、ブーヘンヴァルト収容所を経てベルゲン＝ベルゼン収容所でようやく連合軍に解放された。一九四五年四月のことである。

大戦中ベルギーから追放されたユダヤ人二万五千人あまりのうち約二万三千人がアウシュヴィッツに送られた。わずかに六一五人だけが生き残ったが、アメリーはその一人である。

戦後ブリュッセルに戻ったアメリーは、オーストリア国籍を回復した後もベルギーに住み続け、著述家となった。だが、自らのアウシュヴィッツ経験を直接に語り始めたのは戦後およそ二〇年が過ぎた一九六四年、西ドイツでいわゆる「アウシュヴィッツ裁判」【註7】が始まった時からだという。

一九七六年に『自らに手をくだし』（大河内了義訳、法政大学出版局）という本を出し、その二年後、ザルツブルクのホテルで自殺した。

アメリーに「ユダヤ人であることの強制、ならびにその不可能性について」と題するエッセーがある。（『罪と罰の彼岸』〈池内紀訳、法政大学出版局〉所収）

ユダヤ人であることが、他のユダヤ人と同じ信仰を分かちもち、ユダヤ人の文化や家族の伝統をたっとび、ユダヤの国家理念を養うことだとしたら、私はとうていユダヤ人でありえない。私はイスラエルの神を信じていない。ユダヤの文化をほとんど知らない。子供のとき、夜の雪道を踏んで田舎の教会のクリスマス・ミサに出かけたことはあるが、ユダヤ教会に通ったことはない。（中略）私が東欧ユダヤ人の言葉イディッシュ語の存在を知ったのは一九歳になってのことだった。（中略）一度失った伝統にあらためて回帰することはできるだろう。だが、自分のために任意に発明するなどのことはできない。ユダヤ人でなかった私は何ものでもなく、何ものでもないので将来にわたって何ものでもありえない。（中略）

つまり私はユダヤ人になることができない。だが――にもかかわらずユダヤ人でなくてはならず、この強制のためにユダヤ人以外でありえるはずの道が閉ざされているとしたら、私は一体、何ものであるのか？

ドイツでナチ党が政権を奪取する以前、ウィーン大学に在学中に、すでにアメリーはナチ党員に殴られて前歯を一本、折られた経験がある。しかし、彼が本当の意味で「ユダヤ人であることの強制」を実感したのは一九三五年、ウィーンのカフェで読んでいた新聞で、ドイツでニュルンベルク法が公布されたことを知ったときだった。その瞬間、彼は「ドイツ民族を代表する国」として「世界に認知」されたドイツが、自分を「ユダヤ人と規定した」ことに気づいた。

社会によって下された判定にはっきりとした意味があったとすれば、これで自分が永久に死に曝されたということだった。死である。（中略）ユダヤ人は法律の定めるところ、また社会が認めたところにより、生のただなかで死を定められた。以後の日々はいつ取り消されるともしれない猶予期間にすぎない。（アメリー前掲書）

アメリーはこう考える。「尊厳を奪われ、死に威嚇された人間」が社会に自分の尊厳を認めさせることはできないか、すなわち、「（ユダヤ人という）みずからの運命を引き受け、同時にそれに反抗を企てることはできないか」。そのために必要なことは、「殴り返す」ことだ。たとえ勝ち目がなく、次の瞬間にはめちゃくちゃに殴り倒されるとしても。アメリーがベルギーで、「現実の中でなにほどの力ももたないこと」がわかっていながら対独レジスタンスに加わったのも、「殴り返す」ことで尊厳を奪い返すためだった。

アメリーはその著書で、自分は、「ユダヤ人であることが降って湧いた事件として起こり、根源的な事件として起こり、神なく歴史なくメシア思想なしに生きのびなくてはならなかった数多くの同時代人のために」語ったのだと述べている。

私をユダヤ人と結びつけるものは脅威を前にした連帯である。（中略）反ユダヤ主義があってこそユダヤ人の私が生まれた。（同前）

プリーモ・レーヴィは、「アウシュヴィッツの知識人」（『溺れるものと救われるもの』）という晩年のエッセーで、ジャン・アメリーにおけるアイデンティティの問題に言及している。そこでレーヴィは、「ユダヤ人であることの不可能性と強制性」は「死ぬまで彼（アメリー）につきまとい、死を引き起こした彼の断絶は、ここから始まった」と述べている。

ところで、「イスラエルの神を信じていない」こと、「ユダヤの文化をほとんど知らない」こと、「神なく歴史なくメシア思想なしに生きのびなくてはならなかった」ことにおいては、レーヴィとアメリーは共通する。では、二人を分かつ点は何だったのか？

そこに見えてくるのは「母語の共同体」からの追放という問題である。

プリーモ・レーヴィがアウシュヴィッツを生きのびるについて、ダンテの『神曲』によるアイデンティティの再発見が大きな役割を果たしただろうということは先に述べた。イタリアのユダヤ人は一九世紀半ばの国民国家形成と軌を一にして、前近代的な身分差別から解放され、「イタリア国民」として社会に統合された。

イタリア国民とは誰のことか？　近代の国語イデオロギーによれば、それは何よりもまず、イタリア語を母国語とする人間のことである。イタリア語を母語とする同化ユダヤ人のレーヴィは、母語＝母国語＝国民という連鎖の完成によって、「ユダヤ人」であることをファシズムとナチズムによって強制された後にも、自らが「イタリア人」であるというアイデンティティが完全に破壊されることはなかった。

レーヴィにとってダンテやダ・ヴィンチに象徴される「イタリア文化」が、自己のアイデンティティの基礎をなしていた。それは「野蛮なファシズム」に対する「文明的なイタリア人」というアイデンティティを経由して西欧啓蒙主義の文脈に位置する「普遍的人間の一員」というアイデンティティへと繋がっていた。

ジャン・アメリーの場合はどうであったか。

（アウシュヴィッツにおいて）精神の社会的機能あるいは無能さという点で、ドイツで教養をうけたユダヤ知識人（アメリー自身のことである）にとって事態はさらに深刻だった。というのは、自分がよって立とうとする基盤がことごとく敵のものだったからである。たとえばベートーヴェンを思う。そのベートーヴェンをベルリンでフルトヴェングラーが指揮していた。そして大指揮者フルトヴェングラーは第三帝国の名士だった。（中略）中世のメルゼンブルクの格言詩から現代詩人ゴットフリート・ベンまで、一七世紀教会音楽の作曲家ディートリッヒ・

ブックスフーデからリヒャルト・シュトラウスまで、精神の遺産と美的財宝はそっくり敵方の手に収まっていた。ある日の収容所のことだが、ある男は職業を問われ、愚かにも馬鹿正直に「ドイツ文学者」と答えたばかりに親衛隊員の猛烈な怒りを買い、半殺しに殴られた。(「精神の危機」『罪と罰の彼岸』)

アメリーはさらに言う。

ドイツ系のユダヤ人のアウシュヴィッツ組が「ドイツ文化」を自分のものであると主張することはできない。なぜなら、その主張を認めてくれる社会性を欠いていたからである。(中略)孤立したユダヤ人は、ドイツ・ルネサンスの画家デューラーや二〇世紀の作曲家マックス・レーガー、バロック詩人のグリューフィウスや今世紀の詩人トラークルもろとも、全ドイツ文化を一人の親衛隊員にゆずり渡さなくてはならなかった。(同前)

アメリーは「ブナ」でのある日、労働現場から収容所に戻るとき、建築中の建物に掲げられている旗に気づき、ヘルダーリンの詩句を思い出した。詩句を小声で繰り返し、響きに耳をそばだてた。だが、「何もよみがえらなかった」。同じような状況で『神曲』を暗唱したプリーモ・レーヴィの場合との大きな違いである。

アメリーが列挙したベートーヴェンからトラークル、ヘルダーリンにいたるキラ星のような名こそ、彼にとって、レーヴィのダンテに相当するものだった。レーヴィにとっての母語の共同体すなわち「イタリア」は、レーヴィを追放しなかった。アウシュヴィッツから解放された後、レーヴィは迷いもなく故郷へと帰ったが、それは、母語の共同体が破壊されないまま彼の帰りを待ち受けていたからである。

アメリーの場合はそうはいかなかった。母語の共同体はすっかりナチとその追従者に乗っ取られ、彼を追放したのである。母語によって彼に注入された「ドイツ文化」、彼をほかならぬ彼に育て上げた「ドイツ文化」が、彼を排斥した。排斥されたにもかかわらず、彼の母語は相変わらず「ドイツ語」であり、「敵のもの」になってしまった「ドイツ文化」が彼の中身を充たしているのだ。「ドイツ語」や「ドイツ文化」を自分から取り去り他のものと交換することができたらことは簡単なのだが、そんなことは不可能である。そうである以上、彼は自分以外のものになることはできない。だからアメリーは、自らを「故郷喪失者」と呼び、こう言うのである。

私たちの郷愁は自己疎外というものだった。過去が突然崩れ去った。自分が何ものであるか途方にくれているのだ。（「人はいくつ故里を必要とするのか」『罪と罰の彼岸』所収）

言葉だけを母国として——パウル・ツェラーンの場合

以上に述べたプリーモ・レーヴィとジャン・アメリーの対比に、さらにパウル・ツェラーンを加えると、何が見えてくるだろうか？

ツェラーンは一九二〇年、東欧ブコヴィーナ地方のチェルノヴィッツに生まれた。この地方は一八世紀後半までトルコ帝国領、それ以後はハプスブルク帝国領であったが、第一次大戦の結果、ルーマニア領となった。ツェラーンが生まれたのはルーマニア領となった直後の時期である。

そこは、「人間と書物とが生きていた地域だった」（ツェラーン「ブレーメン賞受賞あいさつ」）。ハプスブルク帝国時代のブコヴィーナはウクライナ人、ルーマニア人、ユダヤ人、ドイツ人、ポーランド人、ハンガリー人その他の諸民族が対立をはらみながら共存する、多民族、多言語、多文化の地域だった。その中の相対的多数派はユダヤ人であり、とくにチェルノヴィッツでは、彼らは人口の三分の一ないし二分の一を占めていた。ルーマニア領になって以後、政府はつねにルーマニア語を国語とする政策を押しつけようとしたが、必ずしも成功しなかった。

彼らブコヴィーナのユダヤ人の言語はドイツ語だった。詳しくいえば、「発音がオーストリア流にしまりがなく、スラヴ語風に間のびしていて、言い回しのなかにはイディッシュ語が織り込まれていたブコヴィーナ・ドイツ語」（イスラエル・ハルフェン前掲書）であった。

また、「そこは、マルティン・ブーバー【註8】がわたしたちみんなにドイツ語で再話したあのハシディズムの物語の少なからざる部分が生まれた土地」（同前）であるとツェラーンが語っている。そこはヘブライ語、イディッシュ語、ユダヤ教、ユダヤ人共同体の伝承や寓話など、ユダヤ文化が豊穣に息づく地域でもあった。ツェラーン自身にも、当然こうした文化は流れこんでいる。ツェラーンのもったこのような多言語・多文化的背景は西欧同化ユダヤ人であるプリーモ・レーヴィにはなかったものだし、東欧ユダヤ人の出自であってもウィーン生まれのハンス・マイヤー（ジャン・アメリー）にとってはすでに失われてしまっていたものだ。

しかし、ひとことで多言語・多文化的背景といっても、その内部にはさまざまな対立と相克が秘められていた。ハプスブルク帝国崩壊後に誕生した国民国家のひとつであるルーマニアの政府は当然、ルーマニア語を国語とし、これを自国領内の他民族にも押しつけようとした。これとは別に、ツェラーンの父母の間にあった対立も重要である。

ツェラーンの父は熱心なシオニストであった。その家父長的な権威主義のせいもあって、ツェラーンは父にずっと反抗していた。一方、母はドイツ語教育を重視した。それは彼女がツェラーンに「母語としてのドイツ語を可能なかぎり純粋に保ちつづけ、知的な職業につき、誉れ高く裕福に暮らすことを望んだ」からだ。また母は、ドイツ語といってもブコヴィーナ・ドイツ語には耐えられず、「いつでも、家の中では、正しい標準ドイツ語が話されるように注意を払っていた」。しかも、母は読書好きでドイツ古典文学を愛好し、自分の息子と、好きな作家の作品からそらで引用する競

争をして楽しむような人柄だった。（ハルフェン前掲書）

幼少期から小学校入学まで、つまり母語の習得にとって決定的に重要な時期を、ツェラーンはこのように過ごした。文字どおり母から彼にドイツ語が注ぎ込まれ、ドイツ語は彼の「もっとも根源的な言葉」すなわち「母語」となった。

ツェラーンは小学校の最初の一年間はドイツ語で授業する学校に通ったが、家庭の経済的事情と父親の教育方針とが相俟って、ギムナジウム入学前の三年間はヘブライ語で授業する別の学校に通った。父親は、学校だけでは満足せず、家庭教師をつけてツェラーンにヘブライ語教育を与えた。このことは当時のツェラーンにとって苦痛な強制だったが、彼の人生にとってはきわめて大きな意味をもった。

また、ツェラーンはイディッシュ語の伝承や寓話にも興味と愛着を示し、のちに、ルーマニア国粋主義の色濃いギムナジウムで教師が授業中にイディッシュ語をばかにした時には、「イディッシュ語には、立派な文学があります」と反論したという。

その後のツェラーンの言語遍歴を詳しくたどる余裕はここにはないが、ブコヴィーナという地域性とツェラーン自身の天才とが相俟って、彼はドイツ語、ヘブライ語、イディッシュ語の他に、ルーマニア語、フランス語、ロシア語などに通暁することになった。しかし、のちにツェラーンはしばしば、自らこう語っていたという。

多くの外国語の十分な知識はあるし、新しい言葉をたやすく覚えられる才能もあるが、ぼくは母語以外の言葉で詩を書こうなどとは決して思わない。

一九三九年、ドイツ軍のポーランド進攻から第二次世界大戦が始まった。四〇年六月にソ連軍がチェルノヴィッツを占領したが、四一年七月、ナチス・ドイツと同盟を結んだルーマニアの軍が、ドイツ軍とともにチェルノヴィッツを逆占領した。撤退するソ連軍は、「信頼の置けぬ分子」四千人をシベリアに強制移送したが、その四分の三はユダヤ人だった。

チェルノヴィッツに到着したドイツ軍は、組織的なユダヤ人虐殺を開始、ユダヤ人は市民権を奪われ、黄色いダビデの星を衣服につけさせられ、約四万五千人が狭いゲットーに閉じこめられた。それとともに、多くのユダヤ人がトランスニストリアという地域に強制移送され始めたが、ツェラーンは移送をまぬがれ、強制労働を課せられた。彼の両親は四二年六月にブーク川南部の強制収容所に移送され、この年秋に父が、そして、この年の末か翌年の初めに母が殺害された。

ツェラーンは四二年七月から四四年二月までの約一年半、モルダヴィア地方のタバレシュティという村の強制収容所で、収容所建設や道路工事などの労働を課せられていた。この間、彼は手帳や紙片に詩を書き、恋人のルート・ラックナーに送り続けた。

ぼくの詩があなたの手許にある、それを知っていることはぼくを幸福にし、また時に悲しい気持ちにさせます。

一九四二年八月に、収容所からの手紙にこのように書いたツェラーンは、両親の死の報せに打撃を受けた後、四三年三月の手紙では恋人に次のように告げている。

彼の詩のなかでは、しばしば奇跡がおこっています。心の片隅でうごめいている、ある親密なもの、言いようもなく偉大なものに言葉が与えられるという奇跡が。奇跡がおこっているのを知るのはうれしいことです。

ツェラーンは恋人の手許に残された自分の詩が一冊の詩集となることを望んでいた。彼は、自分自身の生にはもはや期待できなかったことを、詩に期待した——すなわち未来に生きつづけることである。しかも、自分の名前なしに。彼にとって、個人の名前など意味をもたなくなった。

ツェラーンが経験した強制労働は疑いもなく苛酷きわまるものだったが、プリーモ・レーヴィやジャン・アメリーからみれば羨むべきものだったであろう。手帳や紙片、筆記用具を所持して詩を書くなど、ましてやそれを恋人に届けるなどということは、レーヴィやアメリーには想像もつかない「贅沢」であった。詩を書いて恋人に送るという行為、それが一冊に編まれることを夢見るという行為が、ツェラーンが彼の地獄を生きのびることに役立ったのは間違いない。レーヴィにとってのダンテやダ・ヴィンチに相当するものが、ツェラーンにとってはリルケであった。

プリーモ・レーヴィにとっては母語と母国語は一体のものであった。レーヴィにとって幸運なことに、アウシュヴィッツ後もイタリアは、ファシスト支配と王制を打倒した共和国として、そしてイタリア語を母語とするイタリア国民の国家として存続していた。だからこそ、レーヴィは自らの母語の共同体に帰還することができたが、多くの東欧ユダヤ人にとっては事情はまったく違っていた。

ジャン・アメリーにとっても、母語と母国語は一体のものであった。いや、観念の上で、一体でなければならないものだった。だから、母語の共同体が彼を拒んだとき、彼には永遠の祖国喪失者となる以外の道はなかった。彼を追放した国家すなわち戦後オーストリアはあたかも自らがナチの被害者であったかのように装い、疚しい過去を覆い隠してきた。第三帝国への併合を歓呼して迎えた人々が、そのまま何くわぬ顔で暮らしているのである。

ツェラーンにとっての母語であるドイツ語は、アメリーのそれと同じく、「敵のもの」になってしまった。「自分の両親を殺した者たちの言葉で詩を書いているのか」と、戦後チェルノヴィッツを脱出してブカレストに滞在していたとき、ツェラーンは非難されている。それに対して、彼はこう答えた。

母語でこそ自分の真実を語ることができるのだ。もし外国語で書いたなら詩人は嘘をついてしまうことになるだろう。

ツェラーンにとっての母語は言葉の正確な意味において、「母から与えられた言葉」であった。そして、ツェラーンにとっての母語の共同体は破壊され消滅した。ちょうど、母が収容所で殺されてしまったように。

ツェラーンとレーヴィ、アメリーとの重要な相違点は、おそらくこういうことであろう。ツェラーンにとって母語の共同体は、そもそも最初から、多言語、多文化が混在し相克する動的な場としてあった。母が与えた標準ドイツ語という母語のほかに、父から強制されたヘブライ語という「父語」があったし、周囲にはイディッシュ語、ルーマニア語、フランス語、ロシア語などが充ち溢れていた。ツェラーンの最大のヒーローがリルケであることは事実だとしても、カフカやマンデリシュタームもまた、彼にとって大きな存在だった。

あえてひとつだけ選ぶとすれば、次の詩はツェラーンを育んだ言語的環境をよく現わしていると思われる。

堰

これらすべてのきみの
哀しみのうえに――ふたつと
ない空。

…………

千のことばをもつ
口のために
わたしはひとつのことばを
失った――
わたしにのこされていたひとつのことば――
妹（シュヴェスター）。

多神信仰
のために

わたしはわたしの求めていることばをうしなった――
カディッシュ。

堰をくぐらせてわたしは
そのことばを潮のなかへ戻してやらねばならなかった、
そとのかなたへと救いだしてやるために――
イスコール。

（飯吉光夫訳『パウル・ツェラン詩集』思潮社）

ツェラーンが生まれ育ったブコヴィーナという土地は、ハプスブルク帝国の周縁に位置した。それゆえに、そこは帝国の崩壊と近代国民国家形成の荒波に幾度も洗われた。一般に国民国家は、母語＝母国語＝国民という想像上の等式にもとづいて地域の多数派の言語を国語とする。しかし、ブコヴィーナではそのような国民国家は形成されなかった。ブコヴィーナ地方は戦後、ソ連とルーマニアとに分割され、ソ連の崩壊後はウクライナとルーマニアとに二分されている。

ツェラーンにとってのドイツ語は、つねに、ある単一の国家の国語を意味しなかった。単一の国語によって国民を収攬する国家という発想は、ツェラーンにとっては馴染むことのできないものであっただろう。ツェラーンにとっての「母語の共同体」は、国語をともにする国民共同体ではなく、多言語・多文化な領域の中での、文字どおり言語を同じくする人々の精神的きずなを意味した。だからこそ、ツェラーンは、ドイツ語が「敵のもの」になった後にも、ドイツ語で詩を書くことをやめなかった。彼のドイツ語は、彼のかけがいのない母語ではあったが、国語ではなかった。後年、彼がイスラエルを訪れたとき、ヘブライ語を国語とするその国民国家で彼がはなはだしい孤立感を覚えたことも不思議ではない。

ブレーメン賞受賞の挨拶をもう一度想起してみよう。

かずかずの損失のなかでただそれだけが――言葉だけが――届くもの、身近なもの、失われていないものとして残りました。

自らが生まれ育った多元的な領域が諸国家の力で暴力的に破壊され、精神的きずなとしての母語の共同体が消滅した後にも、詩人は失われた共同体の記憶と結びついた母語そのものを自らの「母国」とし、また、詩を書くという行為そのものを「母国」として終わりのない放浪を続けた。言葉だけが、彼の「母国」だった。

ツェラーンという存在と国語イデオロギーとは本来的に相容れない。ナチズムは国語イデオロギーと人種イデオロギーとを結合させた。母語＝母国語＝国民という等式に、さらに、「アーリア人種」という妄想を加えた。「アウシュヴィッツ」とは、この等式の産物であったといえよう。であるならば、近代国民国家の時代の彼方に放り出されたようなツェラーンの言語行為、その詩宇宙こそ、まさしく「アウシュヴィッツ以後の詩」と呼ぶにふさわしい。

パウル・ツェラーン、ジャン・アメリー、プリーモ・レーヴィという三人を、その母語との関わりにおいて対比してきた。だが、最後にここで、三人の共通点を確認しておかなくてはならないだろう。

ツェラーンは一九七〇年に、アメリーは一九七八年に、レーヴィは一九八七年に、いずれも自殺した。厳然たる共通点である。

母語の共同体から追放され、ユダヤ人であることの強制と不可能性との間でアイデンティティが引き裂かれたことがアメリーに死をもたらした。そうレーヴィも指摘している。

そのレーヴィは、「証人」という重荷を担いつづけ、証言に耳を傾けようとしない世界との「断絶」に苛まれ、やがて自らの「証人」としての資格に疑いを抱いて死を選んだ。彼のアイデンティティは「証人」「人間」「イタリア人」という結合の上に成り立っていたが、その「証人」としてのアイデンティティに入った亀裂が死をもたらしたのである。

ツェラーンの場合は、どうであっただろうか？

私はかつて、二〇世紀を「断絶の世紀」と呼んだ（高橋哲哉との共著『断絶の世紀　証言の時代』

岩波書店）。本稿で検討したツェラーン、レーヴィ、アメリーの言語経験は、まさしく「断絶の世紀」の言語経験とでも呼ぶべきものである。しかし、断絶の世紀の言語経験は、彼らだけのものではないし、ヨーロッパだけのものでもない。

日本がかつて行なった植民地支配と戦争によってもまた、朝鮮民族をはじめ多くの人々が彼らに共通する経験を強いられた。在日朝鮮人二、三世をはじめ世界各地に離散したコリアン・ディアスポラ【註9】の言語経験にも植民地支配の暴力は消しがたい負の刻印をしるしている。「断絶の世紀」の言語経験は、いまも積み重ねられているのである。

〔追記〕本稿は、二〇〇一年七月二九日、日本ツェラーン協会において、「レーヴィとツェラーンにおける『母語』」と題して行なった講演をもとに加筆したものである。

【註】

〈1〉尹伊桑は一九一七年、当時日本の植民地支配下にあった朝鮮で生まれている。独学で音楽理論や作曲法を学んだ彼は、一九四五年の解放（日本敗戦）と一九五〇年からの朝鮮戦争の混乱を生き抜き、韓国において作曲家としての名声を確立したが、それに安住することなく、四〇歳にして、最新の現代音楽理論を学ぶためヨーロッパに渡った。一九五九年に発表した「七つの楽器のための音楽」が高い評価を集めた以降、西ドイツ（当時）を拠点に作曲活動を続け、「ヨーロッパ音楽史に不朽の名を残す唯一のアジア出身作曲家」と評されるまでになった。
一九六七年、韓国の軍事政権は「ヨーロッパを舞台に暗躍する北朝鮮スパイ団」なるものの検挙を発表したが、この時、尹伊桑をはじめ著名な画家や物理学者などを含む一五〇人もの韓国人が韓国の秘密警察によってヨーロッパから本国に拉致・連行された。彼は取り調べ中に拷問を受け、裁判では最初、無期懲役を宣告された。これに対して、釈放と原状回復を要求する国際世論が盛り上がり、西ドイツ政府の強い抗議もあって、二年後になって拉致された人々はヨーロッパのもとの滞在地に送還された。以後、尹伊桑は、韓国に真の民主主義が実現するまで再び祖国の地は踏まないと明言し、作曲活動とともに海外からの韓国民主化運動に生涯を捧げた。一九九五年一一月三日、亡命地であるベルリンで死去。

〈2〉ネリー・ザックスについては、『ノーベル賞文学全集24』（生野幸吉訳、主婦の友社）参照。尹伊桑については以下を参照。尹伊桑／ルイーゼ・リンザー『傷ついた龍―一作曲家の人生と作品についての対話』（伊藤成彦訳、未来社）。および徐京植「焔につつまれた天使　作曲家・尹伊桑の死」『分断を生きる』（影書房）所収。

〈3〉「ユダヤ人」のうちイベリア半島から西欧および地中海沿岸地方に離散した人々をセファルディームと呼ぶ。これに対して東欧・ロシア地域の「ユダヤ人」をアシュケナジームと称する。

〈4〉一九世紀末から東欧・ロシア地域で頻発した非ユダヤ系住民による「ユダヤ人」に対する集団暴行や略奪をポグロム（ロシア語）と称する。

〈5〉前近代のキリスト教文化圏では「ユダヤ人」は宗教的差別の対象であり居住地域や職業選択など社会生活の多様な分野で身分的差別を受けていた。「法の下の平等」を掲げるフランス革命の過程でフランスにおいては「ユダヤ人」は身分差別から解放されたが、この波が他の地域に波及するには時間がかかった。ドイツでは一八七一年にようやく法的平等が実現したが、およそ六〇年後、ナチス政権による大反動に見舞われることになった。

〈6〉ニュルンベルク法は一九三五年にナチス政権が公布した人種差別法。「ドイツ人の血と尊厳の保護のための法律」と「ドイツ帝国公民法」の二法よりなり、「ドイツ人」と「ユダヤ人」の通婚を禁じる一方、「ユダヤ人」から市民権を奪う内容をもつ。イタリアのムッソリーニ政権も同盟国ナチス・ドイツからの要求にこたえて類似の差別法である人種法を公布した。

〈7〉一九六三年一二月二〇日から一九六五年八月二〇日までフランクフルト・アム・マインで開催された。収容所の高官、医者、親衛隊歯科医師、薬剤師など二二人が被告となり裁判中に一人が死亡、一人が病気で除外され、二〇人が裁判を受け、一七人が無期懲役（六人）から三年半の有期刑となった。

〈8〉ブーバーはウィーン生まれのユダヤ人思想家。フランクフルト大学名誉教授を経て、一九三八年以後エルサレム大学教授。中世ドイツ神秘主義思想の影響を受けるとともに、一八、一九世紀に東ヨーロッパのユダヤ人に広まったハシディズムの神秘思想の復興に尽くし、またヘブライ語聖書のドイツ語訳を行なった。宗教的、文化的シオニストとして、ユダヤ・アラブ両民族の共存に努めた。ハシディズムとはユダヤ教における神秘主義的傾向の強い宗教運動。一八世紀中ごろウクライナ地方に始まり、急速に東ヨーロッパのユダヤ人大衆間に広まり、のちイスラエル、アメリカに及んだ。

〈9〉ディアスポラ diaspora とはもともと「離散ユダヤ人」を指す用語であったが、近年では故郷の共同体から離散して暮らす人々を指す普通名詞としてよく使用される。「コリアン・ディアスポラ」とは朝鮮半島から離散して世界各地で暮らす朝鮮民族を指す。拙著『ディアスポラ紀行』

(岩波新書) 参照。

母語という暴力――尹東柱を手がかりに考える

民族詩人

尹東柱《ユンドンジュ》【註】は日本でもよく知られた朝鮮語詩人である。韓国では中学校の「国語」で教えられる。

日本の同志社大学に留学中、治安維持法違反のかどで検挙された尹東柱は、朝鮮が日本の植民地支配から解放されるわずか半年前に福岡刑務所で獄死した。生前一冊の詩集も出せなかった彼はまったく無名の詩人であったが、解放後、友人などが保管していた詩稿が韓国で少しずつ公表され、一九四八年一月、詩集『空と風と星と詩』がソウルで刊行されて以後、広く愛読されるようになった。

一九六八年には、母校の後身である延世《ヨンセ》大学構内に総学生会の手で尹東柱の詩碑が立てられた。碑銘にある「暗黒期の民族文学最後の灯火」という言葉は、韓国におけるこの詩人の評価を端的に表している。近代の民族文学が、ある民族の集団的アイデンティティ形成に重要な役割を果たすとすれば、まさにその意味で、尹東柱は現在の韓国人たちのアイデンティティにきわめて深く結びついた「民族詩人」であるといえる。

「序詩」の翻訳をめぐって——大村益夫の批判

尹東柱の作品のうち、もっともよく知られているものは、自選詩集「空と風と星と詩」の序として書かれた「序詩」である。「一九四一・一一・二〇」と日付がつけられている。
以下にまず、伊吹郷の訳でこの詩を見ておこう。

死ぬ日まで空を仰ぎ
一点の恥辱《はじ》なきことを、
葉あいにそよぐ風にも
わたしは心痛んだ。
星をうたう心で
生きとし生けるものをいとおしまねば
そしてわたしに与えられた道を
歩みゆかねば。

今宵も星が風にふきさらされる。

延世大学構内の詩碑には、この詩（朝鮮語原文）が刻まれており、一九九五年に同志社大学構内に立てられた詩碑にも同じ詩の日本語訳（伊吹郷訳）が刻まれている。同志社の詩碑は同校出身の在日朝鮮人有志が中心となって結成された尹東柱詩碑建立委員会が大学当局や多様な関係者の賛同を得て建立したものである。その経緯は同会編の『星うたう詩人―尹東柱の詩と研究』（三五館、一九九七年）に詳しい。同会の趣意書は「二度と戦争や侵略という身震いするような事象が我身に降りかかるのを拒絶したいというのは共通の認識」であると述べ、「『同じ過ちを繰り返す愚を、犯さない、犯させない』為にも、詩人の言葉を肝に銘じたい」と強調している。

尹東柱

しかし、この詩の日本語訳については、ぎこちない論争がある。朝鮮文学研究者である大村益夫が、伊吹訳に異論を唱えたのである。大村の異論は数カ所にわたるが、

ここではもっとも重要と思われる一カ所のみ紹介しよう。（前掲『星うたう詩人』所収の「尹東柱をめぐる四つのこと」参照）

それは、原文の「모든 죽어가는 것을 사랑해야지」という部分である。伊吹郷の日本語訳では、「生きとし生けるものをいとおしまねば」となっている。

この部分について、大村は次のように批判している。

ここはどうしても「すべて死にゆくものを愛さねば」としなければならない。東柱は「死にゆくもの」をすべて愛したのであって、無限定的に生命あるものなら何でも愛さなければならないと言ったのではない。（中略）

（尹東柱が）「序詩」を書いた一九四一年一一月二〇日といえば、太平洋戦争が始まる直前で、日本軍国主義のために多くの朝鮮人が死んでゆき、人ばかりでなく、ことばも、民族服も、生活風習も、名前も、民族文化のすべてが「死にゆく」時代だった。そうした「死にゆくもの」を「愛さねば」と叫んだ彼は、死に追いやるものに対しては激しい憎しみがあったはずである。それを「生きとし生けるものをいとおしまねば」では、死にゆくものも、死に追いやるものも、一様に愛してしまうことになるではなかろうか。

伊吹郷の反論

伊吹郷は一九八二年から『記録』という雑誌に黒崎純一との共訳で尹東柱の詩を紹介し、一九八四年には『尹東柱全詩集―空と風と星と詩』（記録社発行、影書房発売）を上梓している。この詩集は、朝鮮語詩人の訳詩集としては例外的によく読まれており、今日まで二〇年以上にわたって版を重ねている。同書に収められた伊吹の解説「時代の朝を待つ」は、彼自身が粘り強く調査した数々の新事実を盛り込んだものであり、日本における尹東柱紹介の基本文献と呼ぶにふさわしい価値がある。

大村の批判に対して伊吹は「序詩をめぐって」という反論を書き（筑摩書房『国語通信』三五〇号）、前記の全詩集が二〇〇二年に改版（影書房発行）された際、これに収めている。伊吹の反論も多岐にわたるが、前記の点についてだけ紹介する。

ここは直訳すれば「すべての死にゆくものを愛さねば」となるが、「生きとし……」とするとどうして誤訳なのか。同義の言葉を誤訳だとするのは矛盾というほかない。すべての死にゆくものとは生きもののことだから、「死に追いやるもの」はそこに含まれぬなどといえるはずがない。そのようなことは論理的にも成り立たぬ。いうまでもないことながら、「すべての死にゆくもの」「すべての生きゆくもの」「生きとし生けるもの」は異語同義である。（中略）「生きとし生けるものをいとおしまねば」とは、小さなもの、弱いもの、隣人、同胞、人間、生きもの、命あるすべてのものへの、愛の表白なのである。

伊吹はさらに、「この実存凝視の愛の表白には軍国主義の日本人に対する憎しみなどかかわりがない」として、「いのちに善悪があるはずがない」と主張している。

自説を補強するため伊吹は、文益煥《ムンイッカン》牧師のこんな言葉を引用している。

わたしは確信をもっていうことができる。福岡刑務所で息をひきとるとき、彼は日本人のことを考え涙を流したであろう、と。人間性の深みを見据えてその秘密を知っていたから、誰をも憎むことができなかったろう。民族の新しい朝を待ち望む点では彼は誰にもひけをとらなかった。それを彼の抵抗精神と呼ぶのだろう。しかし、それは決して敵を憎むことではありえなかった。(「東柱兄の追憶」)

この論争には、たんに訳語の適切さといった水準を超えて考察すべき重要な問題が含まれているように思われる。大村は尹東柱の作品における「抵抗」の精神を強調し、伊吹は普遍的な「実存凝視の愛」を見ようとする。このことは、尹東柱という詩人の生涯や作品に関わる解釈のズレにとどまらず、植民地支配という現実そのものに対する認識および感性のズレを示唆している。伊吹訳が定訳として日本で普及するという事態は、伊吹による上記の解釈もまた定説として普及するということを意味するであろう。ちなみに茨木のり子のエッセー「尹東柱」（『ハングルへの旅』朝日新聞社刊所収）は、高等学校教科書（『新編　現代文』筑摩書房）にも収められ、日本における尹東柱紹介に大きな役割を果たしたが、このエッセーにおいても伊吹訳の「序詩」が全文紹介されている。

したがって、大村の指摘するとおり伊吹郷の翻訳と解釈が不適切であるとすれば、この詩の翻訳刊行や詩碑の建立という行為は、当事者たちの意図に拘わらず、両民族のコミュニケーションを増進するどころか、むしろ決定的にディスコミュニケーションを増幅するものとなるだろう。出会いと和解のための記念碑は、誤解と対立のそれであったことになる。

翻訳をめぐる植民地的権力関係

私（筆者）自身は、原文を素直に読めば「生きとし生けるもの」などと、もったいぶった訳語をあてる理由は見出せないと考える。伊吹自身も「直訳すれば」云々と書いているとおりである。問題はなぜわざわざ意訳したのかという点にあるだろう。

翻訳という作業は、いうまでもなく、不偏不党の非政治的な行為ではありえない。そこにはかならず「解釈の権力」ともいうべき権力関係が反映している。マイノリティや被抑圧者による言語表現を、マジョリティや抑圧者の側にある者が翻訳し、流通させるときには、なおさらそうである。

どの作品を選び、どう解釈し、どの訳語をあてるか、どのような形態で出版するか、そうしたことを決定する権力がマジョリティの手に握られている。その出版物はマジョリティからなる市場で販売され、マジョリティである読者たちの興味を引いたときにだけ買われ、解釈は読者たちに委ねられ、つまらないと思われれば簡単に投げ出されるのである。

翻訳の権力を行使する側はつねに、「お前が何を言いたいのかは、おまえ自身より自分のほうがよく知っている」と主張する。彼らは多くの場合、悪意なのではなく、心からそう信じているのである。これと同型の権力関係は、たとえば女性と男性、「障害者」と「健常者」、子供と大人、学生と教師といった関係にも一般的に見出される。そこで権力を行使する側の典型的な心的傾向は「パターナリズム」(温情主義)だといえる。

尹東柱が禁じられた朝鮮語で詩を書いていた当時の状況をリアルに想像する感性が伊吹にあれば、いや、自分の想像がとうてい現実に及ばないのではないかという謙虚さがありさえすれば、その詩が「実存凝視の愛の表白」であり、「軍国主義の日本人に対する憎しみなどかかわりがない」などと自信満々に主張することはできなかったであろう。

尹東柱の幼友達であり、キリスト教の牧師でもある文益煥が、尹の普遍的な人間愛を強調することには一定の理由と意義がある。しかし、日本人であり翻訳者である伊吹が、文益煥の言葉を自説補強のために引用することは二重の権力行使ではあるまいか。迫害を受けているものは、迫害者に対する憎しみにとらわれることで自分自身を卑小にすることを恐れ、憎しみを愛へ昇華させようとするであろう。キリスト教徒であった尹東柱は「軍国主義の日本人」を激しく憎んだからこそ、それを愛そうとしたとも考えられる。それは「憎しみ」そのものでないとしても、「万物に宿る生命へのいつくしみ」といったきわめて一般的な解釈からはほど遠い境地であろう。

その上、「生きとし生けるもの」という表現は「八百万《やおよろず》の神」への信仰を説く日本固有の神道的な宇宙観に通じている。それは尹東柱のキリスト教的な精神世界（それをもっともよく表しているのは「十字架」という作品である）とは明らかにかけ離れたものだ。

尹東柱の作品の多くは繊細な抒情詩であり、表面的には決してプロパガンダ的でないように見える。だが、そのことが彼の詩が日本でも好まれている理由であるとすれば、そこには深刻に掘り下げて考えるべき問題が潜んでいる。日本の多くの読者は（決して「すべて」ではないにせよ）、日本が植民地支配を通じて朝鮮民族に加えた害について詳しく知ることを望んでいない。だから、尹東柱の詩に出会う際も、日本および日本人が受け止めるべき告発としてではなく、一般的な「実存的愛の表白」として読むことを好むのではないか。そうだとすれば、それこそが植民地的権力の行使なのである。

尹東柱が加害者を許そうとしたかどうか即断はできないが、かりにそうであったとしても、加害者の側にあった者たちが被害者側の「愛」に甘えることは見苦しいし、かつての植民地支配を真摯に反省しようとしない政府を戴き続けていることはさらに恥ずべきことであろう。

実際には、伊吹郷訳が「序詩」の最初の日本語訳ではない。私の知る限り、金学鉉《キムハッキョン》による翻訳が伊吹訳に先行して刊行されており、そこでは「すべての死にゆくものを愛さねば」と、原文に忠実な翻訳になっている（「空・風・星の詩人」『季刊三千里』一〇号、一九七七年五月、のちに同著『荒野に呼ぶ声』柘植書房、一九八〇年所収）。

伊吹郷は自らの訳詩集に付した文献目録に金学鉉の著書を挙げているので、金の訳文を見ているはずである。したがって伊吹は、「すべて死にゆくもの」と「生きとし生けるもの」とが「同義である」と考えてたまたま後者を用いたのではなく、自らの明確な意図にもとづいて、朝鮮人による先行訳とは異なる訳語をあてたのだ。これは推測だが、伊吹は先行訳とは異なる独自の訳語をあてたいと望んだのではないか。それはあらゆる翻訳者がもつ、理解可能な、場合によっては肯定的な欲望である。ただし、翻訳者は、そこに前記の植民地主義的権力が作動する危険性について可能な限り繊細な注意を払うべきだろう。

ここで重要なことは、問題の詩句に託した詩人の心について唯一の真実を確定するということではない。そうではなく、ひとつの詩句の解釈をめぐって作動する無意識の権力関係を認識することである。そのことに敏感であろうとする態度がなければ、私たちはいつまでもこうした権力関係の網にとらわれたままであろう。

在日朝鮮人が尹東柱を読むこと

尹東柱の代表作の、もっとも重要な詩句の解釈と翻訳をめぐって前述のような深刻なズレが存在する。しかも、韓国の読者の大部分は原文でしかこの詩を読むことができず、日本の読者の大部分（そこには在日朝鮮人も含まれる）は日本語でしか読むことができない。つまり韓国と日本の大部分の読者たちは、こうしたズレの存在に気づくことすらできないのである。

在日朝鮮人である私の母語は日本語である。したがって、私は初め、尹東柱の詩を原文ではなく、日本語で読んだ。一九七〇年代、韓国は軍事独裁政治の真っただ中にあった。当時、韓国の知識人や学生たちは圧倒的に強力な軍事政権に徒手空拳で立ち向かっていた。その時、彼らが想起していたのが尹東柱である。この詩人のように「一点の恥もなく」生きようというのが、彼らの合言葉であった。そのことが、私自身にも在日朝鮮人としての自己意識を形成する上できわめて重要な影響を及ぼしたのである。

当時、私はまず金学鉉訳によって「序詩」を知った。のちになって伊吹訳の「序詩」を読み、訳文の相違が気にかかったものの、深く考えることはできなかった。なぜなら、その時点で私はまだ、朝鮮語があまりできず、詩の訳文を原文と比較してみることなど思いもつかなかったからである。日本語を母語として、日本社会で生きる在日朝鮮人は、自らのアイデンティティを形成する際においてすらも、日本語によって行なうほかないのである。

これはまさに、植民地人民が知的資源を獲得しようとするとき、宗主国の知的諸制度を通じてのみそれが可能となるという、知の植民地主義的支配構造の一例であるといえよう。もちろん、そうであるからといって在日朝鮮人は尹東柱を日本語訳で読むべきではないと言いたいのではない。大切なことは、そこに隠されている権力関係に対する感性を敏感に保つことができるかどうかである。

ディアスポラ詩人・尹東柱と母語

考えてみれば尹東柱もまた一人のディアスポラであった。彼は朝鮮半島と中国東北地方の境界で生まれ育った。そこは朝鮮半島に比べれば相対的に（あくまで相対的にではあるが）日本国家の支配力が及び難い解放区的な地域であった。彼が幼い頃から朝鮮語および朝鮮文化を身に着けることができたのは、こうした境界に育ったからである。

そこはまた、多民族・多文化の地域でもあった。尹東柱の作品「星を数える夜」に出てくる「異国の少女たち」という詩句はともに育った漢族や満州族を指している。同じ詩に、星に「フランシス・ジャム」や「ライナー・マリア・リルケ」と名づけるくだりがあるように、彼の思想は自民族的にのみ閉ざされたものではなく、むしろ他者の思想や文化への純真な憧れに満ちている。そういう彼が当時日本によって禁じられていた朝鮮語で詩を書いたのは熾烈な「民族愛の発露」というより、朝鮮語が彼の母語であったという単純な事実によるところが大であろう。

一九一〇年以来、「国語」として日本語を強要されてきた朝鮮半島内の知識人にとっては、朝鮮語はいまだに母語であったものの、その自明性は急激に脅かされていた。三〇年代後半からは皇民化政策の下で、ますます日本語で書く朝鮮人知識人が増大していた。しかし、間島《カンド》育ちの尹にとっては朝鮮語の母語としての重みは他に代えがたいものであっただろう。彼も母語以外では詩を書くことができなかったのだ。

「彼も」と言うのは、パウル・ツェラーンを連想するからだ。両親をナチの収容所で殺されたユダヤ人ツェラーンは戦後、「敵の言葉で書くのか」という非難に対して、「母語でこそ自分の真実を語ることができるのだ」と答えた。ブレーメン賞の受賞挨拶では「かずかずの損失のなかでただそれだけが——言葉だけが——届くもの、身近なもの、失われていないものとして残りました」と述べている。

いま韓国では、尹東柱は疑う余地のない「民族詩人」である。この詩人が朝鮮民族にとっての植民地支配という歴史的経験を、その生涯と作品において表現しているという意味では、それはそのとおりであろう。だが、この詩人が朝鮮語という言語に託された「深淵な民族魂」を守ったというような意味でなら、それはそうではない。

母語という暴力

私自身もツェラーンと同様、自分の真実は母語でしか表現できないと考える。したがって、日本語で記述している。しかし、私には、その母語が日本の朝鮮植民地支配によって力ずくで強いられた「檻」であるという考えが取り付いて離れない。

そのため、ある対象に接し、その経験を「美しい」とか「恐ろしい」とかという言葉で表現するとき、その表現がどこまで自分自身のものであるのかが疑わしい、といった感覚がある。念入りにいうと、それは「うまく表現できない」という感覚とは違う。何かを感じる感性、それを表現する言語それ自体がある外的な暴力によって注入されたものだということに気づいてしまった違和感である。いわば、自分自身の実存と言語表現との間の「裂け目」のようなものだ。伊吹訳への疑問も、この「裂け目」から噴き出してきたといえる。

「母語」とは生まれると同時に親から流し込まれた言語である。誰もそれを自らの意思によって選択することはできない。そこに、根源的で不可避な暴力性が潜んでいる。そう考えれば、パターナリズムという言葉もいっそうよく理解できるであろう。

言語ナショナリズムは排他的ナショナリズムの強固な基盤であり、それを根源的に批判するためには、母語の自明性そのものから疑ってかからなければならない。ほとんどのマジョリティはそのことに気づかず、自らの感性や言語の土台に何の疑いも抱かないまま、それを根拠として発言し行動している。ところがマイノリティであるディアスポラは、マジョリティが根源的と信じているものですら、実は関係の産物にすぎないことに気づいているのだ。あるいは控えめにいって、そのことに気づくチャンスを与えられているのである。たとえ、その「気づき」がひどく苦痛に満ちたものであろうとも。

【註】尹東柱は一九一七年、朝鮮半島の北辺に隣接する中国東北地方の間島《カンド》に生まれた。現在は中華人民共和国の延辺朝鮮族自治州となったこの地方には、一九世紀末から朝鮮人農民が移住していた。尹東柱の一家も祖父の代にこの地域に移住し、のちに一家でキリスト教に入信している。

一九一〇年に日本は朝鮮を「併合」したが、間島は中国の主権下にあったので日本への併合を免れた。日本による圧迫を逃れてこの地で朝鮮の文化や生活様式を守って暮らす朝鮮人が多く、独立運動や革命運動の根拠地にもなった。だが、尹東柱が中学校に進学した一九三二年、日本は「満州事変」を起こし、翌年に傀儡国家「満州国」を成立させた。これにより間島は行政上満州国の領土となり、日本の統治下に置かれた。

尹東柱は一九三八年、ソウル（当時の京城）の延禧《ヨニ》専門学校に入学し、一九四一年一二月八日（太平洋戦争開戦の日）に同校を卒業した。戦争勃発のため、繰り上げ卒業の措置がとられたのである。彼は卒業記念として自選詩集「空と風と星と詩」を出版しようと試みたが、実現できなかった。当時の状況では朝鮮語で書いた文学の出版は反日抵抗運動と見なされ、弾圧を受けるおそれがあったからだ。そこで、かれは手書きの詩稿三部を作成し、恩師と親友に各一部を寄贈した。

日本に渡航した尹東柱は立教大学に入学し、のちに京都の同志社大学に移った。しかし、一九四三年七月、京都帝国大学で学んでいた同郷のいとこである宋夢奎《ソンモンギュ》とともに、治安維持法違反（朝鮮独立運動）の疑いで逮捕された。

懲役二年の刑を宣告された二人は翌年、福岡刑務所に送られたが、一九四五年二月一六日、尹東柱が獄死、二週間後に宋夢奎も獄死した。日本が敗戦し朝鮮が解放される半年前のことであった。同じ刑務所で獄死した二人の墓は、かつての間島、龍井市郊外の同じ丘に並んでいる。

ソウルで『由熙』を読む——李良枝とのニアミス

私は李良枝《イヤンジ》の『由熙《ユヒ》』（一九八九年、第一〇〇回芥川賞受賞）を読んだことがなかった。読もうと試みたことは過去に何度もあったが、短い作品なのに、その度にすぐ投げ出してしまった。

いつも旅に出る時、乗り物の中や宿のベッドで読むための文庫本を何冊か選んで持って行くのが習いである。読み終わった文庫本はつまらなければ棄てるし、面白ければ誰かに上げる。よほど素晴らしければ持ち帰ることになる。もう何年もの間、『由熙』の文庫版は私の旅に同行した。だが、いつも読まないまま持って帰ってくるのだった。

李良枝の作品をまったく読まないというわけではない。「わたしは朝鮮人」というエッセーは勤務先の大学で講義の教材に使っているくらいである。二〇歳の時の作品とは思えないほどよく書けている。しかし、彼女の小説は、初期のものを読んだ記憶があるが、『刻』以後のものは読んでいなかった。

昨年（二〇〇六年）春、勤務先から「国外研究」の機会を与えられて、韓国のソウルで滞在することになった。私なりに気負った思いがあり、出発前に、「この年齢になるまで〈外〉に身をおいてきた自分が初めて祖国で生活し、〈内〉と――〈内〉とは何かという定義づけはいったん措くとして――向かい合う機会を得た」などという挨拶を友人たちに送ったものである。その時は、『由熙』を持参しなかった。ソウルに行ってまで読もうという気持ちがなかったのだ。

韓国ソウルに滞在中、社会文学会から在日朝鮮人文学特集号への寄稿を求められた際、ずいぶん迷った末、まだ読んだことのない『由熙』について書いてみようと思った。私が今まで読もうとしては投げ出していたのは、端的にいうと、それが小説として失敗作だからである。しかし、他のつまらない文庫本のように棄ててしまうこともできなかった。いつも、宿題を済ませていないような割り切れない気持ちが残っていた。

今回は、この作品が、ひいては李良枝自身が、なぜ、どのように失敗したのかを考えてみたいと思った。祖国で〈内〉と向かい合いながら、『由熙』とも向かい合ってみようと心を決めたのだ。気の重いことだが、いずれは避けられない仕事である。そこで、日本にいる知人に頼んで『李良枝全集』【註1】を取り寄せ、ソウルで『由熙』を読む、という次第になった。

「宿題」と書いたが、むしろ、うまく話が通じない妹と一度はきちんと向かい合わなければ、というような気持ちとも言える。「妹」という比喩だけで、家父長的発想だと反発するむきも多いだろう。まずい比喩であることは承知だが、実際にそういう感じなのである。私には李良枝と年格好の似通った妹がいる。

二アミスの歴史

李良枝は一九五五年三月一五日に山梨県で生まれている。私は一九五一年二月、京都市の生まれだ。ちょうど四年の差である。

李良枝が山梨の高校を中退し、京都市の旅館に住み込みで働き始めたのは一九七二年である。一九六九年に早稲田大学文学部に入っていた私は、その時、主として東京にいた。「主として」というのは、一九七一年春に韓国留学中の兄二人が政治犯として逮捕・投獄されたため、東京で落ち着いて大学に通っていたわけではないからだ。

李良枝は、編入した京都市立鴨沂《おうき》高校を卒業し、一九七四年に早稲田大学社会科学部に入学したが、私はすでにその前年に卒業して京都に引き上げていた。

普通に同じ大学の同じサークルに入っていれば、李良枝と私は新入生と四年生という関係で顔を合わせていたはずである。しかし、実際にはそうならなかった。

李良枝の文章にはしばしば、大学時代に一時所属した在日朝鮮人学生（韓国系）サークルでの失望と挫折の経験が語られる。たとえば、一九九〇年に韓日文化交流基金主催の講演会（ソウル）で行なった「私にとっての母国と日本」という講演では、「あまりにも観念的」で「政治的傾向の強い討論の連続」に疑問を感じ、自らが日本国籍保持者であることに対する「同胞社会の冷淡な反応」

が「大きなショック」だったと述べている。

そして、次のように「同胞学生」を批判する。――「真の意味の政治的節操」は「国籍問題」だけをもって論ずることはできない。韓国語の読み書きもできず母国の韓国人の生活の実態も知らずに、一体どこに依拠して「連帯」を語り、「反体制」を呼び掛けることができるか。「学生という特権と身分」を享有したままで「真の意味の革命」をめざすことができるか。「私は国籍問題に対する同胞社会の、ヒステリックなまでの反応に出くわすたびに疑問を覚えるようになり、口先だけの『我が国』を論じ『革命』を叫ぶ『韓文研』の活動に、懐疑を抱くようになりました」。

私はこの「韓文研」ＯＢである。直接会うことはなかったが、私も彼女が批判する「同胞学生」の一人ということになる。たしかに、李良枝が反発したような傾向が「同胞学生」の中にあったことは事実だ。私自身もそのことに苛立っていた。その意味では、彼女に同感する部分もあるが、やはり、それは違うと言いたい部分も多い。

先に引用した部分に続けて李良枝が、日本国籍保持者であることによって得られる利益を拒否して生きるという「決心」を強調していること、そして、大学を一学期だけで中退してしまった彼女が荒川区のヘップ工場で働き、また、「丸正事件」の冤罪被害者・李得賢さんの救援運動【註２】に奔走したりもしたことは、ここに書きとめておくべきだろう。李良枝は決して利己的だったのではない。だが、かりに私が当時、彼女と会っていたとしたら、その非妥協的な一途さを貴重なものと認めながらも、彼女の考え方の問題点を指摘しただろう。その内容については、おいおい述べたい。

『全集』に李良枝の自筆年譜が収められている。興味深いテクストである。一九八〇年（二五歳）の項を以下に引用する。

五月、初めて韓国を訪れる。光州事件のさなかだった。人間文化財である朴貴姫《パククイヒ》先生に師事し、本格的に伽耶琴独奏や、パンソリ（語り歌）の弾き語りを習い始める。土俗的な巫俗《ムソク》舞踊に出会って衝撃を受け、金淑子《キムスクチャ》先生に師事することになる。

十月、長兄・田中哲夫（31）がクモ膜下出血で急死する。

翌年一二月、次兄も死去し、八二年に李良枝は在外国民研究院（ソウル大学予備課程）を一年経て、ソウル大学国語国文学科に入学する。この年、ソウルで書いた最初の小説「ナビ・タリョン」を『群像』一一月号に発表している。

この自筆年譜は一九八九年まで書かれ、「以上、平成元年三月、李　良枝記」と結ばれている。なぜ、わざわざ「平成」などと元号を用いるのかとも思うが、それはともかく、自筆年譜に書き込まれている政治的事件は、「光州事件のさなかだった」という一行のみなのである。そして、改行して、自らが民族芸術に没入していったことが記されている。

「光州事件」という言葉を、李良枝はどういう意識で書き込んだのだろう？　私は彼女の作品から、光州事件の影すらも読み取ることができない。直接の主題として光州事件を作品に描くべきだというような、幼稚な主張をしたいのではない。ただ、この一行と、民族芸術への「改行」とが気になるのである。「光州」というのはひとつの象徴であり、軍事独裁の恐怖支配を指す比喩である。あの時代、その陰惨な死の影は、韓国の人々にはもちろんのこと、在日朝鮮人たちにも、逃れがたく覆いかぶさっていた。その影を、李良枝の作品から感じ取ることができないのだ。

李良枝が韓国に渡り滞在した時期は、全斗煥《チョンドゥファン》軍事政権の時代にあたる。それは私自身の兄を含む多くの政治犯が韓国の獄中で苦しんでいた時期であり、私が韓国に出入りできなかった時期に合致する。ここでも、私と彼女が出会うことはなかった。

光州事件の血を浴びて登場した全斗煥政権は、自己のイメージアップのため日本から多くの留学生を受け入れる対外文化政策をとった。現在「韓国通」といわれる日本人の多くが、この時代に韓国へ留学し言葉や文化を学んだ。日本と韓国を往来しながら作品を発表していた李良枝は、彼らの間で名を知られる存在だった。私の知る日本人ジャーナリストは、私の母国語を私よりずっと流暢にしゃべり、私には歩くことのできないソウルの街の様子を細かく描写してみせた。その知人が留学中にソウルで知りあった李良枝のことを「ヤンジが、ヤンジが」と親しげに語るのを、苦々しい思いで聞いたものである。

高価な犠牲を払った長い闘いの末に全斗煥政権の退陣が実現し、民主化への道が開かれるとともに、私の兄たちも相次いで出獄した。私が韓国に往来するようになったのは、それ以降である。もしこの時点で李良枝に会っていたとしたら、と想像したこともある。しかし、李良枝は一九九二年に早死にしてしまった。彼女と私はニアミスを繰り返しながら、ついに出会わないままに終わった。

強いられた二分法

李良枝が早稲田大学に入学した時期は、韓国で朴正熙《パクチョンヒ》の維新独裁体制がその絶頂にあった。金《キム》大中《デジュン》拉致事件は彼女の入学前年に起きている。民青学連事件【註3】をはじめとする弾圧によって、多数の学生、知識人、労働者たちが逮捕され投獄されていた。

在日朝鮮人とて例外ではない。ある研究によると一九七一年から一九九〇年までの期間に韓国で政治犯として投獄された在日朝鮮人の数は一二〇名に及ぶ。【註4】理不尽な取り調べや脅迫を受けた者の数は、この数十倍に及ぶであろう。在日の居留民団は維新体制支持派と民主派とに分裂した。韓国政府はパスポート発給事業を通じて在日朝鮮人を支配しようとした。たとえばパスポートの発給を望む者は、維新民団の主催の朴政権支持大会に参加したことを証明する書類を提出することが要求されたりしたのである。

「だれかれが中央情報部の取調べを受けてひどい目にあった」とか、「だれかれの息子がつかまったので大金を使って助け出した」とか、そういう風聞が日常茶飯事のように飛び交っていた。軍事独裁を支持しないという意思をもつ在日朝鮮人（韓国籍）が留学、商用、親族訪問などのため韓国に往来することは、気軽なことではなかった。

日本国籍に帰化しないということは、日本国内で生きることに限ってみれば、日本国籍保有者に与えられる特権を拒絶するということであり、在日朝鮮人であることの不利益を引き受けるということだ。だが、韓国との関係を視野に入れると、ことはそれだけにとどまらない。自分の国に往来するというのに、ひょっとすると逮捕されるのではないかと、いちいち過度の緊張を強いられるのは不条理きわまりないが、それが現実だった。ある者は韓国への往来を断念し、ある者は不安や恐怖を抱えたまま往来した。そのうち不運な者は拷問や獄中生活まで味わうことになった。

当時、在日朝鮮人が韓国籍を保持したままで軍事独裁に反対するということは、客観的にいってその反独裁運動が何ほどの効果ももたなかったにせよ、当人たちにとっては、そういう緊張を引き受けて生きるということを意味していた。当人たちがどれほど自覚的であったか、また若い日のこころざしをその後も保ち続けたかどうかは心もとないが、李良枝が大学で出会った「同胞学生」たちは、そういう状況に身を置いていた人々であった。彼らの活動は未熟で生硬であり、「革命」と自称できるほどの内実ではなかったが、少なくとも日本の同化圧力に対する不服従と、韓国の軍事独裁政権に対する不服従という、両面への不服従を意味していたといえよう。その者たちの中に、帰化した同胞への無理解や、韓国への往来そのものを一括して否定するといった誤った認識がかなり広く存在したことは、残念ながら事実である。【註5】しかし、彼らに対する李良枝の批判も、皮相なものと言うほかない。

「口先だけの〈我が国〉を論じ〈革命〉を叫ぶ人々」への李良枝の批判が説得力をもつのは、彼女自身が「真の意味の革命」をめざして生きるというベクトルにおいてであろう。そうでなければ、「口先だけ」の人々への批判というかたちを借りて、実際には「革命」を否定していることになろう。もちろん、ここでいう「革命」は政治的実践という狭い範囲のみを指しているのではない。不利益を引き受けて不服従を貫こうとする日常の姿勢を含めてのことだ。前述したように、李良枝自身も、日本国籍保有者としての特権を拒否すると「決心」し、日本への不服従を実践しようとした。しかし、韓国軍事独裁への不服従という点では、どうであったか。そして、この二つのことは相互に深く関係している。端的な例を述べれば、菊の御紋の入ったパスポートをもち、日本国の外交保護権の下で韓国に往来するということは、まさしく日本国籍保有者の特権以外なにものでもないのである。

このことの自覚が李良枝にあったのだろうか。たとえば『刻』に次のくだりがある。ソウルで韓国語研修所に通う主人公の「スニ」のモデルは、作家自身であるとみてよいだろう。ある日、彼女は、下卑た話題にふけっている年下の男子学生たちに向って、「韓国に来たくても来れない人たちが、たくさんいるってことを、少しは考えてごらんなさい」と叱る。ここにいう「来たくても来れない人たち」というのは、私のいう「不服従」の人たちのことだろうか。あまりはっきりしないが、そう解釈することも可能であろう。しかし、李良枝は先のくだりに続けてすぐ、「口がよけいに疲れることを知っていながら、何をまたしゃべりだしているのだろう」と書くのである。『刻』は韓国に留学した在日朝鮮人女性の自己分裂の物語である。自分が何かを口にした後、すぐにもう一人の自分がそれを否定する。自分自身の言葉や感覚すらも真に自分のものかどうかわからなくなる。これはディアスポラのマイノリティに特徴的な現象だと私は考えているが、成功したかどうかは別にして、この作品はそういう自己分裂を描いているのである。つまり、ここで「来たくても来れない人」云々というのは、「正しい決まり文句」を口にする自分と、その自分を疎遠なものと感じているもう一人の自分との分裂を描写する材料に過ぎない。

このくだりが、李良枝の「来たくても来れない人」への共感を示唆するものとは考えられない。もし共感があれば、韓国の人々に向けたソウルでの講演で、「韓国語の読み書きもできず母国の韓国人の生活の実態も知らずに」云々と在日同胞を非難することはなかったであろう。彼らは来たくても来れないがゆえに母国語の読み書きもできず母国の人々の生活実態を知ることもできないのであるから。

「真の意味の政治的節操」は「国籍問題」だけで論ずることはできないと李良枝が言う時、その言葉そのものは正しいが、そこでの彼女の「政治的節操」とは何を意味しているのか疑問である。朝鮮籍ないし韓国籍の者にとっては、日本国籍に帰化しないということが「政治的節操」の一つの基準になりうるだろう。だが、日本国籍保有者である李良枝にとっては、どうだろうか。私は、李良枝が日本国籍を放棄すべきだったと主張しているのではない。【註6】韓国に渡るべきではなかったと主張しているのでもない。彼女の議論の立て方そのものが、「あまりにも観念的」であり、ズレていると言いたいのである。

軍事政権の恐怖の影の下で不服従の立場を選ぼうとした「同胞学生」たちには、たしかに李良枝のいう観念性があった。そもそも異国である日本に身をおきながら本国の民衆に連帯するという発想そのものに観念性が逃れがたく付随している。それは、「在日」という条件そのものに付随する観念性であるともいえよう。

当時の在日朝鮮人の議論は、二分法に引き裂かれていたと言えるかもしれない。「祖国志向か在日志向か」、「ネイションかマイノリティか」、「政治か文化か」といった二分法である。この問題について、私自身も自分の考えを整理することができたのは九〇年代半ばのことだ。【註7】

「祖国志向」というのは、大雑把にいうと、在日朝鮮人が強いられている抑圧は日本の国内的な要因のみによるものではなく、本国の南北分断や政治体制に規定されるものである以上、在日朝鮮人の自己解放は本国の変革（統一と民主化）という課題と無関係ではありえず、在日朝鮮人も積極的に本国の変革に参与すべきだ、という考え方である。これが当時の「韓文研」の「同胞学生」の多数意見だったし、私自身も理念的にはこの立場であった。

しかし、この立場には構造的な弱点があった。それはつまり、理念の上で「祖国志向」であればあるほど、実際には、軍事独裁政権下の「祖国」に公然と往来することができないという皮肉な構造である。もちろん、危険を覚悟で「祖国」の現実に身を投ずるという針路を進んだ者もいるが、これは誰にでもできることではない。なにより、それは地下活動ならともかく、大衆運動の掲げる方針にはなりえない。したがって、「祖国志向」であればあるほど「祖国」の現実から隔絶され、結果として、しばしば観念的な空論に堕すということになる。韓国語もできないのに韓国社会の変革に参与すると主張するのは、たしかに子どもじみた空論だ。

しかし、だからといって、その理念や意図そのものが虚妄だと一笑に付されてよいことにはならない。変革を云々する前にまず「ほんものの韓国人」になれという思考方式もまた、一人前の口を利きたければ人格を陶冶し完成させてからにしろ、というのに似た空論である。「同胞学生」の政治主義的な観念性に反発した李良枝は、ほんものの韓国人になるという目標を自分に課し、韓国に留学し、民族音楽や舞踊を学んで民族文化の精髄を身に付けようとする。

だが、ほんものの韓国人とは何だろうか。かりに「ほんものの韓国人」というものがあるとして、それになろうと在日朝鮮人が切望する心の動きは、それ自体、ある必然性に発した貴重なものだと も思う。しかし、そのことと、在日朝鮮人を含む朝鮮民族に強いられている抑圧状況を変革しようとすることとは問いの次元が別である。それを同次元ととらえ、本国の変革か、ほんものの韓国人か、という二者択一として問題を設定するのはズレた認識というほかない。ズレたまま、思いつめたようにその道を進む李良枝自身に、彼女が反発した「同胞学生」たちの鏡像のような、強いられた二分法による観念性を見出さざるを得ないのである。

出会いの挫折

『由熙』のテーマは、在日朝鮮人留学生と祖国との出会いの挫折である。たんに文化摩擦や異文化衝突の葛藤を描こうとしたのではなく、母語と母国語との相克という在日朝鮮人に特有の状況を扱って、在日朝鮮人のアイデンティティ問題に切り込もうとした作品といえる。李良枝は、一九八八年に発表したこの『由熙』にいたって、はじめて主人公の立場を自分自身の分身である在日朝鮮人から韓国の女性に移し、下宿の「オンニ」（姉の意、ひろく女性から年上の女性に対する呼称）の視線から在日朝鮮人留学生の姿を描いた。

日本語を母語として育った在日朝鮮人は、母国である韓国においても、その言語疎通の障碍ゆえに無理解の壁にぶつかる。そのことを、李良枝自身が『刻』の主人公「スニ」が語学研修所の教師に向かって述べる言葉として次のように書き込んでいる。

ソンセンニム（先生）、私たちは、在日同胞です。日本で生まれ育ち、日本語ばかりにとりかこまれて生きてきた者たちです。日々、同化と風化を強いられる環境の中にいて、私たちは民族的主体性を確立できないまま、悶々としてきました。（中略）ところがどうでしょう、日本では在日韓国人であることの劣等感にさいなまれ、ウリナラ（母国）に来ても、蔑視を受ける。いくら努力しようとしても、発音のおかしさばかりを指摘され、水をかけられる。

李良枝は彼女らしく、この言葉の後に、「ヒロイックな興奮は心地よかった」云々と書いて、これもまた「正しい決まり文句」にすぎないことを示唆し、主人公スニの自己分裂を描くのである。だが、そうであるだけ、スニが教師に向けた言葉が在日朝鮮人留学生たちに広く共有された感情を表現しているものであることは間違いない。

韓国の生活習慣や環境への不適応という問題は、『由熙』では、たとえば次のように語られている。

この国の学生は、食堂の床にも唾を吐き、ゴミをくず入れに棄てようとしない、と由熙は言った。トイレに行っても手を洗わない、教科書を貸すとボールペンでメモを書き入れて、平気で返してくる。この国の人は、外国人だとわかると平気で高く売りつけてくる、タクシーに合乗りしても礼一つ言わない、足を踏んでもぶつかっても何も言わない、すぐ怒鳴る、譲り合うことを知らない……

ここに語られている二〇年前の状態がそのままということはないが、ある部分では現在も、こうした傾向が続いていると見ることはできる。それとの折り合いに悩む在日朝鮮人留学生が現在も存在していることも事実である。こちらに来てから数人の留学生と話し合う機会があったが、彼ら彼女らもそれぞれに、同様の悩みを漏らしていた。八〇年代初めに李良枝が提示した問題は、形を変えながらも現在も継続しているといえる。

どの国の外国人留学生でも大なり小なり経験するに違いない異文化への不適応という問題が、ほかならぬ「日本」から韓国に来た在日朝鮮人には、慣れるか慣れないかといった水準をはるかに超えた身体的な危機として迫ってくる。その問いが、自分自身の身体にまで浸透した「日本的なもの」にどう対処するのか、植民地支配者の国である日本の文化や習慣を無自覚に内面化したまま韓国のそれを拒否するのか、という問いのかたちに変換されざるを得ないからだ。『刻』のスニがしょっちゅう手を洗いたいと感じるという記述は、こうした身体レベルの危機の暗喩である。

私自身にとっても切実な、こうした難問と格闘しようとしたという点で『刻』や『由熙』には一定の意義があると思う。そうであるから、ある面では共感し、部分的には惹かれもするのだ。

人物造形の失敗

『由熙』を読むのが苦痛である原因は、作中人物の造形に失敗しているからである。この作品で、由熙という人物は、こんなふうに描かれている。

「高校生のようだった。なんとなく女の子だということはわかるが、髪が短く、眼鏡をかけていて、女の子っぽい少年といってもおかしくないほどだった」

「眼鏡のレンズは薄めで大きかった。顎がわずかに張り出し、丸顔というより四角顔だった」

「鼻だけは意外に貧弱だった」

「いかにも由熙はしぐさも硬くぎこちなく、人見知りが強い印象を与えた」

「由熙のふと気が変になったような、傍に誰がいてもすっと自分のなかにこもっていく瞬間は、どこか痛々しさもあり、同時に私（オンニ）を怯えさせもした」

——作品の全体にわたって、このような描写が数多く見られるが、引用はこれくらいにとどめておこう。


この由熙という作中人物の容貌描写は、李良枝本人の写真を見る限り、作家自身の対極といえそうだ。作家はなぜか、このような操作を加えた。自分自身の分身という印象を薄め、より客観的な在日朝鮮人留学生像を造形しようとしたのだろうか。だが、それはかえって不自然さを増す結果になった。『刻』のスニがもつ実在感とは対照的である。

このあどけない少年のような由熙が、自室にこもって焼酎を飲み、酔っ払って泣く。人見知りが強いはずなのに、下宿のアジュモニ（おばさん）に後ろから抱きついて甘えたり、オンニに、あすは一時間早起きして試験勉強を手伝ってほしいと厚かましく頼んだりする。机を買いに行くと決まったら、廊下を何度も飛びあがって幼児のようにはしゃぐ。自分の韓国語の発音に屈折した思いを抱いているはずなのに、初対面であるアジュモニの「アリガトウゴザイマス」と「ゴメンナサイ」というたどたどしい日本語を聞いて、「発音、なかなかいいですよ」と言って笑う、というのである。このような人物像は不自然ではないだろうか。もちろん、現実には存在しそうもない人物像を造形することも作家の仕事のうちである。しかし、その場合は、その人物像が読者を引きつけるだけの強い説得力がなければならない。

私は由熙に、「在日朝鮮人」という記号を貼りあわせただけの、つぎはぎのステレオタイプを見る思いがするのである。

同じように、韓国本国の人々を表象する下宿のアジュモニとその姪（オンニ）の人物像もまた不自然なステレオタイプであるといえる。

アジュモニは初め、「日本には北の朝鮮総連があるから」とか、「梨泰院《イテウォン》あたりで遊んでばかりいて、ちっとも勉強しない在日同胞学生」のたぐいではないかなどと警戒しているのだが、前に引用したような由熙の容貌や振る舞いに接して、彼女を気に入り、結婚して家を出た娘の代わりのように由熙を思うようになるという設定になっている。アジュモニの死んだ夫は名門S大学の卒業であり、だから同じS大学に通う由熙に特別な親しみを感じるのだという。

由熙は、「静かに暮らしている人たちにようやく出会えた気がして、うれしいです」と言う。また、「オンニとアジュモニの韓国語が好きです。こんな風な韓国語を話す人たちがいたと知っただけでも、この国に居続けてきた甲斐がありました。私はこの家にいたんです。この国ではなく、この家に」とも言う。

これは騒々しく神経を刺す韓国社会の騒音や声という表象の対極に設定された、「良い韓国人」のステレオタイプであろう。この家のもとの主人はＳ大学経済学部を卒業し日本に何度も仕事で往来した人物であり、アジュモニは亡夫の遺産と江南《カンナム》にもつ土地とで不自由なく暮らしているという設定である。つまり、韓国ではかなりエリート層であるといえる。その家の環境が静かであったり、家人の話し方が穏やかであることはあらためて珍しがるようなことではあるまい。むしろ、この設定は、「貧しい庶民は騒々しい」という一種の階級的ステレオタイプを無批判になぞっているだけともいえる。かつて京都市の旅館や荒川区のヘップ工場で働いた李良枝の、むしろそのような経歴をもつが故の、庶民に対する屈折した嫌悪感をここから読み取るべきかもしれない。

しかも、由熙が以前の下宿で目撃した血まみれのケンカ沙汰の話を聞いて、オンニは由熙が深刻に考えていることを「滑稽」に感じ、アジュモニはただ「苦笑」していたというのだ。静かに暮らす富裕層の女性が、腕がガラスで「ぱくりと割れていた」といった話を聞いても「韓国人ならただ驚いて、困ったものだと苦笑する」というのだが、これも不自然である。「良い韓国人」たちという表象に、「暴力沙汰に慣れている韓国人」という別のステレオタイプまで背負わせようとするから、このような不自然が生じるのだ。

韓国社会への身体的な拒否感は、とくに李良枝の場合、音に対するそれとして鋭くあらわれる。そのことは、『由熙』の、オンニに付き添われて机を買いに行く由熙がバスの中で物売りの声高な口上に対する拒否反応のためパニックに陥り、ついに机を買うことのできないまま帰宅する場面にあらわれている。

この場面の素材となった出来事は実際にあったようだ。「母国に暮らして四カ月」というエッセーにそれが書かれている。【註8】

「日本にいて自分の国のことを考えてきた私は、これまで、自分の国を映し出す影絵遊びの影絵を追いまわしてきたにすぎなかった。(中略)けれども、充分に心してこちらへやって来た私にとって、影絵遊びの影をこしらえている身体と指の姿はあまりにも生き生きとしていた」

このように書く李良枝は、「擦れ違う人たちの母国語までが耐え難いものに」なって、ある日、バスの中で物売りの口上に耳を塞ぎ、涙を流すのである。この時は、隣の席の女性が彼女の手を取り「大丈夫?」と優しい声をかけてくれ、落ち着くことができた。

このエッセーに描かれている情景と心理は、母国で暮らして四カ月目という事情を勘案すれば、かなり理解できる。隣の女性の善意も、韓国ではありそうなことだ。よく言えば人情が豊か、悪く言えばお節介ということになるが、韓国では見知らぬ人が善意で声をかけてくることは珍しいことではない。

ところが、この素材が加工されて『由熙』に用いられると、とたんに大げさな造りごとに見えてくる。由熙は「四カ月目」ではなく、韓国の大学の四年生なのだ。すでにソウルに数年暮らしてきた留学生なのである。それが机を一人で買いに行くこともできず、バスの中でパニックを起こすというのは、ありそうもないことに思え、由熙という主人公の異常な奇矯さとして映るのである。だから、オンニの態度は、喩えていえば、「障害者」を見下ろす「健常者」の温情主義的な眼差しにすぎないように見える。この設定そのものに無理があるのだ。そういう無理が生じるのは、李良枝が、自分が留学四カ月目に経験した心理を現実の関係の中でとらえるのではなく、いわば抽象的に抽出し記号化しているからである。

以下は、作中のオンニの述懐である。

「韓国人の生活に慣れようとして下宿を転々としてきたという由熙に、同じ血の、同じ民族の、自分のありかを求めようとする思いをひしひしと感じさせられていた。単に妹のように由熙を受け入れようと思っていた私は、同時に、韓国人として、韓国人になろうとしている由熙を、いたいけな、放っておけない存在として感じ始めている自分に気づいていた」

これは韓国で、韓国の人々が在日朝鮮人によく向ける、かなりありふれた台詞である。嘘とまではいえないにせよ、いわば「正しい決まり文句」である。したがってオンニの人物造形に立体感がなく、説得力が乏しいのだ。『刻』であったならば、李良枝はこういう記述のあとに必ず、それをナナメから見る文句を付け加えたであろう。そうならなかったのは作品の構成上の失敗か、あるいは、作家自身がオンニの人物像を、つまり韓国の普通の人々の人物像を、このように平板にしかとらえていなかったか、どちらかであろう。

そうであるから、作品の終末部に説得力がないのである。自分の発する「あ」という音が「あい

うえお」という日本語の「あ」なのか、아야어여と続く韓国語の「아（あ）」なのかわからないという寄る辺ない状態を、由熙は「ことばの杖が摑めない」と表現した。ここには母語と母国語の相克という状況を生きるディアスポラたちが直面する巨大な困難と、わずかな可能性とが示唆されている。その場面を想起したオンニが自分自身も杖を奪われたように感じて立ち尽くすというのは、由熙の言葉が反転し、言語マジョリティであるオンニが自らの「ことばの杖」への信頼を揺り動かされる、という意味と解しうる。

李良枝がそういう意図をはっきりともって、この結末を書いたのかどうかわからないが、そうであったとしても、その狙いが効果を発揮するためには、由熙とオンニを結んでいた関係、結んでいたにもかかわらず言語の障壁ゆえに脅かされたその関係のありようがしっかりと描かれていなくてはならない。いいかえれば、大学を中退して日本に帰るという由熙と、それを思いとどまらせようと数週間にもわたって口論するほどの思い入れを示すオンニとの関係が、たんなる「変わり者」と「お節介」の関係でないことを読者に納得させておく必要があった。

たとえば、由熙を男性としてオンニとの間に何らかの性愛の関係を設定すればどうだろうか。身体レベルのコミュニケーションと言語レベルのコミュニケーションの相互浸透と相互干渉の様相を描き、母語と母国語の相克という状況が性愛の関係にもたらす危機を描いてみれば、どうだっただろうか。あるいは、由熙とオンニが、たとえ革命運動や政治活動でなくとも、何らかの社会的実践を共同で行なう関係であったと想定していたら、どうであったか。それとも、民族音楽や舞踊をともに行なう関係に設定し、そこで生じる芸術観、民族観、言語観の葛藤として描いてみたら、どうだっただろうか。

しかし、作品の中での両者の関係は、こうした関係性の中に動的に設定されているのではなく、下宿人とその下宿の主人の家族という関係に過ぎない。作家の中にある在日朝鮮人という観念と、韓国人という観念との、図式的な表象でしかない。だから、オンニが、下宿人が日本語の本ばかりを読み、日本語で文章を書いているということに苛立つという必然性が感じられず、お節介な国語ナショナリストにしか見えないのである。これも、作者の構成上の失敗といえるが、さらに深く斟酌するならば、李良枝自身に内在する問題の必然的な発露であったと見ることができるだろう。

観念性の呪縛

在日朝鮮人であることの苦しみを、李良枝は「ほんとうの韓国人」になりきるという方向で逃れようとした。そのためには完全な韓国語を身に付けることが必須の条件となる。『由熙』韓国語版に付された作家の言葉（「言葉の杖を求めて」）で、彼女はこう語っている。【註9】

一言でいうと、私は自分の中にあった「由熙」を葬り去りたかったのである。「由熙」を捨てて「유희ユヒ」を私自身が越えていかない限り、「우리われわれ」という言葉の音と訓、自

分の体内を流れている韓国人としての血、そしてその血が沸きたち苦痛となって迫ってくる、精神的な自立を得ることが覚束ないであろうことを、先刻承知していたのである。

「音と訓」「血」「精神的自立」が、ここで結び合わされている。だが、それは言語というものを動的な社会的関係の中でとらえるのではなく、抽象的で神秘的な精髄のように、静的にとらえる考え方ではないのか。李良枝自身がこのような方向性において決心すればするほど、彼女は自分の中の由熙を葬り去ることはできないであろう。

由熙が日本へ去ったあと、下宿には彼女が書いた四四八枚の日本語原稿が残されていた。しかし、オンニにはそれが読めない。そこには何が書いてあったのか。書いてあったのは、間違いなく『由熙』である。まるで、玉ねぎの皮むきだ。ここには、言語という観念を追い求め続けて挫折を繰り返す、閉じた循環があるだけだ。

私自身も、植民地支配という暴力の結果、自分に染み付いてしまった日本的な発音やイントネーションを疎ましく思い、苛立つこともある。しかし、私がより完全な朝鮮語を使いたいと望むのは、相手に自分の思いを正確に伝え、相手を理解し、相手との関係を結びたいという欲求からである。「ほんとうの韓国人」という抽象的な目標のためではない。あらためてフランツ・ファノンの言葉を想起しておきたい。

人は文化を出発点として民族を証明するのではなく、占領に抗して民衆の行なう闘いのなかで文化を表現するのだ。【註10】

私たち在日朝鮮人は、たとえまっとうな朝鮮語がしゃべれないとしても、すでにして「朝鮮人」なのであり、植民地主義やその継続としての差別と闘う中で私たちが表現するものが、すでにして「民族文化」なのである。

これまで述べたような人物造形の観念性という問題は、『由熙』に限らない。詳しく検討する紙幅は残されていないが、『ナビ・タリョン』にあらわれる「松本」、『刻』の「前田」など、主人公の愛人である日本人男性の描き方が、そうした観念性の典型である。彼らはいずれも「先生」とよばれる地位にあり、年長で、温和かつ受動的だが、性愛においては執拗であり、女性の甘えを許す存在である。これが李良枝の観念の中の日本人男性像なのであろう。彼女は「日本人という観念」と情事を重ねていたのだろうか。『刻』には崔《チエ》という韓国人男性の愛人も登場するが、これもたんなる記号のような存在でしかない。

李良枝の描く人物像がいつも平板で観念的だというわけではない。『ナビ・タリョン』に描かれた長兄「哲ちゃん」の描写や、『あにごぜ』における肉親の描写、妹の立場から描いた姉の描写には生彩がある。という以上に、胸をつかれ、心を激しく動かされる。この方向を進むことはできなかったのかと惜しまれる。

それにひきかえ、「富士山」というエッセーの陳腐さは、無慚といいたいほどだ。富士吉田市で生まれ育った李良枝は、思春期にいたり富士山を憎んだ。それは日本の朝鮮半島に対する「苛酷な歴史」の象徴であったし、「自分のからだに滲みついた日本語や日本的なものの具現者」であった。ところが『由煕』を書き、一七年ぶりに帰郷した彼女は富士山を見て、「胸が熱くなり、頭の下がるような感動にふるえた」というのである。

これを「物事をあるがままに見る目、そうした力」(「言葉の杖を求めて」)と呼ぶことができるだろうか? 私は、そうは思わない。もともと、たんに一つの山にすぎない富士山に「日本」の象徴という意味を付与したのは日本の国家主義である。李良枝がそれを拒絶しなければならなかったのは、植民地主義が在日朝鮮人に加え続けてきた暴力の結果である。富士山をあるがままに見ることができないということこそが、在日朝鮮人の「あるがまま」なのだ。在日朝鮮人・李良枝は、日本でも韓国でも、あれほどもがき苦しむように生きたにもかかわらず、このような陳腐な言葉を残して死んだ。

もし彼女が死ぬ前に会っていたら、そして率直に言葉を交わすような間柄になっていたら、私はここに書いたことを彼女に伝えただろう。たぶん、対話はうまく成り立たず、彼女も私も苛立っただろう。思わず、「どうして、きみはそうなんだ?」と、兄が妹を諭すような言い方をしてしまい、かえって反発を買う結果になっただろう。李良枝は日本による植民地支配、その継続としての差別、そして祖国の南北分断という、強いられた状況の犠牲者だった。彼女を呪縛した観念性も、この状況が強いたものだ。そして、抑圧された者たちはこうした観念性の呪縛までも強要されるため、相互にわかり合うことが、こんなにも困難なのである。

最後に問うておきたい。日本の読者たちは『由熙』をどう読んだのか、どう消費してきたのか、と。

【註】

〈1〉『李良枝全集』（講談社、一九九三年）。以下、本稿中の引用はすべて、この『全集』による。

〈2〉一九五五年に静岡県で発生した殺人事件。この事件の犯人として、トラックの運転手である李得賢と運転助手の鈴木一男が逮捕され、強盗殺人罪で起訴された。しかし、李は事件について終始関与を否定、鈴木は一度自白をしたものの、それは拷問によるものだとして、その後は一貫して否定した。冤罪の疑いが濃く、社会的問題となったが、李は無期懲役、鈴木は懲役一五年の判決が確定。その後、一九七四年、鈴木は満期出所、一九七七年には李も仮釈放された。二人の出所後、再審請求が行なわれたが棄却、即時抗告も棄却、さらに特別抗告が行なわれたが一九八九年に李得賢が死去、三年後の一九九二年に鈴木一男も死去した。

〈3〉一九七四年四月、韓国軍事政権が発した緊急措置により全国民主青年学生総連盟（略称：民青学連）の構成員を中心とする二〇〇〇人以上が拘束され、一八〇人が非常軍法会議で重刑を宣告された事件。二〇〇四年一一月二日、韓国国家情報院の「過去の事件の真実究明を通じた発展委員会」が真相究明調査を開始し、「事件は韓国中央情報部（ＫＣＩＡ）による捏造であった」とする調査結果を発表した。

〈4〉권혁태「"재일조선인"과 한국사회」『역사비평』二〇〇七年봄 서울
〈5〉日本国籍在日朝鮮人についての筆者の考えについては以下の拙論を参照されたい。「在日朝鮮人は『民衆』か?」(『半難民の位置から』〈影書房、二〇〇二年〉所収)
〈6〉李良枝が一時期、日本国籍放棄の可能性を考えていたことは「除籍謄本」という未完成の原稿でうかがい知ることができる。前出『全集』所収。
〈7〉拙論「『エスニック・マイノリティ』か『ネイション』か」前掲『半難民の位置から』参照。
〈8〉前掲『全集』所収
〈9〉前掲『全集』所収。なお、李良枝作品の韓国語版として以下のものを参照した。
『由熙(유희)』이양지著、김유동訳、삼신각、一九八九年
『돌의 소리』이양지著、신동한訳、삼신각、一九九二年
『해녀』이양지著、이상옥訳、삼신각、一九九三年
〈10〉『地に呪われたる者』みすず書房

母語と母国語の相克――在日朝鮮人の言語経験

国語ナショナリズム

在日朝鮮人二世として日本で生まれ育った私にとって、母語【註1】は日本語である。朝鮮語は私の母国語であるが、母語ではない。その私にとって「非母語」【註2】である朝鮮語が「できる」というのは、どういう状態をいうのだろうか?

私は一九五一年に日本の京都市で生まれた。朝鮮人である私が日本で生まれた理由は、私の祖父が一九二八年に故国である朝鮮から日本に移ったからである。日本が朝鮮を植民地支配していた時代（一九一〇〜一九四五年）には、朝鮮人は当人たちの意思に反して日本国の臣民とされ、日本国籍を保持していた。したがって、私の祖父は日本国籍保持者として、同じ大日本帝国の領域内を朝鮮から日本へ移動したのである。

一九四五年に日本は敗戦し、朝鮮は植民地支配から解放された。その時点で日本内地(ほぼ、現在の日本国の領域に相当する)に二三〇万人ほどの朝鮮人が居住していたが、そのうち大半は解放された故国へ帰還した。しかし、故国の南北分断(一九四八年)や朝鮮戦争の勃発(一九五〇年)など、さまざまなやむを得ない理由のため、およそ六〇万人の朝鮮人が戦後も引き続き日本に居住することになった。これが、現在の在日朝鮮人の起源である。

在日朝鮮人のうち朝鮮生まれの一世たちにとっては、その母語は――日帝時代にきびしく圧迫された言語ではあったが――朝鮮語である。私の祖父の日常生活用語は朝鮮語であり、どうしても必要な場合にのみ、たどたどしい日本語を使った。私の父は朝鮮生まれであるが六歳の時に渡日した。父は日本で小学校に短期間だけ通ったが、そこではもちろん日本語でのみ教育を受けたのである。六歳の時から六三歳でなくなるときまで引き続き日本で生活したため、父が朝鮮語を使う機会はきわめて限られたものでしかなかった。父の人生全体をトータルで見るならば、朝鮮語と日本語の比重は逆転し、日本語がより重くなっていたと言うべきだろう。私の家庭では、父の友人や親戚の一世が訪ねて来た場合を除き、日常生活で朝鮮語を使うことはなかった。父母が朝鮮語で会話するのは、子どもたちに知られたくない内容を話す時と決まっていた。

戦後の日本において、在日朝鮮人たちは朝鮮語で教育を行なう民族学校を自主的に建設したが、日本政府はこれを圧迫して一時は廃校に追い込み、のちに再建された以後も現在に至るまで正式な学校として認可していない。そのため、これら民族学校の卒業者は日本社会で多大な不利益を強いられている。また、こうした民族学校は朝鮮民主主義人民共和国（北朝鮮）を支持する民族団体【註3】が設立し運営していたため、さまざまな理由から北朝鮮と一線を画したいと望む在日朝鮮人は自らの子弟をこれら民族学校に通わせなかった。

他方、韓国（南朝鮮）政府は在日朝鮮人への民族教育に対する関心が希薄だったため、韓国系の民族学校は日本全体で数校しか存在しなかった。日本側と朝鮮人側双方からのこうした事情のため、在日朝鮮人の子弟のうち民族学校に通学する者の比率は多くても一〇パーセント程度にとどまっていたと考えられるが、近年ではその比率はさらに急激に低下している。

私自身も私の兄妹たちも、いずれも民族学校に通ったことはない。私は小学校から大学卒業まで、日本の一般的な教育機関に通った。小学校の一時期、「民族学級」と称する課外活動でごく初歩的な朝鮮語教育を受けたことがある。また、高校一年生の夏休みに民団【註4】と韓国政府が共催した短期教育プログラムで二週間程度の朝鮮語教育を受けた。これが、私が正式に受けた朝鮮語教育の全部である。【註5】

一方、私の兄二人、徐勝《ソスン》と徐俊植《ソジュンシク》は、いずれも日本生まれで、その母語は日本語であったが、一九六〇年代の後半に韓国へ留学した。徐勝はソウル大学社会学部大学院に、徐俊植はソウル大学法学部に入学したが、一九七一年春、二人は軍事政権当局によって「学園に浸透した北朝鮮のスパイ」という嫌疑をかけられて逮捕された。彼らは韓国の軍事政権時代が終わる八〇年代末まで獄中生活を強いられ、徐俊植は一九八八年に、徐勝は一九九〇年に、ようやく出獄した。【註6】

兄たちが韓国で獄中生活を送っていた二〇年近い歳月の間、私はずっと日本で生活し、韓国に行き来することもなかった。したがって、朝鮮語を辞書を引きながら時間をかけて読める程度にはなったが、日常的に使う機会は皆無であった。兄たちが出獄して以降、さまざまな用件で短期間、韓国を訪れることはあったが、ある程度長期間にわたって生活してみたことはなかった。ようやく、昨年（二〇〇六年）春、勤務先の大学から「国外研究」のため韓国に派遣され、五〇代半ばを過ぎて初めて韓国で生活してみる機会を得たのである。現在までに一年四カ月ほどが経過したが、私はまだまだ母国語（朝鮮語）が「できる」という域にはほど遠い。

韓国での生活を始めるとき、私は以下の①から⑦のような朝鮮語習熟度の段階を想定してみた。もちろん、これはきわめて恣意的で主観的な基準であるが。

①商店で簡単な買い物をしたり、タクシーやバスを利用して外出することができる。
②映画やテレビドラマを視聴したり、新聞を辞書なしで読んで、その内容が八〇パーセント程度理解できる。
③友人や知人と政治的ないし文化的テーマで議論することができ、ほぼ誤解なく相手の論旨を聞き取り、自己の論旨を伝えることができる。
④原稿を読み上げる形式でなく、一時間ほどの講演ができる。
⑤警察や検察の尋問に対して落ち着いて正確に対応できる。法廷での審問に対応して、反論や陳

述を充分に行なうことができる。
⑥辞書なしで小説を読みこなすことができる。
⑦エッセーや小説を翻訳者を介さずに執筆することができる。

韓国生活を始める前の私は、①と②の中間くらいの段階であった。現在の自分を自己採点すると、だいたい④あたりであろうか。

私は、以前から心の中で⑤を最低限の到達目標に定めていた。こんなことを考えたのも、軍政時代の韓国のイメージが、いまも私の深層心理にわだかまっているからだろう。秘密警察に逮捕されて尋問されていながら、朝鮮語が上手くできないために抗弁一つできないというカフカ的な悪夢に、私は若い頃から苦しめられてきた。しかし、先日、ちょっと体調を崩して入院した際、まるで警察の尋問のような看護師と医師の矢継ぎ早やの質問にうまく答えることができず、まだまだ自分が⑤の段階に到達していないことを痛感した。

私は過去二年余りにわたり、韓国の新聞に隔週でコラムを連載している。【註7】日本にいた時は、きわめて漠然と、いつか翻訳者の手を借りず直接朝鮮語で書くことができるようになりたいと思っていたが、韓国に来てから、それがどれほど身の程知らずな望みであるかを思い知ることになった。レポートや論文なら今後の努力次第では不可能ではないと思うが、自分が日本語で書いているエッセーを、その内容だけでなく微妙なニュアンスまで含めて、朝鮮語で書くことができるようになるのは極度に困難だと思うようになった。

さて、上記の①～⑦の段階で、どの段階をクリアすれば、私は「母国語（朝鮮語）ができる」と言うことが可能になるのだろうか？

人によっては①の段階であるのに、「できる」と胸を張っている。別の人の場合には、ほとんど⑥の段階をクリアしているのに、細かい表現が一つ二つわからないとか、発音や抑揚にかすかに不自然な点が残っている等の些細な理由で、自分は「できない」と悩んでいる。

外見などが明らかに「外国人」に見える人の場合は、①や②の段階でも、「外国人なのに、よくできる」と称賛される。他方、外見上も同民族に見え、国籍も同じである在日朝鮮人の場合は、①や②の段階では、「自国民なのに、できない」という批判の対象にされる。時として、「在日僑胞なのに、よくできる」と褒められたり、慰められたりする場合もあるが、それは相手がこちらを「外国人」と見なしているからなのである。

日本でも韓国でも、一般の社会生活において、「母語」と「母国語」の概念上の区別はきわめて不明瞭であるが、その理由は、両国とも単一民族国家観に起因する国語ナショナリズムが根強いためだといえるであろう。

私の妻は日本人である。ある大学の付属語学学校に通って朝鮮語を習っている。彼女が語ってくれた、最初の授業の日の出来事は象徴的だ。彼女のクラスには数人ずつ、日本人、中国人、欧米人、そして在日朝鮮人がいた。授業の最中に先生が、それぞれの言語グループごとに学生を集めようとして、こう呼びかけたそうだ。

「はーい、日本人は手をあげて」その声を聞いて彼女を含む数人が手を挙げた。

「次に、中国人、手を挙げて」また、数人が手を挙げた。

「最後は英語グループ、手を挙げて」また、数人が手を挙げた。

先生の呼びかけはそれで終わってしまい、在日朝鮮人たちは、手を上げる機会を失ってしまったのだ。在日朝鮮人の若者たちはため息をついていたという。

この先生から見れば、民族と言語は等式で結びついているようだ。日本語しかできない者は「日本人」に属するのだろう。しかし、彼ら在日朝鮮人の若者たちは、日本社会で生まれ育ちながらも、自分は「日本人」ではないと考えるからこそ日本国籍に帰化せず、はるばる祖国まで朝鮮語を学びに来たのである。その若者たちを「日本人」に分類することは、ひとつの暴力と呼べないだろうか？

ここにも、韓国社会でよく見かける無意識の国語ナショナリズムが顔をのぞかせている。

生まれながらに母語と母国語が一致している人々は、国語ナショナリズムが支配的な国家における言語マジョリティである。言語マジョリティは自分の言語に疑いを抱くことはない。彼の母語は、そのまま彼の属する国家の国語である。それこそが標準であり、彼の外に標準的言語があるのではないからだ。一方、在日朝鮮人は、彼にとって非母語である朝鮮語をどんなにうまく使えるようになっても究極の安心を得ることはできない。標準はいつでも彼の外にあるからである。

国語ナショナリズムの立場から見れば、誰かが自国民であるか外国人であるかを区別する境界線は、自国語ができるかできないかを区別する線上に引かれる。ある国語ができるかどうかは、ある国民の一員として認められるかどうかを決める試金石である。したがって、在日朝鮮人にとって、この問題は言語習得をめぐる技術的問題を超えた、自己のアイデンティティを左右する重大事なのである。ここには、たんなる異言語間コミュニケーションの問題に解消することのできない、厄介な政治的問題が絡まっているようだ。この問題を、どう考えればよいのだろうか?

この問いに対して、現段階での回答を試みようというのが本稿の目的である。

もちろん、このことは私個人だけの関心事ではなく、また在日朝鮮人に限定される個別的な問題でもない。

「断絶の世紀」の言語経験

私はかつて、パウル・ツェラーン、ジャン・アメリー、プリーモ・レーヴィという三人のユダヤ系知識人を対比しながら、二〇世紀という「断絶の世紀の言語経験」について論じたことがある(本書第Ⅱ章冒頭論文)。【註8】

ツェラーンは一九二〇年、東欧ブコヴィーナ地方【註9】のチェルノヴィッツという多民族、多言語、多文化の地域に生まれた。この地域は第二次大戦の勃発とナチス・ドイツの侵攻によって破壊され、ツェラーンの両親は強制収容所で死亡、ツェラーン自身も一年半の強制労働を経験した。こうした歴史的経過によって、ツェラーンにとっての母語であるドイツ語は「敵のもの」になってしまった。

「自分の両親を殺した者たちの言葉で詩を書いているのか」と、戦後になってツェラーンは非難されている。それに対して、彼はこう答えた。「母語でこそ自分の真実を語ることができるのだ」。【註10】ウィーンを経てパリに移ったツェラーンは、ドイツ語で詩を書き続け、一九七〇年、セーヌ川に身を投げて自殺した。

ジャン・アメリーは一九一二年ウィーンに生まれ、ウィーン大学で文学と哲学の学位を取得した。ナチス・ドイツによるオーストリア併合の際、妻とともにベルギーのアントワープに脱出。ベルギーで対独レジスタンス活動に参加したが逮捕され、アウシュヴィッツに送られた。ベルゲン＝ベルゼン収容所で解放を迎えたアメリーは、戦後もベルギーに住み続け、著述家となった。【註11】

アメリーは、彼自身のようなドイツ系ユダヤ人は、アウシュヴィッツにおいて「よって立とうとする基盤」としての「ドイツ文化」をことごとく敵（ナチ）に乗っ取られたと述べている。この経験は、自己を形成した「文化」そのものからの追放といえるだろう。彼は一九七八年、ザルツブルクのホテルで自殺した。

プリーモ・レーヴィはイタリアのトリノに生まれた。第二次大戦末期、対独レジスタンス活動に参加したが逮捕され、アウシュヴィッツに送られた。ソ連軍によって解放され、トリノの生家に帰

還した彼は、アウシュヴィッツでの経験を『これが人間か』と題する書物に書き上げた。【註12】

プリーモ・レーヴィは、収容所での命を削る強制労働の最中、ダンテの「神曲」を囚人仲間に暗唱して聞かせるという行為を通じて自己のアイデンティティを確認したという。そこにおいて、イタリア語が彼の「母語」であるということの意味したものはきわめて大きい。プリーモ・レーヴィは平和のための証言者として活動し、戦後イタリアにおける「文化的英雄」と見なされたが、一九八七年に自殺した。

一九世紀から二〇世紀にかけてハプスブルク、オスマントルコ、ロシア、中国（清）といった前近代の大帝国が崩壊した。新興の帝国主義列強による世界再分割戦争が続き、二度までも破局的な世界大戦が引き起こされた。諸国家の境界は大きく変動し、その度に、周縁の人々は国家に引っ張り込まれたり放り出されたりした。ここで境界というのはたんに地理上の国境だけを意味しない。近代国民国家が「母語」「母国語」「国民」を等式で結び付けようとする国語ナショナリズムと不可分のものであった以上、この周縁化された人々は諸言語の境界を右往左往させられることになったし、諸個人の内面にまで諸言語の亀裂を抱え込まざるを得なかった。ツェラーン、アメリー、レーヴィらユダヤ人たちの言語経験は、まさしくこうした事態を雄弁に物語っている。

いうまでもなく、こうした経験は彼らだけのものではない。日本が行なった植民地支配と戦争によってもまた、多くの人々が彼らに共通する経験を強いられた。朝鮮植民地支配にあたって日本は、教育勅語にのっとって朝鮮人を「忠良なる国民」に育成することを教育の目的に掲げ、その中心に国語教育すなわち日本語教育を据えた。朝鮮語を母語とする人口約二〇〇〇万人（当時）の人々の国語が、一夜にして、外国語である日本語に変更されたのである。

さらに、一九三〇年代後半になると、教育目標を「忠良なる皇国臣民」の育成とし、朝鮮語教育の全面的禁止、「皇国臣民の誓詞」の暗唱、宮城遥拝・神社参拝の励行、創氏改名などの「皇民化政策」を強行した。

当時の支配者日本の立場から見れば、自らの母語を守ろうとする朝鮮人の努力はすべて、国語としての日本語の優位性に疑いをいだくものであり、「八紘一宇」の標語に表わされる大日本帝国の「普遍性」を損ねる「偏狭な民族的観念」と見なされた。朝鮮語の文法、綴字法を確立し、朝鮮語辞典を編纂することを目指していた朝鮮語学会は、「文化運動の仮面を被った独立運動」という嫌疑で弾圧され、研究者二名が拷問のため獄死、一六名が治安維持法で起訴された。また、朝鮮語で叙情詩を書き続けていた詩人・尹東柱《ユンドンジュ》の場合は、日本の同志社大学に在学中、「独立運動」の嫌疑で検挙され、福岡刑務所で獄死した。

日本が朝鮮を支配していた期間中、日本語に翻訳された一般読者向けの朝鮮語詩集はたった一冊だけである。【註13】日本の著名な詩人である佐藤春夫はこの詩集によせた推薦文に、朝鮮の詩人たちが「まさに廃滅せんとする言葉をもって、その民の最後の歌を歌い上げたという特別な事情」が、こんなにも自分たちの心を動かすのだろうか云々と記している。この訳詩集が刊行された当時、朝鮮人の全人口は二〇〇〇万人を超え、当時の日本の全人口の四分の一を占めていた。その人々の母語である朝鮮語を、日本国家は廃滅させようとしていたのであり、大半の日本人はそれが歴史的必然であり、道徳的にも善であると信じていたのである。

日本の著名な文化人類学者である梅棹忠夫《うめさおただお》は、次のように回想している。彼が旧制高校生だった頃(一九四〇年頃)、朝鮮北部への現地調査旅行を計画し、そのために朝鮮語を学ぶことを思い立った。しかし、その時点で、どんなに探しても日本人が学ぶための朝鮮語教科書も、辞典も、ただの一冊も存在しなかったという。それどころか、彼の学友は彼に「世界でいちばん汚い言語である朝鮮語」など学ばず、「世界でいちばん美しい言語であるドイツ語」を学ぶよう真剣に忠告したのである。【註14】このエピソードが物語るとおり、日本の朝鮮語圧殺政策は徹底したものであり、知識階層を含む大部分の日本人が、それを当然のこととして受け入れていた。

こうした日本による言語政策は植民地主義が被支配民族の言語に加える暴力の典型的な事例であるといえよう。その暴力は、数世代以上にわたって、回復不可能なほどの傷を被害者に与え続ける。

現代音楽作曲家の尹伊桑《ユンイサン》は一九一七年、当時日本の植民地支配下にあった朝鮮で生まれている。独学で音楽理論や作曲法を学んだ彼は、一九四五年の解放(日本敗戦)と一九五〇年からの朝鮮戦争の混乱を生き抜き、韓国において作曲家としての名声を確立したが、四〇歳にして、最新の現代音楽理論を学ぶためヨーロッパに渡った。そして、自らの内部に蓄積されていた、朝鮮人としての豊穣な音楽的母語と西洋の音楽的文法との出会いを通じて独自の境地を築いた。現代韓国では、日本経由で朝鮮にもたらされた西洋音楽の影響によって失われようとしていた朝鮮民族の音楽的アイデンティティを再発見した人物として彼は高く評価されている。

その尹伊桑が、晩年のある日、日本の作曲家・武満徹《たけみつとおる》との対談で「考えるときは何語ですか?」と問われた時、「わからない、昔は日本語で考えました」と答えている。【註15】ちなみに尹伊桑の妻である李スジャ（수자）は解放後の韓国で国語（朝鮮語）教師だったが、植民地時代に学校生活を過ごしたため朝鮮語ができず、解放後になって慌てて朝鮮語を学んだと回想している。日本語はそれくらい深く、この世代の朝鮮人の内面にまで浸透していたのだ。

尹伊桑夫妻は私の父母と同世代にあたる。すなわち母語としての朝鮮語を保ちながら、植民地主義の暴力によって日本語を国語として押し付けられた世代である。この世代の朝鮮人は、意識するかどうかにかかわらず、二度と消えることのないその暴力の傷跡を抱えているのである。私自身は一九五一年生まれの在日朝鮮人二世であり、母語は日本語であるが、それがかつての支配者の言語であること、本来母語であったはずの朝鮮語を生まれながらに剝奪されたことを、常に意識させられている。

朝鮮語と日本語

ある程度、予想していたことではあるが、韓国で暮らし始めて一年半になるのに、いまだに行く先々で「日本人ですか?」と尋ねられる。とくに商店やタクシーでは、かならずと言っていいくらいだ。愉快なことではない。私が使う朝鮮語の発音や抑揚が韓国の人々にとって奇妙に聞こえるのだろう。それだけ、日本語を母語とする者にとって、朝鮮語の発音や抑揚を身につけることは難しい。

朝鮮語と日本語の文法構造は互いによく似ている。また朝鮮語と日本語は歴史的に長いかかわりをもち、中国の漢字語を起源とする共通の語彙も多い。この点で、朝鮮人と日本人にとって互いの言葉の文法を学び、読解することは、他の民族の言語に比べてかなり容易だといえよう。ただし、受動態表現など、重要な相違点もある。

一方、両語の音韻構造はかなり異なっており、互いにとって発音は難しい。そもそも、日本語には基本的に母音が五つしかないが、朝鮮語には二一ある。また、日本語には朝鮮語の激音や濃音の発音はない。逆に、朝鮮語には日本語の濁音や長音はない。

日本植民地時代に教育を受けた高齢の朝鮮人で、自分は「日本語ができる」と考えている人は多い。事実、彼らには日本語を読むことは難しくないのだが、ひとたび口を開き、「冷蔵庫」とか「銀座」という言葉を口にすれば、ただちに日本人ではないことが発覚する。「冷蔵庫〈REIZOUKO〉」は「レイジョウコ〈REIJOUKO〉」と、「銀座〈GINZA〉」は「ギンジャ〈GINJA〉」と発音されるからである。また、日本語の「つ」音も朝鮮人では「쓰」または「츠」と表記するほかなく、「哲学〈TETSUGAKU〉」は「テチュガク〈TECHUGAKU〉」、「突き出し〈TSUKIDASHI〉」は「スキダシ〈SUKIDASHI〉」と発音されることが多い。

一九二三年九月に日本で起きた関東大震災の際、日本人一般住民による朝鮮人大量虐殺事件が引き起こされ、およそ六千人もの朝鮮人が犠牲になったが、この時、日本人自警団は通行人が日本人か朝鮮人かを見分けるため、「一五円五〇銭」という言葉を発音させたと伝えられている。朝鮮語では語頭の音が濁ることはないので、朝鮮人にとって「じゅうごえんごじゅっせん」という日本語の発音は簡単ではないのである。まさしく、濁音の発音ができるかどうかが生死を分けたのだ。

これとは逆に、日本人や在日朝鮮人にとっては、どんなに朝鮮語に熟達したとしても、朝鮮語の激音や濃音の発音は容易でない。また、日本語は基本的につねに語が母音で終わるため、パッチム(받침)と呼ばれる朝鮮語の子音終声の発音も難しいのである。

悪い比喩だが、もし将来、韓国で関東大震災で起きたような虐殺事件が日本人を対象として起きたとすれば、私は朝鮮語の発音が下手であるために同民族から日本人と見なされて殺されることになりかねない。

さらに難しいのは敬語と呼称である。朝鮮語には丁寧表現の語尾や丁寧表現の助辞があって、聞き手に対する敬意を複雑かつ細かく表現する。敬意表現の基準は年齢の上下関係であり(絶対敬語)、日本語(相対敬語)のように身内と他人の区別はない。

これらの敬語や複雑な呼称を自然に使いこなすことは、日本人や在日朝鮮人にかぎらず、韓国社会の外から来た者にとってはきわめて難しい。それは言語そのものの難しさというより、その言語を使用して生活している人々の文化や生活習慣に習熟することの困難さということができる。

ある日、自宅にかかった電話を妻がとった。相手が「선생님 계십니까？（先生様はいらっしゃいますか？）」と尋ねたので、妻は「예、있습니다（はい、います）」と答えた。日本語だとこれが普通なのだが、韓国ではそうではない。「예、계십니다（はい、いらっしゃいます）」と答えなければならないのである。かりに彼女の朝鮮語発音が完璧であったとしても、電話の相手はこの応対を聞いて、彼女が日本人であろうと容易に推測をつけるのである。

ある放送局のインタビューを受けて尹伊桑について語ったとき、インタビューを横で聞いていた若い知人が、後になってこんなことを言った。

「さっき、『尹伊桑先生』と言っておられましたが、あれはきちんとニム（님）をつけて尹伊桑先生様（선생님）と言ったほうがよかったですね」

意外な指摘だった。

「うーむ、日本語の感覚だと『先生』だけで、充分に尊敬の意味をもつからね。しかし、それが失礼にあたるのなら、インタビューをやり直そうか？」

若い知人は慰めるように答えた。

「いえいえ、先生様が日本から来られたことは、ほとんどの人が知っていることですから、やり直す必要はありませんよ」

この助言はあまり慰めにはならなかった。私の敬語の使い方は韓国の標準から見れば奇妙なものであり、韓国の人々は私が在日朝鮮人であることを見抜いて、たとえ失礼でも大目に見てくれているということだから。

後で気づいたことがある。例の若い友人は私と話をするとき、自分の指導教授のことを、ニムなしで、ただ「先生」と呼んでいるのだ。先日の指摘と矛盾するではないか。そのことを尋ねてみると、答えはさらに意外なものだった。

「それが正しい使い方なんです。なぜなら先生様のほうが私の指導教授より年齢が上ですからね。こういう場合、私が自分の指導教授の呼称にニムをつけてしゃべると、かえって先生様に対して失礼になるんですよ」

難しいなあ……。思わず、ため息が漏れた。

しかし、社会がたえず変化しているように、敬語や呼称についても、当然ながら人々の見解は一様ではない。別の知人は、「ニムなんかつけないで、誰であれ全員に『氏』をつけて呼べばよいのだ。大韓民国は、まず呼称から民主化しなければ」と主張した。

私自身はこの考えに賛成だ。ただ、私が投げ込まれている構造は厄介である。いまのままで私が「呼称の民主化」論を唱えても、朝鮮語ができない「外国人」が外部から勝手な要求を並べているとしか受け取られないだろう。「呼称の民主化」を主張するためにも、私はまず、社会的位階構造を複雑に反映する朝鮮語の敬語使用法に習熟しなければならないのだ。そうしてこそ初めて、この国の言語共同体の一員と認められ、発言に耳を傾けてもらえるようになるだろう。いわば、後になって壊すために家を建てるようなものである。

朝鮮語は擬声語、擬態語のきわめて豊富な言語である。私自身にはこれについて語る実力がまだないが、在日朝鮮人詩人・金時鐘《キムシジョン》の文章によると、たとえば、寝息の表現ひとつをとっても、乳飲み子は、「セクセク」といい、幼稚園に通っている腕白は「コゥルコゥル」、お父さん、お母さんは「クゥルクゥル」と表す、という。さらに、風の吹き方や強弱の加減によって「パルランパルラン」「ソロンソロン」「サンドゥルサンドゥル」「ソオルソオル」「ポトゥルポトゥル」といった具合に実に多様な表現があるという。【註16】このように豊かな朝鮮語の擬声語、擬態語が、日本語を母語とする者にとっては険しい壁となるのである。

同じように、朝鮮語の一般会話に用いられる俗談や比喩もきわめて独特かつ豊穣である。たとえば日本語の「本末顚倒」に相当するのは「배보다 배꼽이 크다」（腹よりヘソが大きい）である。「目クソ、鼻クソを笑う」は「똥 묻은 개가 겨 묻은 개 나무란다」（クソまみれの犬が糠まみれの犬をなじる）となる。

「어물전 망신은 꼴뚜기가 시킨다」（魚屋の恥さらしはイイダコがさせる）というのは、「一人の恥ずかしい行為が皆の恥になる」という意味であろうが、きわめて独特であり、これに相当する日本語表現は思いつかない。「간에 기별도 안 간다」（肝に便りも届かない）というのも、日本語では「食事の量が少なくて食べた気がしない」という意味だろうが、こう言ってしまったらただの説明であって比喩の面白さはない。

同じ比喩が日本語と朝鮮語では異なる意味となる場合もあり、字面だけを見て判断すると失敗する。たとえば「八方美人」という比喩は日本語にも朝鮮語にもあるが、日本語では周囲にいい顔ばかりする不誠実な人という否定的な意味が強いのに対して、朝鮮語では多方面に能力を発揮することのできる人という肯定的な意味で使われるのである。

これらの俗談や比喩を自分のものにするためには、韓国の人々の日常的言語生活を下から支えている文化や習慣に長い時間をかけて馴染むことがどうしても必要である。俗談や比喩を自由自在に使いこなせてこそ、小説やエッセーを思うままに書くことができるだろう。そのレベルが、私の想定する「朝鮮語ができる」という段階である。日本で生まれ育ち、日本に生活の基盤がある在日朝鮮人にとっては気が遠くなるほどの険しい壁である。

そして、より根本的な問題は、在日朝鮮人にとって、この問題がたんなる「外国語習得」や「異文化コミュニケーション」の困難さという一般的な次元にとどまらない、政治的かつ倫理的な意味を帯びざるを得ないという点にある。

在日朝鮮人の母国語（朝鮮語）経験

先に述べたように、私は高校一年のときに「在日僑胞母国夏季学校」というプログラムに参加した。同世代の数十人の在日朝鮮人（韓国系）とともに韓国を訪問し、大学の寄宿舎で寝泊りしながら、「国民道徳」と「国語」の教育を受けたのである。「国民道徳」というのは、簡単に言えば反共教育であり、大韓民国という国家や朴正熙《パクチョンヒ》政権の正統性を教え込むイデオロギー教育である。道徳教育と国語教育、この二つは国家が人を「国民」へと造り上げるための必須のプロセスであり、すべての国家で「義務教育」の名のもとに行なわれていることである。ただし、朝鮮は冷戦構造の中で南北に分断されたため、この「国民化」のプロセスには激烈な暴力がともなった。数万人の住民が殺されたといわれる一九四八年の済州島《チェジュド》4・3事件【註17】や、一九五〇年に起こった朝鮮戦争中の多くの虐殺事件などが、こうした政治暴力を象徴する事件といえる。

朝鮮人は、植民地支配を受けた期間は大日本帝国による「日本国民化」の暴力にさらされ、日本の支配から解放されたあとは分断国家の反共イデオロギーによる「大韓民国国民化」の暴力にさらされてきたといえる。

一九四五年の解放後も日本にとどまったおよそ六〇万人の在日朝鮮人たちは、日本からの「同化か、さもなければ追放」という圧力を受けてきたが、「大韓民国国民化」の圧力からは比較的に距離があった。それは、日本と韓国との間に一九六五年まで国交がなく、在日朝鮮人の多くは「朝鮮籍」という事実上の無国籍状態におかれ、韓国との自由な往来すらままならなかったからである。この状況を韓国政府の立場からみれば、日本の領域内にまだ「国民化」されていない数十万人の朝鮮人が存在していたということになる。

一九六五年に日本と国交を結ぶ過程で韓国政府は、これら在日朝鮮人の「国民化」に乗り出す。

具体的には、「国民登録」という手続きをとって韓国国籍を明確に取得した者にだけ旅券を発給し、親族訪問、墓参、留学、商用などでの韓国入国を認めるという手続きであった。さらに、それまで在日朝鮮人の日本における居住権はきわめて不安定な状態にあったが、上記の手続きを経て韓国国籍を取得した者にだけ、韓国と日本の二国間条約により「協定永住権」という比較的安定した居住権が与えられることになった。

いいかえれば、なんらかの理由で「朝鮮籍」にとどまり韓国籍への登録を拒否した者、つまり韓国への「国民化」を受け入れない者には、故郷に往来する権利も、日本に安定的に居住する権利も与えられなかったのである。韓国政府のこうした政策は在日朝鮮人という一つのエスニック集団に祖国の分断状況を強圧的に持ち込むものであったし、日本政府もまた自らの思惑によって、こうした分断政策に積極的に加担したのである。

高校一年生のとき私が参加した教育プログラムは、こうした韓国政府による在日朝鮮人の韓国国民化という政策の一環であったといえる。しかし、当然のことながら、わずか二、三週間の教育プログラムは、さほどの効果を挙げなかった。多くの学生は反共教育には退屈したし、国語教育にはついていけなかった。私自身、この速成国語教育にもかかわらず、簡単な挨拶ができる程度にしかならなかった。

ともあれ、このプログラムによって、私は生まれて初めて韓国の地を踏んだのだが、その時、同行した兄から、「大声で日本語をしゃべってはいけない。ウリマル（私たちの言葉＝朝鮮語）ができないことを恥ずかしく思え」と注意された。それは、在日朝鮮人二世である私にとって、厳しすぎるともいえるものだったが、正当な理由のある注意であった。

その理由とは、こうである。当時は日本による植民地支配の記憶もまだ生々しかった時なので、韓国の人々が日本に向ける視線はきびしかった。その中には、在日朝鮮人と日本人を同一視し、日本人への怒りを私たちにぶつけてくる人もいた。在日朝鮮人の一部にも遠慮なく日本語をしゃべり、祖国の文化や習慣を見下げるような態度をとる者がいた。そんな連中が祖国の人々の神経を逆なでしていた。

在日朝鮮人も日本植民地支配の被害者なのであるから、日本人への怒りを在日朝鮮人が日本人に代わって受けとめなければならないことは不条理であるが、しかし、韓国の人々がそのような心情をもつことになった歴史的な背景をよく理解しなければならない。その理解を踏まえれば、韓国の人々の前で日本語を遠慮なくしゃべることは、ある種の不道徳であることがわかる。

さらに、日本植民地支配からの民族独立という課題が正当であったとすれば、植民地時代に強制された「国語」である日本語に代えて、朝鮮人大多数の母語である朝鮮語を独立国家の国語とすることも疑問の余地なく正当である。そうであるならば、朝鮮語を国語として使おうとする祖国の人々の努力に、在日朝鮮人も積極的に連帯すべきである。在日朝鮮人が朝鮮語を自らの国語とし、それを自由に使えるようになるという課題は、自分自身を植民地支配から解放するという課題でもある。

つまり、在日朝鮮人にとって朝鮮語を習得することはたんに実用的な問題ではなく、脱植民地化を果たすというきわめて政治的な諸課題——その最たるものが民族統一であろう——であり、同時に、そのための困難な闘いを続けている同胞たちの側に立つという、すぐれて倫理的な課題でもあったのである。

あれから四〇年もの歳月が経った。上記した当時の考え方を実現しようとする努力の前には、それを阻もうとする高い障壁が、少なくとも三つ、立ちはだかってきた。

その第一のものは在日朝鮮人にとっては祖国である朝鮮の分断状態がいまだに継続しており、また日本と朝鮮民主主義人民共和国（北朝鮮）との間にはいまだに国交もない対立状態が続いているなど、政治的諸条件が在日朝鮮人と祖国の人々との広汎かつ自由な交流を阻んでいる点である。

第二には、すでに述べたとおり、個々人の努力や才能という次元をいったん別にすれば、日本語を母語として育った在日朝鮮人にとって朝鮮語（朝鮮文化）習得の壁がきわめて厚いことである。

もう一つは、時間の経過である。誰にも止めることのできない時間の経過によって、在日朝鮮人の世代交代が進み、今では私のような在日二世に代わって三世が中心を占める時代が近づいている。

だが、私は現在でも、当時の考え方に基本的な誤りはなかったと考えている。植民地支配という歴史に対する真の清算がなされず、現在も脱植民地化という課題が解決されていない以上、上記の課題もまた消え去ることはないからである。

先に名を挙げた金時鐘は一九二九年、朝鮮の元山生まれである。一九四八年の済州島《チェジュド》4・3民主抗争に加わって闘い、右派からの追及を逃れて一九四九年に日本に脱出した。以後、現在まで日本に居住し、詩人として活動している。

金時鐘の回想によると、彼の国民学校（小学校）時代は「国語常用」というスローガンの下で、きびしい日本語教育が強制された。朝鮮人児童たちが通う彼の学校では、朝鮮語の使用は一切禁止された。毎朝、校長が運動場で遊んでいる子どもたちの間を巡回して、だしぬけに日本語で詰問し、すぐに答えられなかった生徒を、答えられるまで殴ったという。日本語には自信があった金時鐘だが、この校長のために鼓膜が破れ、鼻血が流れるほど殴られたことがある。しかし、この校長はいわゆる「悪い人」ではなく、むしろ、そうした教育によって朝鮮の子どもたちを天皇陛下の赤子にすることが朝鮮を良くすることでもあると心から信じている熱心な教育者だった、というのである。【註18】

このようにして日本語を内面化させられた金時鐘は、朝鮮に住む朝鮮人でありながら、朝鮮語の読み書きができなかった。彼の世代には、こういう例は珍しくない。

自分の内部にまで浸透した日本語との複雑な闘いについて、彼は次のように語っている。

私の戦後は自分の国の言葉である母国語の習得から始まりましたが、それこそ壁に爪をたてる思いで自分の国の言葉と文字を覚えました。それでも日本語の情感から自由ではありません。

八月一五日の解放によって、それまでの私の日本語はまるで光に触れた印画紙のように真っ黒に黒ずんでしまいました。それにもかかわらず、意識の目盛りとなって朝鮮語を推し量っているのは、まさにその日本語なのです。日本語は意識の機能として私に居坐った最初の言葉です。戦時中の植民地統治下で身につけた日本語が、日本人でない私の意識の関門となって物事を選別します。【註19】

このような意識をもちつつ日本で生活し、日本語で詩を書いてきた金時鐘は、「まさにその手慣れた日本語こそが、私には問題なのです」と語る。そして、七・五調に代表される日本語独特の短歌的抒情を意識的に拒否してきたというのである。「訥々《とつとつ》しい日本語にあくまで徹し、練達な日本語に狎《な》れ合わない自分であること。それが私の抱える私の日本語への、私の報復です」。【註20】

在日朝鮮人の代表的小説家・金石範《キムソクポム》は、金時鐘よりわずかに年長である。一九二五年に日本の大阪で生まれた彼は日本の敗戦前夜に朝鮮を往来し、独立運動に加わろうと試みた。しかし、病気のため解放二カ月前に日本に戻り、解放を日本で迎えた。

彼の場合は、金時鐘とは異なり、母語としての朝鮮語を失っていなかったし、実際に一時期は朝鮮語で作品を執筆したこともある。しかし、民族団体から離脱して以後、とくに一九七〇年以後は日本語で、済州島4・3民主抗争を主題とする大作小説『火山島』などを書いてきた。

日本の植民地支配に抵抗し、朝鮮民族の独立を支持する立場に明確に立ちつつも、日本という場で、日本語を読む読者を対象として、日本語で作品を書くという、矛盾に満ちた営為を金石範は意識的に行なってきた。

私が、私にとっての日本語のメカニズムという場合は、在日朝鮮人の置かれている状況のなかでの日本語との関係を意味する。それは矛盾であり、緊張である。その緊張は日本語が私を束縛し、私は束縛を解放しようとするダイナミズムによって成り立つものだ。／私が日本語だけでものを書いている場合、私は日本語のメカニズムから自由でありうるのか。日本語の持っている民族的形式ともいうべき音と形、それのもたらす意味、それによって喚起される日本的な感覚ともいうべきもの、もろもろの日本語の機能に私は支配され、そこに私の「朝鮮人」は還元されて台なしになりはしないか。（中略）いったい、日本語に束縛されている自分を同じ日本語によって解放するというのはどういうことだろう。自分を飲み込んだ日本語の胃袋を食い破ってそこから出てくることが果たしてできるだろうか。これは相克なのだ。【註21】

私は金石範の息子の世代にあたるが、彼がここに述べている問題意識をほとんど共有しているといえる。私自身、日本語で文章を書き、表現活動を行ないながら、その行為そのものに内在する矛盾との緊張感から自由であったことはない。

かつて私は、『子どもの涙』【註22】という作品で日本エッセイストクラブ賞という賞を与えられたことがある。この賞は「すぐれた日本語表現」に与えられるものだが、受賞の知らせを受けたとき、私の心は複雑であった。「日本語表現がすぐれている」ということは、それだけ私が骨の髄まで日本語に、そして、日本語によって支えられている日本的情緒に、浸透されているということを意味するからだ。

この賞の受賞式でのあいさつで、私は、「旧植民地宗主国である日本で生まれた私は、本来なら母語であったはずの言葉（朝鮮語）をあらかじめ奪われ、かつての宗主国の言語を母語として育ちました。私はなにを考えようと日本語で考えているのであり、どう表現しようと日本語で表現しているのです。そうだとすれば、私は日本語という『言語の檻』の囚人でなくてなんでしょうか。その檻のなかで私は、何とかしてもっと広い場所に出て行きたい、かつて引き離された同胞たちに自分の心を伝えたいと身悶えてきたともいえるでしょう」と述べた。

まさに「矛盾」であり「相克」である。ただ、私と金石範との違いは、彼は自分の中に母語としての「朝鮮語」を保っており、自分の中の「朝鮮人」が台なしになりはしないかという緊張を感じているのに対して、私は初めから母語としての「朝鮮語」を失っていることである。

高校一年生の夏、生まれて初めて韓国を旅した私は、その時うけた強烈な印象を詩に書き、一冊の詩集を自費で作成した。【註23】この詩集のあとがきに私は「これは私の最後の詩集になるだろう」と書いている。私には日本語で祖国を書くことの限界が見えるし、母国語（朝鮮語）で書くには私はあまりに「日本人」すぎるのだ、と。つまり、少年期から青年期への移行期において、私は早くも「母国語としての朝鮮語」と「母語としての日本語」との分裂というアポリアに自分が直面していることに気づいていたのである。

日本語を母語として生きる在日朝鮮人は、自らの民族的アイデンティティを形成する際においてすら、日本語によって行なうほかない。たとえば、日本植民地支配に抵抗し、その犠牲となった尹東柱の詩を読む際においてすら、多くの在日朝鮮人は日本語の翻訳で読むほかなく、その日本語訳にはすでに不可避的に日本人マジョリティの心理を反映する偏向が加えられているのだ。これもまた植民地主義の継続する暴力といえる。自らの祖父母や父母の世代の母語（朝鮮語）に加えられた植民地主義の暴力が、その子孫である在日朝鮮人に対しては母語（日本語）という暴力となり、何世代にもわたって加え続けられるのである。【註24】

克服の道は？

在日朝鮮人における「母語と母国語と相克」というアポリアを克服する道はどこにあるのだろうか？

日本でも、韓国でも、しきりに語られるのは、時間の経過と世代交代が解決するという議論である。時間の経過とともに日本人への同化が進み、在日朝鮮人がすべて日本人になってしまうことで問題が消滅する、というわけである。

　これこそが、日本政府が戦後一貫して追求している「解決」であるが、歴代の韓国政府も日本だけを非難する資格はない。

　軍政時代までの歴代の韓国政府は、在日朝鮮人を暴力的に国民化しようとする一方で、棄民政策をとってきたといえる。朴正熙の片腕である金鍾泌《キムジョンピル》は一九六五年の韓日条約を妥結に導いた陰の主役であり、その後の与党総裁などを務めた大物政治家である。その金鍾泌は一九八〇年に、日本の雑誌のインタビューで、在日朝鮮人二、三世は「もう、日本人になりきりなさい」と述べている。同じインタビューで彼は、「いま、日本に大勢の在日韓国人がおりますね。この人々に対する長年の印象を、そのまま現在の韓国の上に重ねて、それで（日本人は韓国に対する）好き嫌いを決めてしまっているような気もするんですが……」とも述べている。【註25】

　在日朝鮮人に対する日本社会での偏見や蔑視に反論し抗議するどころか、逆に、そのイメージを韓国本国に重ねないでほしいと、この有力政治家は述べているのである。

　もちろん、民主化以後の韓国政府がこの金鍾泌の見解をそのままに踏襲しているとは言わない。しかし、金鍾泌流の思考方式は現在もあちこちに見出すことができる。

　国語ナショナリストの見地からすれば「母語」「母国語」「国民」の三項目が等式で結ばれていない状態は我慢ならず、在日朝鮮人の母語は日本語なのだから、その母語と母国語を一致させるために、日本国民になれ、という論理になる。つまり、在日朝鮮人は国語ナショナリズムに屈服せよ、ということだ。

これは日本の国語ナショナリストに限った話ではない。自分たちと異なる母語の持ち主である在日朝鮮人が、それでも同じ民族の一員だと主張し続けることが、韓国の国語ナショナリストには理解しがたいようである。私自身、韓国に来て、韓国の人々から、それも善意で、「なぜ、(日本国籍に)帰化しないんですか?」と尋ねられて当惑することが珍しくない。この問いに対する私の答えは、「強烈な民族意識や愛国心などのためではない。継続する植民地主義に抵抗し、人間としての尊厳を守るためだ」というものである。

日本から見れば「同化」、韓国から見れば「棄民」という経過を通じた在日朝鮮人問題の自然消滅という「最終解決」構想は、しかし、現実によって裏切られている。六〇年代にも、八〇年代にも、「今後二、三〇年のうちに在日朝鮮人の大半は日本国籍に帰化し、在日朝鮮人はいなくなるだろう」という観測がしきりに語られた。しかし、もちろんかつてのままの姿や意識ではないが、現在も在日朝鮮人は消滅せず、日本政府の圧力にもかかわらず、少なくとも当分は消滅しそうもない。

また、たとえ今後、在日朝鮮人が一人残らず日本国籍に帰化し、法的な意味での「在日朝鮮人」が存在しなくなったとしても、それが「最終解決」にはなりえない。なぜなら、在日朝鮮人とは現にあった植民地支配という歴史の産物であり、その歴史をなかったことにすることは誰にもできないからだ。また、植民地支配の継続としての差別と偏見は、在日朝鮮人という「実体」によって造り出されているのではなく、むしろ、植民地支配の歴史を正しく直視し、自己省察して、克服することのできない日本人マジョリティが自らの心の中で造り出しているものである。

いわば、在日朝鮮人という表象は、侵略と植民地支配という疚《やま》しい近代史から長く伸びて現在の日本人たちを覆う黒い影のようなものである。そうであるならば、最後の在日朝鮮人が消え去った後でも、日本社会にその亡霊は生き続けるだろうし、日本人たちが自らの恐怖や嫌悪や憐憫の対象として、また、ときには身勝手でロマンチックな神話の登場人物として、「在日朝鮮人」を造りだすだろう。要するに、植民地支配が真の意味で終わらない以上、被支配者としての、また抵抗者としての「在日朝鮮人」が消滅することはありえないのである。

「母語と母国語と相克」というアポリアを克服する別の道はあるだろうか?

在日朝鮮人であることをやめて朝鮮人になりきる、という返答がありうるだろう。具体的には韓国または北朝鮮に永住帰国し、文化や生活習慣も日本的なものをまったく取り除いて生きるということだ。言語に即していうと、もともとの母語（日本語）を朝鮮語と取り替えるということである。母語を交換することによって、「母語」「母国語」「国民」の三者を一致させようとする試みといえよう。

母語の交換。ある年齢まで（おそらく四、五歳くらいまで）ならそれも不可能ではないだろうが、思春期を過ぎてから母語を交換するということは、生まれてからの人生そのものをすべて取り替えることと同義だ。そんなことができるだろうか?

とうてい不可能と思えるこの道に挑戦した人物は存在する。徐俊植というその人物は、私の兄である。一九四八年に日本で生まれ、日本語を母語として育った彼は、日本で高校を卒業してから韓国に留学した。一九七一年春、ソウル大学法学部の学生だった彼は、実兄の徐勝とともに「日本経由で浸透した北のスパイ」という嫌疑で逮捕された。裁判では懲役七年（徐勝は無期懲役）を宣告され、一九七八年に刑期を満了したが、非転向を理由に拘束を継続された。彼は獄中で転向を強要する激しい拷問を受け、これに最後まで抵抗した。結局、彼が出獄したのは一七年後の一九八八年である。

徐俊植の闘いは残酷な軍事政権との政治的闘争であったと同時に、在日朝鮮人としての自分を自己否定し、祖国の民衆に一体化しようとする熾烈な闘争でもあった。それは、先に述べた脱植民地化のための闘争に連帯することを通じて自己自身を解放するという在日朝鮮人の政治的かつ倫理的課題に対する、彼なりの実践でもあった。彼は朝鮮語を身に付けるため、つまり母語を交換するため、あれほど活字に渇く獄中生活にありながら、数年にわたって自分自身に日本語書籍の読書を禁じたこともある。

獄中一五年目にあたる一九八五年、徐俊植はいとこ宛ての手紙に次のように書いている。

　歯を食いしばって「真正の韓国人」になりたいと思い、私の骨髄深く食い込んだ「日本」をアルコールででも洗い落としたいと思っていた、そんな頑なで苦痛に満ちた足掻きの時が流れ去った時点で、私はいつの間にか、日本より酷薄で不潔で野卑だった私の祖国を夢中で愛しはじめていたし、日本人の友人たちほどに「おとなしく、誠実で、素朴で……」、要するに善良で、ありえなかった、痛みと悲しみと苦しみにまみれて生きていく、同胞たちに、私が熱い愛情を感じていることに気付いていた。【註26】

出獄する年である一九八八年には、彼は妹にこう書いた。

民族的主観というのは、ウリマル（わが言葉＝朝鮮語）の美しさに感嘆するようにもなり、ウリマルで人々と話ができるようになり、我が国の民謡の節も幾つかくらいは自然と口ずさみ、キムチの有難みも分かり、ウリマルで書かれた小説も愛読できるようになり、セマチ（早い三拍子）の拍子やクッコリ（巫女の儀式に鳴らす拍子）につれて自然と肩が揺れるようになり、ひいては我が国土との涙こぼれる「感応」までも感じるようになりながら、徐々におのずと確立されていくのだ。

留学生として祖国の土を踏んでから二一年、うち一七年を獄中に過ごした末に、彼は自分が「民族的主観」を確立したと感じていた。私の朝鮮語到達度段階表でいえば、最終段階の⑦をクリアした、と感じていたのである。

しかし、徐俊植の闘いはたやすいものではなかったし、直線的なものでもなかった。むしろ激しい動揺と苦悩の連続であった。たとえば一九八六年の妹あての手紙にはこう書いている。

いくら身も心も我が民族一色に染めようと足掻いても、いくら私の内側の「日本」を洗い落としたいと大声で叫んでも、結局のところ花園艮北町《はなぞのこんぼくちょう》【註27】は、私が生涯逃れることのできない私の故郷であるようだ。故郷に対する胸に染みる恋しさと、その故郷を心置きなく愛そうとする自分にたいする恥ずかしさとが複雑に去来するこんな切なさを、お前は分かってくれるだろうか……。

徐俊植が出獄してから、さらに二〇年近い歳月が流れた。彼は母語の交換に成功し、在日朝鮮人としての自己を完全に脱却して「真正な韓国人」になることができたのだろうか？　最終的に、彼は自己が設定した闘争の勝利者となったのだろうか？　この問いへの答えは、私がすべきではないだろう。

私に言えることは、彼の闘いは極端なまでに熾烈なものであり、多くの人に当てはめることの困難な事例であるということだ。しかし、そうだからといって、彼の闘いが無意味で無価値なものだったとは思わない。むしろ、それは在日朝鮮人が植民地支配からの自己解放を遂げるという課題についての、ある範型を示している。

彼が勝利したにせよ、あるいは出獄後さらなる挫折を味わったにせよ、その闘いは在日朝鮮人という存在が立たされている状況の困難さと、その困難に挑んで生きることの価値とを私たちに示している。一人の在日朝鮮人がこのように徹底的に苦悩し、闘い、少なくとも一般には不可能と見えるある地点に到達したという事実は、ひとつの範型であり、尺度である。一人がそれをなした以上、他の者にとってそれが不可能だとは言えないのだ。

しかし、徐俊植がその闘いに最終的に勝利したのだとしても、それは、ここで考察してきた在日朝鮮人が直面するアポリアへの解答にはならないようだ。つまり、徐俊植が示した解答は、在日朝鮮人をやめる——そのこと自体、どれほど困難であろうか——ということであるから、ある個人にとっては一つの解答になりえても、在日朝鮮人という集団自体が直面するアポリアへの解答にはなりえないのである。懸命な努力と闘争はすべきである。しかし、その闘争に勝利した者は在日朝鮮人ではなくなるのだから、在日朝鮮人の全員が母語を交換するという闘争に勝利しないかぎり、在日朝鮮人という存在は残り続けることになる。

これは適切な比喩ではないが、あえて言うなら、大学受験に苦しんでいるある個人に頑張って難関を突破せよと助言することが、その個人に対しては適切であっても、受験制度そのものに対する批判やその改善の方針にはなりえないように、問いと解答のレベルが食い違っているのである。いまは入試に合格する者も、落第する者も、試験を受けることすらできない者までも含めた、全体にとっての解決方向を思考すべきであろう。

母語の権利と母国語の権利

私のもう一人の兄である徐勝が二〇年近い獄中生活を終えて日本に戻ってきたとき、空港に詰め掛けた記者たちは口々に日本語で質問をぶつけたが、兄はいっさい朝鮮語でしか答えなかった。記者の一人が「あなたは日本生まれで、二〇歳過ぎまで日本で育ったのに、なぜ日本語を使わないのか？」と質問すると、兄は即座に、「母国語の権利を主張するためだ」と答えた。

日本はかつて朝鮮民族の独立を否定し、独立国家の国語であった朝鮮語を禁止した。日本の地で生き続けることになった在日朝鮮人は解放後も民族教育の権利を抑圧され、大多数が朝鮮語を学ぶ機会もないまま生活している。これは、解放後も続く「母国語の権利」の否定であり、植民地主義の継続にほかならない。日本人記者たちに、兄が訴えようとしたのはそのことであった。

私はこの兄の主張を断固として支持する。日本人記者たちは過去の自国による朝鮮植民地支配を認識しているのなら、朝鮮人の「母国語の権利」を尊重するべきであり、通訳を使ってでも朝鮮語でインタビューすべきだった。もしそれができないのなら、日本語で質問することについて恐縮の意を表し、兄の了解を得るべきであった。そういうことを想像もせず、当然のように日本語で質問し、兄が朝鮮語で答えたことを奇異に感じるということは、彼らの中に無意識な植民地主義的心理が生き続けているということだ。

二〇〇四年に韓国で『子どもの涙』という著書を出したとき、私は「TV、本を語る」というテレビ番組に出演することになった。スタジオで座談会形式である。当時の私は現在よりもはるかに朝鮮語の実力がなかった。そこで私は、質問は通訳なしで聞き、答えは同時通訳者に通訳してもらうという方法をとった。先に述べた倫理的基準に照らしてみれば、韓国のテレビ放送に出演して日本語でしゃべるということは、後ろめたくもあり、恥ずかしいことでもあった。事実、そういう批判も受けた。しかし、当時の私の実力からすれば、朝鮮語で言いたいことを充分かつ正確に表現できる自信はなかった。

また、内心では、不正確なたどたどしい発音でテレビに出演した時の、韓国の視聴者の反応も気になったのである。ある人々は「在日朝鮮人なのに下手だな。やはり彼らは外国人だ」と感じるだろうし、別の人々は「在日朝鮮人にしては頑張っているな」と同情するかもしれない。そのどちらの反応も、私の望むところではなかった。

しかし、私がこの放送で日本語を使った本当の理由は、韓国の視聴者に「母語の権利」という問題を考えてもらう機会にしたかったからだ。

あるユートピア

植民地支配を受けた過程で民族の母語である朝鮮語を廃滅の瀬戸際にまで追い込まれた歴史から

見れば、「母国語の権利」という主張には正当性があったし、いまも、ある。しかし、その一方で、同じ歴史の過程によって、いまでは朝鮮民族は異なる母語を有する複数の集団によって構成されているのだ。在日朝鮮人は日本語を母語としている。中国朝鮮族も、世代が新しくなり、延辺の朝鮮族自治区以外の場所で育つ者の中には中国語（漢語）を母語として育つ者が増えている。カザフスタン、ウズベキスタンなど旧ソ連の各地に暮らす高麗人たちのなかにはロシア語を母語とする者が多い。アメリカ合衆国に暮らす在米コリアンの大多数は英語を母語としており、この傾向は今後ますます強まるだろう。これらのコリアン・ディアスポラは、もはや朝鮮人の一員ではないというのだろうか？

むしろ、発想を転換して、朝鮮人の共同体そのものが近現代史の過程を経て、多言語・多文化共同体へと変容してきたととらえるべきではないだろうか。在日朝鮮人である私は、日本に対しては「母国語の権利」を主張しつつ、それと同時に、韓国または北朝鮮に対しては、異なる母語をもつ同じ共同体の一員であるという主張、すなわち「母語の権利」を主張する。このような両面的な主張こそが現実に適合した望ましい姿勢だと私は考える。「母国語の権利」と「母語の権利」は、本来的に、決して相互に排除する概念ではなく、両立可能なのである。

イギリス、フランスなど、一般に過去に他民族を支配した宗主国は、過去の被支配民族を含む多民族社会を形成している。自己の支配の代償を、そのような形で引き受けているとも言える。もちろん、これらの諸国において、現状でも不当な差別が存在していることは言うまでもないが、少なくとも、建て前はそうなっているのである。過去に帝国主義支配を行なった諸国の中で、日本だけは、第二次大戦後において単一民族国家意識による国家形成を行ない、在日朝鮮人など旧植民地出身者を社会の平等な成員として遇してこなかった。

いわば帝国主義という外部からの暴力の結果、六〇〇万人の朝鮮人がディアスポラとなって離散し、朝鮮人の共同体は多言語・多文化の共同体へと変容させられたのである。ゆっくりと考えてみればわかることだが、すでに多言語・多文化になっているこの集団を、単一血統、単一言語、単一文化の集団へと押し戻すことは不可能であるし、また、そんなことを強行することは数多くの同胞を切り捨てる悲劇しか意味しないのである。日本帝国主義によって支配を受けた朝鮮人は、その日本を模倣すべきではない。

コリアン・ディアスポラの存在を視野に収めた、新たな多言語・多文化の共同体をつくることが、私たちディアスポラと、本国の同胞たちとの、共同の目標になるべきではないか。それは帝国主義によって支配を受けた経験をもつ民族が、その経験に学び、反転させることによって、人類の歴史に何がしかの貢献をする道でもあろう。

このことは、コリアン・ディアスポラにとってのみ必要な要求ではない。

現在の韓国には移住外国人労働者をはじめとして数多くの定住外国人が生活している。また、国際結婚によって韓国に住むことになる外国人女性も多く、韓国人と外国人との間に生まれる子弟も増えている。こうした趨勢は誰にも阻むことができないだろう。

在日朝鮮人の子弟はマジョリティである日本人の差別的視線を内面化して、自分の父母が使う朝鮮語なまりの日本語を恥じることが多かった。そのことは在日朝鮮人一世にいいようのない苦痛を与え、二世以下の世代にアイデンティティの混乱による苦悩を与え続けている。いま、外国から来て韓国に住む人々に、在日朝鮮人が味わったのと同じ苦痛を与えるべきではない。外国から来た人々に韓国の言語や習慣を教えることは、彼らが韓国社会で生きていくために実際的に必要なことである。しかし、それだけで満足していては、在日朝鮮人一世が味わった苦痛を彼らにも与える結果になろう。彼らの母語と出自の文化を、対等のものとして尊重しなければならないのである。

こうした社会を具体的に想像してみると、それは、朝鮮語はもちろんだが、日本語、中国語、ロシア語、英語、いずれはベトナム語も公用語として認定され流通しているような社会である。このような、もっとも開かれた社会において、そのそれぞれの成員を結び付けているのは植民地支配を受けた歴史の記憶と、そうした歴史を被害者としてはもちろん加害者としても、再現してはならないというモラルである。

そこでは日本語なまりや中国語なまりの朝鮮語を少しも恥じる必要がないのだ。なぜなら、在日朝鮮人やその他のコリアン・ディアスポラもまた、同じ苦痛の歴史を生きて来た同胞と認識されているからである。また、ベトナム語なまりやウルドゥ語なまりの朝鮮語が、少しも蔑まれることはない。なぜなら、それらの地域から来た人々も、この開かれた社会を構成する平等な成員として認識されているからである。

そんなことをすれば「国語が汚される」とか「国語が破壊される」と主張する人々がいるに違いない。だが、少なくとも今後数世代の間は、その社会における言語マジョリティは依然として朝鮮語を話す集団である。したがって、この社会がその成員にとって住みよい社会であればあるほど、むしろ言語マイノリティたちが自発的にマジョリティの言語である朝鮮語を身につけようとするであろう。そこで、朝鮮語はさまざまな背景をもつ別の言語と接触し混交して変容していくだろうが、それを言語の発展過程ととらえることもできるはずだ。実際、現在の朝鮮語は中国語（漢字、漢文）、日本語、英語その他の影響なしにはありえなかったものであり、これら外来の諸要素を完全に除去した純粋朝鮮語というのは一つの幻想に過ぎないといえる。

ここに述べたイメージは、もちろん一つのユートピアである。

このユートピア実現への障碍は、韓国の場合はまず、国民多数の間に無意識に根を張っている国語ナショナリズムであるといえよう。そして、このユートピア実現の最大の政治的障碍は朝鮮の南北分断状態である。こうした障碍の克服という課題を共有する多様な人々によって、分断を克服した朝鮮半島という場を中心に築かれる新たな多言語・多文化共同体――このようなユートピア像さえ思い描けないとすれば、せっかく植民地支配を受けた甲斐がないではないか。

〔付記〕

本稿はもともと筆者の韓国滞在中、韓国の季刊総合雑誌『黄海文化』（通巻五七号、二〇〇七年一二月一日）に掲載されたものである。したがって、日本の読者には馴染みの薄い用語や表現も出てくるが、今回加筆するにあたっても、あえて小さな修正にとどめた。本稿が複数の言語圏にまたがる言語行為の困難さと可能性を問題にしているのである以上、かりに日本の言語マジョリティにある種の違和感を与えることになるとしても、その違和感を通じて主題に接近してもらうことこそ本稿の趣旨にかなうと考えたからである。本稿は主として韓国の国語ナショナリズムを批判する内容になっているが、もちろんこの批判は日本の国語ナショナリズムにも向けられている。

【註】

〈1〉「母語」(mother tongue) と「母国語」(national language) はまったく異なる概念である。「国語」とは国家が定め教育やメディアを通じて人民に注入する言語であり、それによって人民を「国民」へと造り上げる手段である。「母語」とは、「生まれてはじめて身につけ、無自覚のままに自分のなかにできあがってしまったことば」、「ひとたび身につけてしまえばそれから離れることのできない」「根源のことば」である。普通の場合、人はそれを母から受け取るので、「母語」と呼ばれてきた。(田中克彦『ことばと国家』岩波新書)

ただし、「母語」というのはジェンダー化された表現なので、実際には「親語」といった用語をあてるべきだが、今のところ一般的に用いられる適切な代案がない。

〈2〉ここで「非母語」(non-mother tongue) という見慣れない用語を使った理由は、この場合、「外国語」(foreign language) という用語が不適切だからである。すべての人にとって「母語」と

「母国語」が一致しているとは限らない。これと同じ理由で、すべての人にとって「外国語」は「母語」でないとは限らないからである。

〈3〉一九四五年に結成された在日本朝鮮人連盟（朝連）、およびその後身として一九五五年に結成された在日本朝鮮人総聯合（総聯）。

〈4〉親韓国政府系の民族団体である在日大韓民国居留民団の略称。現在は大韓民国民団と改称。

〈5〉徐京植『子どもの涙』（柏書房、一九九五年）。

〈6〉徐勝『獄中19年』（岩波新書、一九九四年）。徐俊植『徐俊植　全獄中書簡』（柏書房、一九九二年）。

〈7〉「ハンギョレ（한겨레）」新聞「深夜通信」二〇〇五年五月〜〇七年四月、同新聞「ディアスポラの眼」二〇〇七年五月〜継続中。

〈8〉徐京植「断絶の世紀の言語経験——レーヴィ、アメリー、そしてツェラーン」『ツェラーン研究』第四号所収（日本ツェラーン協会、二〇〇二年七月）。本書一一一頁。

〈9〉ブコヴィーナ地方は一八世紀後半までトルコ帝国領、それ以後はハプスブルク帝国領であったが、第一次大戦の結果、ルーマニア領となった。当時、この地方に居住した住民はウクライナ人、ルーマニア人、ユダヤ人、ドイツ人、ポーランド人、ハンガリー人その他である。第二次大戦後はソ連とルーマニアとに分割され、ソ連崩壊後はウクライナとルーマニアとに二分されている。

〈10〉イスラエル・ハルフェン『パウル・ツェラーン——若き日の伝記』（未来社、一九九六年）。

〈11〉ジャン・アメリー『罪と罰の彼岸』〈一九八四年〉、『自らに手をくだし』〈一九八七年〉いずれも法政大学出版局。

〈12〉プリーモ・レーヴィ『アウシュヴィッツは終わらない——あるイタリア人生存者の考察』（朝日新

聞社、一九八〇年)。
〈13〉訳者は金素雲。もともとは『訳詩集・乳色の雲』という書名で一九四〇年に出版され、戦後『朝鮮詩集』という書名で再刊された。現在は岩波文庫に収められている。
〈14〉梅棹忠夫『実戦　世界言語紀行』(岩波新書、一九九二年)。
〈15〉尹伊桑『わが祖国、わが音楽』(影書房、一九九二年)。
〈16〉金時鐘「私の日本語、その成功と失敗」『わが生と詩』(岩波書店、二〇〇四年)。
〈17〉一九四五年の解放後、朝鮮半島は米ソの分割統治下に置かれた。アメリカは、あくまで統一国家としての独立を望む朝鮮人大多数の民意に反して、一九四八年に南朝鮮に分断国家を樹立するための単独選挙を行なおうとした。朝鮮半島の南方海上にある済州島の住民たちは、この単独選挙に反対して一九四八年四月三日に蜂起したが、その後約二年間にわたる軍、警察、右翼団体の武力弾圧によって、最終的に三万人を超える住民が犠牲になった。在日朝鮮人の中には、この弾圧を逃れるため日本に密入国した済州島出身者も多い。この事件に代表されるような暴力的経過をともないつつ、一九四八年八月一五日、李承晩を大統領とする大韓民国の樹立が宣言された。なお、韓国では民主化にともない、二〇〇〇年に「済州島4・3事件の真相糾明と犠牲者の名誉回復に関する特別法」が施行された。
〈18〉金時鐘「私の日本語、その成功と失敗」前掲書
〈19〉金時鐘「私の八月」前掲書
〈20〉金時鐘「私の日本語、その成功と失敗」前掲書
〈21〉金石範「在日朝鮮人文学」『新編「在日」の思想』(講談社文芸文庫、二〇〇一年)
〈22〉徐京植　前掲書

〈23〉参考資料として、以下に少年時代の詩一篇を紹介しておく。慶州を訪れた時の印象である。

石仏

頭の痛くなるほど空の深い日、田舎町の小さな博物館の、瓦の崩れそうな朱の門をくぐると、首が涼しげに微笑っている。焼けた石畳にしかめっ面で立っているぼくの前で、首だけのあなたは静かに微笑っている。雨を避ける廂（ひさし）もなく、威厳を守る柵もない。枯れて勢いのない雑草の上に首だけのあなた。

ぼくはあなたを何と呼べばいいのか？

蟬も鳴かぬ夏の、まぶしい光の中を、ぼくはあなたに歩み寄る。

（中略）

ぼくはいったい、何なのか？

ぼくは異国にっぽんの言葉を語り、あなたの名前が理解できない。ぼくは都会人の手を持ち、あなたを揺り動かすことができない。ぼくは、夜行列車に乗り、船に乗って、にっぽんから来た。だからこの街で、時々京都を思い出したりする。仏国寺を見て大徳寺を思い出したりする。

でも恐らくあなたは、にっぽんを知っているに違いない。あなたが身体《からだ》を失ったのも、鼻が欠け落ちたのも、その国と無関係ではないようだ。あなたの眼で、その国の人間がこの国で何をしたのか見たはずだ。ぼくは、そのにっぽんから来た旅行者。

あなたはなぜ咎めない？　したり顔でカメラを下げて、あなたを憐れもうとさえしているぼくを？

あなたは微笑っている。庭石のような山々に昆虫のようにとりついて生きる百姓たちに囲まれて、あなたは微笑っている。田舎町の博物館の庭先で、事も無げに微笑っているあなた。黒々とした歳月の痕、石のあなた。あなたを金銅などではなく石で造った祖先の、その分別がともすればいじらしくて、ぼくはあなたの前で、思わず涙さえ流しそうになるのだ。

だが、ぼくには不可解だ。夜の海峡を越えて、初めてこのぼくの国に足を踏み入れたのだから、だからこそどうしても、ぼくには納得できない。あなたの豊かな口もとが、どうして抑え切れぬ憤りに歪まないのか。あなたの柔らかい眼の輪郭から、どうして血の涙が溢れないのか。（以下略）

〈24〉徐京植「母語という暴力」『季刊・前夜』第九号（二〇〇六年秋）所収。本書一五三頁。
〈25〉『諸君』一九八〇年四月号
〈26〉徐俊植　前掲書【註6】以下、徐俊植の手紙の引用は同書。
〈27〉徐俊植が幼年時代を過ごした京都市の地名。

Ⅲ　記憶の闘い

「太陽の男たち」が問いかける、「私たち」とは誰か？

私たちにとっての「中東」とは

「私たちにとっての中東」というテーマは、何重もの意味で、問題的である。このテーマで何かを語ろうとすれば、必ず、「私たち」とは誰か、「中東」とは何を指すのか、という問いに突き当たらざるを得ないからだ。

「中東」＝Middle Eastというのは西欧人から見た呼称である。それはもともと中国、朝鮮、日本などを指す「東洋」よりはもう少し西洋に近い地域という意味合いで用いられた。「中東問題」という言い方は、一九世紀後半、オスマントルコ帝国の支配力の衰えにつけ込んで植民地支配の手を伸ばすために用いられた呼称である。「私たち」（それが誰であるかはさておくとして）が無批判にこの呼称を用いることは、無意識のうちに西欧植民地主義者たちと同じ視線であの地域を見てしまうことにつながるのではないか。

では、「アラブ」はどうだろう？　それは、アラビア語を母語とする長い文化的伝統をもつ人々に対する呼称である。しかし、この呼び方では、トルコとペルシャ（イラン）が含まれず、逆にリビア以西の北アフリカが含まれる。いま、ここでの設問とはズレることになるだろう。

それなら、「イスラーム」と呼べばよいのか。しかし、これはイスラーム教の宗教文化圏を意味するので、東はインドネシアから、パキスタンを経て、北はボスニア・ヘルツェゴビナ、南はスーダン、西はモロッコにいたる広大な地域を意味することになってしまう。それに、この場所に生活しているのはムスリーム（イスラーム教徒）ばかりではなく、キリスト教徒、ユダヤ教徒その他、別の宗教文化をもつ人々も混在している。また、実際には、あらゆる伝統、宗教、文化と同じように、「イスラーム」も多様であり、単一の「イスラーム」など存在しないのだ。

エドワード・サイードは二〇〇一年の「9・11」事件直後、アメリカ全土を風靡した非理性的な愛国主義の狂風に抵抗して、「『イスラームと西欧』というのは不適切な標語である」というコラムを書いた。（The Gardian,2001.Sept.16）

これはテロリズムに対する戦争であると皆が言っているが、しかし、それはどこで、どれが前線で、具体的な目的は何なのか。答えは何も与えられておらず、ただあいまいな提言があるのみである。つまり、中東とイスラームは「私たち」が直面しているものであり、テロリズムは打破されるべきだ、ということだけだ。（中略）いま必要なものは状況についての理性的な理解であり、いっそう太鼓を叩いてはやし立てることではない。ジョージ・ブッシュと彼のチームが望んでいるのは前者ではなく、明らかに後者である。

ここでサイードが、私たち、という言葉を括弧で括っていることに注目しよう。「イスラーム」という他者の像を固定化させるという行為は、むしろ、その他者に対立する「私たち」という自己像をつくり上げ固定化させる効果をもつ。そのことを意図的に行なうのが「デマゴーグ」なのである。サイードは、ブッシュとそのチームがイラク戦争を強行した半年後、ブッシュ流の「対テロ戦争」に同調する「私たち」の一員であることを最後まできっぱりと拒絶したまま、白血病のため世を去った。

このように、「中東」「アラブ」「イスラーム」それぞれの呼び方が不適切である。しかし、この、どうにも呼びようのないような地点にこそ、現代を生きる「私たち」（それが誰であるにせよ）が考察すべき問題群が表出しているのである。また、このことは、その問題群の前に立つ「私たち」とは誰のことかを、絶えず「私たち」に問いかけずにはおかない。

そこで「私」は、「中東」について漠然と語るのではなく、「パレスチナ」という特定の表象に焦点を当てることにする。また、語り手である「私」は、「国民」「民族」「アジア人」「現代人」などといった何らかの既存概念からなる集団を前提としないで、むしろその前提を疑いながら、この徐京植という特定の「私」から出発して「私たち」とは誰であるのかという問題へと遡っていくことにしたい。

「太陽の男たち」

ハレーションを起こしたような白っぽく不鮮明な画面。黒い小型のタンクローリー車が、焼けつく砂漠を疾走する。タンクの中には三人の人物が隠れている。彼らはパレスチナ難民であり、国境を越えてクウェートに密入国しようとしているのだ。人間密輸業者である運転手もパレスチナ難民だ。

灼熱の砂漠で人間が鉄製のタンクの中で耐えられる時間はどれくらいなのか。彼らは国境の手前で予行演習を行ない、七分間が限度であることを確かめた。何としても七分以内に国境での手続きを終え、役人の目の届かない場所まで走らなければならないのである。運転手の経験では、七分あれば何とか通過できるはずだった。ところが、その日に限って、出入国管理事務所の役人がくだらない性的な冗談をしゃべり続けて、なかなか通過許可のスタンプを押してくれないのだ。ようやくスタンプが押されたときには、すでに一二分が経っていた。運転手は慌てて車に駆け戻り、人のいないところまで疾走する。タンクの屋根に登って鉄製の重い蓋を開けてみると、黒々とした穴の底で三人はすでに息絶えていた。

「どうしてお前たちはタンクの壁を叩かなかったのだ！　どうして、大きな声で呼ばなかったのだ！」運転手の叫びが白っぽく焼けた砂漠に空虚に響いた。

……「太陽の男たち」という映画の場面である。私はこの映画を二〇〇二年の夏にドイツのカッセルで見た。五年に一度の大規模な国際芸術展ドクメンタに出品されていたのである。といっても、これは新しい作品ではない。それどころか、パレスチナについて語る人々がしばしば言及する、古典的な名作と言ってよい。私は長年の間、何とかしてこの映画を見たいと願っていたのだが、日本ではその機会がなかった。それを偶然にドイツで見ることができたのである。

原作はガッサーン・カナファーニーの小説である。のちにシリアとエジプトの合作で映画化された（タウフィーク・サーレフ監督作品、一九七一年）。一九三六年生まれのカナファーニーは一二歳のとき、一家ごと難民となった。難民キャンプで成長し、学校の教師や新聞社員などの職業を経ながら小説を書いた。のちにＰＦＬＰ（パレスチナ解放人民戦線）のスポークスマンとなって活躍したが、一九七二年、ベイルートにおいて自動車に仕掛けた爆弾によって殺害された。

一九六二年に発表された「太陽の男たち」は彼の作家としての地位を確固とさせた代表作である。妻のアニーによれば、当時レバノンの政治情勢が険悪になり、公式な身分証明書類をもたないため一カ月以上家の中に隠れていなければならなかった彼は、その間にこの作品を書き上げたという。まさに窒息状況の中で、鉄のタンクに閉じ込められた難民たちに想像をはせたものといえる。この作品ほど、「パレスチナ人とは誰のことか」を明瞭簡潔に表象しているものはないであろう。

もともとあの地域に国境はなかった。オスマントルコ帝国の枠内で、地方によるゆるやかな区別があったのみだ。その当時も「パレスチナ人」という呼称はあったかもしれないが、それは「民族」や「国民」の意味ではなく、「忠清道人《チュンチョンド》」とか「平安道人《ピョンアンド》」とかと同じような、ある地方の住民という意味だったに過ぎない。そこに国境線を引き、人々の生活を引き裂いたのは西欧植民地主義である。一九四七年の国連決議は、パレスチナの地をユダヤ人国家とアラブ人国家に分割するものであり、しかも多数派であるアラブ系住民にとって圧倒的に不公正なものだった。この時から翌年一九四八年の第一次中東戦争にかけて、およそ七〇万人以上のアラブ系住民が難民となって自らが代々住んでいた土地から追われた。彼らが追われた後、そこに目に見えない線が引かれ、イスラエルが一方的にその線を国境と決めたのである。

周辺のアラブ国家も彼らに対して好意的だったとは言えず、むしろ彼らを厄介者として扱った。ヨルダンとレバノンには現在も多くのパレスチナ難民が住むが、両国家はパレスチナ難民の国籍取得を認めていない。クウェートはイギリスが石油資源確保を目的に国境線を引いて独立させた国であり、この国の首長一族は豊富な石油資源の上にあぐらをかいている。周辺諸国の貧しい民衆たち、とくに土地も家も失ったパレスチナ難民は生きる糧を求めて、何とかクウェートに入国し仕事にありつこうとする。もともと、そこに国境はなかったのだ。「パレスチナ人」と「クウェート人」という区別もなかったのである。それなのに、必死に生きようとする難民たちを国境が無慈悲にさえぎっているのである。

灼熱の砂漠でジリジリと太陽に焼かれる鉄製のタンク、それ自体が「パレスチナ」という場所の暗喩である。その閉ざされたタンクの中で声も上げないまま死んで行く人々、それが「パレスチナ人」の表象だ。原作が書かれた一九六二年当時、世界の目はパレスチナに向けられていなかった。彼らが武力闘争を含む積極的な解放闘争を開始したのは六〇年代後半からである。その時になって、世界はようやくタンクの内側から壁を叩く音に気づき始めたのである。しかし、それから四〇年以上経った現在になっても、彼らはタンクの中で次々に死んでおり、世界は無慈悲な無関心を決め込んでいる。ここにおいて「パレスチナ人」とは、たんにパレスチナ地方の出身者という意味をはるかに超えた象徴的意味をもつことになった。

『想像の共同体』の著者ベネディクト・アンダーソンは、「国民（nation）」という想像の成立には「死のイメージ」の共有が深く関係していると説いている。そうだとすれば、「パレスチナ人」という想像の共同体は、「太陽の男たち」が鮮やかに表象してみせた死のイメージによって成立していると言えるかもしれない。あのように死んでいく人々、それこそが「パレスチナ人」なのである。

ある人々の集団が強いられている死、それを形象化し表象するという仕事を通じて、その死のイメージを共有する「私たち」という意識が形成される。それがまさしく、近代において優れた民族文学の果たす役割といえよう。中国の場合、清の時代の民衆たちには自分は「中国人」であるという意識はなかったであろう。そうした意識は欧米列強や日本の植民地主義による蚕食にさらされた時から、それに抵抗する「私たち」とは誰であるのかという問いに対する答えとして形成された。大きな役割を果たした中国の民族文学者を一人あげるとすると、それは魯迅であろう。彼の作品は死のイメージに満ちている。阿Qは処刑されるし、「狂人日記」の主人公は「自分たち人間は人間を食ってきた、せめて子どもを救え」と記すのである。

この意味で、韓国の代表的民族文学者は誰かと問うとすると、どういう答えが返ってくるだろうか？　私自身は韓国の民族文学についてあまりにも無知だが、たとえば詩人の尹東柱《ユンドンジュ》はその一人と言えるかもしれない。彼の詩にも死のイメージが満ちている。「序詩」には「すべて死にゆくものを愛さなければ」という詩句があり、詩人自身、日帝の監獄で命を奪われた。七〇年代の軍政に果敢に抵抗したこの国の若者たちは、実際にそうできるかどうかは別として、この詩人のように「一点の恥もなく」死ぬことを自らの理想としていた。尹東柱を愛するこの国の人々は、このような死のイメージを共有するものとしての「私たち」という集団的自意識を、少なくともある時点まではもっていたのではないだろうか。

そう考えるとき、カナファーニーの作品が「パレスチナ人」という集団的自意識を形成することに、どれほど大きな役割を果たしているかがわかるだろう。世界のほとんどの民族が、とくに圧迫にさらされた民族であればあるほど、ここに述べたような意味での民族文学をもっている。しかし、ここで間違いのないように確認しておかなければならないが、まず「民族」という実体が存在し、そこから「民族文学」が産み出されるのではない。その逆に、ある集団的な苦難の経験にさらされた人々が、その経験を共有していることを認識し、自分たちとは誰なのかを問うところから「民族文学」が生まれ育ち、「私たち」という集団的自意識を経て「民族」という「想像の共同体」が成立していくのである。

このように「民族」という概念は一つの想像の産物である。しかし、これをたんに「想像に過ぎない」と批判したところで無意味であろう。なぜなら、人々を「民族」へと結集させる圧迫や苦難が取り除かれない限り、言い換えれば「民族意識」形成の下部構造を変革しない限り、現に圧迫されている人々はその想像を必要とし続けるからである。「パレスチナ人」という民族意識が想像の産物に過ぎないとしても、彼らを閉じ込めている鉄のタンクは厳然と存在している。パレスチナ人が「パレスチナ人」であることをやめるのは、タンクが打ち破られ、彼らが受けている不当な苦難が終わった後でしかない。

私とは誰か?

カナファーニーの文学は、たんに一つの民族文学として優れているだけではない。それは右に述べたような植民地主義との関係において集団的自意識が形成されるメカニズムを、きわめて鮮やかに示してくれる。つまり、読者の誰もが無意識のうちにもっている集団的自意識を、その由来に遡って考え直させ、「私とは誰か」「私たちとは誰のことか」という問いの前に強い力で引っぱって行くのである。

日本で生まれ育った私にとって、「私は誰なのか?」というのは、ものごころついて以来、現在まで、片時も脳裏を離れたことがない問いである。私の父母は一九二〇年代の後半に忠清南道の山村から日本に渡った。両方の祖父がそれぞれ、生きる糧を求めて日本に渡ったからである。私は四男一女の四番目として、一九五一年に京都市に生まれた。まわりはほとんど日本人で、わが家では日本名を使い、日本語をしゃべっていた。学校も日本の普通の公立学校に通った。それでも、父母はいつでも「自分たちは朝鮮人《チョソンサラム》」であると言っていたので、私は自分も「チョソンサラム」という者であり、まわりの日本人とは違うのだと考えていたが、なぜ、どう違うのかはわからなかった。「チョソンサラム」という他者である自分が、なぜ、日本という場所に生まれなければならなかったのか、わからなかった。

「自分は誰か?」という問いをめぐる思春期以後のさまざまな精神的混迷は多かれ少なかれすべての在日朝鮮人に共通のものだが、それについては、ここでは詳しく書かない。ずっと後の一九七〇年代の終わり、つまり三〇歳という年齢に近くなってカナファーニーの文学に触れ、私の中で、それまで断片的に散乱していた思考が相互につながり、ある明確な形をなし始めたのである。つまり、カナファーニーの文学は、在日朝鮮人である私にとっても「民族文学」としての役割を果たしたといえる。

私の叔父(父の弟)は日本生まれだが、一九四五年の解放(日本敗戦)直後に祖父とともに忠清南道の故郷に帰還した。私の父はその時まだ二〇代の前半だったが、すでに二人の幼い子どもがいたので、生活の見通しの立たないまま帰還することはできなかった。父は日本に残って働き、先に帰還した家族に仕送りしながら、状況の落ち着くのを待って帰還することにしたのである。しかし、解放直後の祖国では混乱が続き、南北分断に続いて、朝鮮戦争まで起こってしまった。父は帰還のチャンスを失い、帰還した家族たちは生活の基盤を破壊されて貧困に苦しむことになった。まだ少年だった叔父は日本に再び戻ろうとした。むしろ祖父が叔父の将来と家族の口べらしを考え、叔父を日本に送り返そうとしたのである。しかし、それは簡単なことではなかった。

一九一〇年以後、すべての朝鮮人は無理やり日本国臣民にされていた。日帝時代の朝鮮と日本の往来は、外国の間の移動ではなく、同じ国家の領域内における、その国の国民の移動であった。そうはいっても、もちろん日本人と朝鮮人との間にはきびしい差別があった。朝鮮人は「渡航証明書」がなければ日本に渡ることができなかった。その証明書は警察が日本の朝鮮支配にとって安全と認めた者にだけ発給したのである。たとえば創氏改名を拒否している者は「不逞鮮人」と見なされ、当然、渡航証明を得ることもできなかった。尹東柱の「星を数える夜」という詩は、日本の大学に進学するため苦悩の末に創氏改名を受け入れた彼が「恥ずかしい名」を悲しむ詩である。しかし、こうした差別も、他国民であるという理由で行なわれたのではない。それがいかに不当なことであったにせよ、法的には朝鮮人は日本国民だったのである。

解放直後、日本の本土に二三〇万人ほどの朝鮮人がいたが、その大部分は一、二年のうちに帰還していった。ただ、私の父のような事情の朝鮮人およそ六〇万人が日本にとどまったのである。日帝は敗北したが、ＧＨＱ（連合国占領軍司令部）と日本政府の公式見解では、旧植民地出身者の国籍は依然として日本国籍であった。つまり、解放直後の数年間は、日本政府の見解によっても、在日朝鮮人の国籍は日本国籍だったのである。それが公式に否定され、日本国籍が剝奪されるのは一九五二年になってからだ。したがって、私の叔父は当時まだ日本国籍所持者であった。叔父は自分の生まれた場所へ、自分の兄が生活している場所へ戻ろうとしたのである。この叔父のように、いったん朝鮮に帰還したあと、再び日本に戻ろうとした朝鮮人の数は、正確には把握できないが、少なくとも数万名以上になるだろう。いずれも、生きるための、やむにやまれぬ選択であった。

しかし、ＧＨＱと日本政府は、この人々が当時は法的には日本国籍保持者であるにもかかわらず、日本への入国を阻んで検束し、長崎県大村市に建設した収容所に収容したのち強制送還したのである。送還される者にとっては死刑にも等しい処分である。実際、大村収容所では送還を拒否して自殺する者もあった。

敗戦後の日本政府の一貫した立場は、自国内に残った朝鮮人を一刻も早く国外に追い出すことであった。その理由は、総体として貧困層が多かった朝鮮人が国内に残ることによる財政的負担を避けるためであり、また、朝鮮人は天皇制に反対するであろうから治安上の観点から好ましくないと考えたからである。こうした日本政府の立場にＧＨＱも同意を与えた。ＧＨＱの権限を事実上握っていたアメリカは「日本の共産化阻止」という自己の冷戦戦略を最優先し、朝鮮人の国境を越えた移動を危険要因とみなしたからである。

叔父に残された手段は密航しかなかった。叔父は小さな漁船の、窒息しそうになるほど息苦しく蒸し暑い機関室に潜んで日本に密航してきた。見つかりそうになったときは、機械油のドラム缶に首まで漬かって隠れたという。叔父はこの経験を、たった一度だけ、恥ずかしそうに、小さな声で話してくれた。その体験談は在日朝鮮人の間ではありふれた話に過ぎなかったからであり、それと同時に、決して日本人の耳に届いてはならない秘密でもあったので、あえて語られることがなかったのだ。

叔父は密航に成功し、私たちの家でいっしょに暮らすことになった。しかし、「公式な身分証明書類」すなわち外国人登録証をもつことができず、見つかればすぐに強制送還される立場にあったため、叔父は日本の公立学校に通うこともできなかった。「不法滞在者」である叔父は一生の大半を偽名で過ごした。

しかし、「不法」とは、どういうことか？　日本が恣意的に朝鮮を占領して、そこに存在した境界を消し去ったのだ。そのため、朝鮮人たちは日本と往来する生活圏を形成することになった。それは日本資本主義の要求とも合致していた。GHQと日本が、そのような生活圏に再び恣意的に境界を引き、生きるために往来しようとする人々に「不法」の烙印を押したのである。

叔父は六〇歳まで日本で生きたが、何もかもつじつまのあわなかった人生に自殺という形で幕を引いた。カナファーニーの「太陽の男たち」を読んだとき、私に、幼かった頃の秘密の思い出が急激によみがえってきた。一方はタンクローリーのタンクに潜み、もう一方は漁船の機関室に隠れて、生きんがために越境を試みるパレスチナ難民と私の叔父。そういう叔父の存在が私にとって、「私とは誰か」を考えるときの重要な座標軸だ。私はそういう叔父をもつ者であり、叔父のような人々の一員である。

「私たち在日朝鮮人」と私が言うとき、「在日朝鮮人」とはそういう人々のことである。私たち在日朝鮮人は「密航」という経験の集団的な伝承を媒介として「太陽の男たち」に想像をはせることができる。私たち在日朝鮮人は「パレスチナ人」と自分たちとが、いずれも近代の植民地主義による理不尽な圧迫の結果として、「私たち」という集団的自己意識を形成してきたのだということを認識することができる。

ふたたび問う、「私たち」とは誰か?

私がカナファーニーの作品に触れ、それを媒介として「私とは誰か」という終わりなき問いに対する一定の方向性を見出すことができたのは、実は、韓国で七〇年代に民主化運動を先駆的に闘った人々のおかげである。

カナファーニーの作品が最初に日本語で紹介されたのは、一九七四年に東京で刊行された『現代アラブ文学選』(創樹社)という書籍においてである。その時、私は大学生だったが、この本のことを知らずにいた。その七年後、一九八一年になって時の韓国における最先端の文芸評論を収めた『第三世界と民衆文学』という書籍が日本で発刊されたが、ここに含まれていた白楽晴《ペクナクチョン》の論文を読んで初めて、私はカナファーニーという文学者の存在を知ったのである。四半世紀も前のことになる。

その論文によると、白楽晴らは当時、七四年に日本で出た『現代アラブ文学選』を読んでカナファーニーらのアラブ文学に注目したという。その過程で彼らは、韓国で自らが闘っている民主化闘争とパレスチナ解放闘争との普遍的な同時代性に覚醒し、韓国の人々が「第三世界人的自己認識」をもつことの重要性を強調した。もっとも険悪だった維新独裁体制の時代を生きた人々が、パレスチナ人たちの闘いを参照し、そこから大きな示唆と激励を汲み取っていたわけである。

七〇年代という時代を日本社会で過ごしていた私は、韓国民主化闘争の勝利を切望しながら、自らそれに具体的に同参できないことをもどかしく思っていた。また、その困難な闘争に同参できない自分に、自分も彼らと同じ「私たち」であると言う資格があるだろうかと悩んでもいた。そんな私が、カナファーニーの文学という「第三項」を設定することで、韓国で闘っている人々と自分との関係についても、ある安定した視座を得ることができたのである。

在日朝鮮人である私、韓国で民主化のために闘う人々、パレスチナ人――私たちは互いにこんなにも隔てられている。私たちは安易に出会うことはできず、まして、お互いを「私たち」と安易に一括りにすることもすべきではない。しかし、私たちを隔てているものが、近代の植民地主義者たちが恣意的に引いた境界線である以上、植民地主義との不断の闘争を通じる過程で、また、それを通じてのみ、私たちはお互いに出会い、新しい次元の「私たち」へと自己意識を発展させて行くことができるのだ。

あれから四半世紀の時が流れ、多くのものが変化した。韓国民主化闘争は長い困難を経て、一定の勝利を収めた。さまざまな問題があるとはいえ、国民の生活水準も当時とは比べものにならないくらい向上した。しかし、現在の韓国の人々が、どれだけあの当時の初心を大切に記憶しているかは疑問である。もし、あの初心が生きていれば、イラク派兵に対する抵抗ももっと強いはずではないだろうか？　いま韓国の人々は、どういう「私たち」であろうとしているのか？「文明社会の繁栄と治安を脅かすイスラーム」というあいまいな他者像に対して、「先進国の仲間入りを果たしつつある韓国の国民」という自己愛に満ちた自己像を対置しようとするのだろうか？

カナファーニーの「太陽の男たち」が書かれてから四〇年以上になるが、いまもパレスチナ人たちは鉄のタンクに閉じ込められている。もともと自分たちのものであった大地にイスラエルによって高く無慈悲な分離壁が建設され、生活そのものを切り刻まれている。世界は、それを傍観している。傍観しつづけるのかどうか、そのことがすなわち、「私たちとは誰か」という問いへの答えになるのである。

記憶の闘い――東京とソウルで読むプリーモ・レーヴィ

二つの映画

プリーモ・レーヴィがトリノ市レ・ウンベルト街の自宅で自ら命を絶ってから、二〇年になる。彼がその生涯と、衝撃的な死とによって私たちすべてに投げかけた問いは、二〇年後の現在もすこしも色褪せようとしない。

去る（二〇〇七年）四月、東京で開かれたイタリア映画祭において、ダヴィデ・フェラーリオ監督の映画「プリーモ・レーヴィの道」（二〇〇六年）が上映された。上映に先立って東京のイタリア文化会館で特別講演会が行なわれ、講師として招かれた私は長期滞在中のソウルから駆けつけた。

フェラーリオ監督の作品はプリーモ・レーヴィの作品『休戦』（La tregua）に着想を得たものと聞いていたが、その映画をまだ見ていなかった私は、内心、警戒心でいっぱいだった。というのは、一〇年ほど前、同じ『休戦』を原作としたフランチェスコ・ロージ監督の映画『遥かなる帰郷』

（The Truce）をみて、かなり失望した記憶があったからだ。

この映画は原作に忠実ではなかった。プリーモ・レーヴィが残したメッセージのもっとも重要な部分が恣意的に歪められるか、薄められていた。そのことがもっともよく現れていた場面は、プリーモ・レーヴィたちイタリア人虜囚を積んだ帰還列車がミュンヘン駅に一時停車する場面である。映画では駅で労役に従事していた元ドイツ軍兵士がプリーモ・レーヴィたちに気づき、悔恨と苦悩の表情を表して、がっくりと膝をつく。しかし、原作の場面は正反対だ。原作によると、列車の停車中に駅の近くを歩き回ったプリーモ・レーヴィは、彼ら強制収容所からの生還者を目の当たりにしながらも過去に目をふさぎ、かたくなに口をつぐむ「ドイツ人」たちの姿を見たのである。

ロージ監督の映画が製作されたのは一九九六年のことである。プリーモ・レーヴィの死からおよそ一〇年後にあたる。私はその、口当たりよく造られた娯楽映画を見て、プリーモ・レーヴィも、

プリーモ・レーヴィ（本論文「東京とソウルでプリーモ・レーヴィを読む」を収録した"Voci dal mondo per Primo Levi : In memoria, per la memoria"の表紙）

死後わずか一〇年にして、このようにして化石化されていくのか、と思ったものだ。アウシュヴィッツの証言が化石化されることに、つまり無力化されることに、プリーモ・レーヴィはあれほど抵抗したというのに。

それからさらに一〇年たってフェラーリオ監督のロードムービーが公開されたわけである。アウシュヴィッツから解放されたあと、東欧諸国とソ連を放浪した末に、八カ月がかりでトリノに帰還したプリーモ・レーヴィの道程を、六〇年後の現在、フェラーリオ監督はたどり直して行く。ポーランド、ウクライナ、ベラルーシ、ルーマニア、そして、あのミュンヘン駅の場面ではネオナチの姿。次々と移り変わる季節と風景、さまざまな人々の表情にプリーモ・レーヴィのテクストの朗読が重ねられた。

フェラーリオ監督は、この作品を通じて過去と現在との対話、プリーモ・レーヴィと私たちとの対話を試みた。彼はロージ監督作品の二の舞はすまいと心に決めていたのかもしれない。彼はプリーモ・レーヴィの物語を劇映画によって直接に再現しようとはしなかった。この判断は、おそらく賢明であり、必然的なものでもあっただろう。プリーモ・レーヴィの生涯が私たちに投げかけているのは、証言の不可能性、したがって物語ることの不可能性という問いだからだ。

このように、一方にプリーモ・レーヴィの残したメッセージを化石化する趨勢があり、他方に、すでにこの世にいない彼を召還し対話しようとする試みがある。この二つの精神的運動の明瞭な対比を、私は、プリーモ・レーヴィ没後二〇年の東京で眼にしたわけである。

マイノリティとしての共感

イタリアという場所から遠く離れた極東アジアの一隅で、一見すると反ナチズム闘争とも「ホロコースト」とも無縁なように見える一人の人間つまり私が、なぜ、プリーモ・レーヴィに強い関心を抱くにいたったのか。そのことを語るためには、筆者である私が誰であるのかを書くべきであろう。そのことはおそらく、世界の他の地域の人たちに、極東アジアのコンテクストにおいてプリーモ・レーヴィがどう読まれているのかを推測する手がかりを提供することになるはずだ。

私は作家であり、同時に日本の大学に在職している。担当している講座は「人権とマイノリティ」である。勤務先から研究休暇を与えられ、二〇〇六年四月から二〇〇八年三月までの予定で、韓国のソウルに滞在中である。

私は日本に生まれ育ったが日本人ではなく、在日朝鮮人である。

私は一九九九年に『プリーモ・レーヴィへの旅』（朝日新聞社）という著書を上梓したが、この本に対し、東京のイタリア文化会館からマルコ・ポーロ賞を授与された。この賞は、イタリア文化の紹介に功績のあった日本語の著作に与えられるものだ。以下に、その授賞式での私の挨拶の一部を紹介する。

朝鮮民族のもっとも著名な詩人の一人である韓龍雲《ハンヨンウン》は、自らの詩集『ニムの沈黙』の序文に、次のように記しています。

「……『愛する人（ニム）』だけがニムなのではなく、憧れるものはすべてニムである。衆生が釈迦のニムなら、哲学はカントのニムである。薔薇のニムが春雨なら、マッチーニのニムはイタリアである。ニムは私が愛するだけでなく、私を愛するのである。」

韓龍雲は仏教の僧であり、一九一九年三月一日の独立運動の思想的指導者でもありました。彼は日本の植民地支配に抵抗する独自の思想を鍛え上げる過程で、このようにイタリアのマッチーニ【註1】から多くの霊感を得ていたのです。今日もなお、ほとんどの朝鮮人が韓龍雲の詩を愛していますが、それは多くの朝鮮人の心にマッチーニの名が憧れと尊敬の念をもって記憶されているということを意味します。

「ニム」とはもともと「愛する人」や「尊敬する人」の名に付す朝鮮語独特の敬称ですが、韓龍雲によって、この言葉の指し示すイメージは普遍的な広がりをもつことになり、独立や自由、人間的解放への抑えがたい憧れといった意味を含む特別な言葉となりました。私たち朝鮮人は、植民地支配の下にあった日々、それに続く民族分断と軍事独裁の日々、それらによってもたらされた異郷での離散の日々を、まさに「ニム」に呼びかけ、「ニム」を待ち焦がれて生きてきたのです。

そう考えるならば、今世紀の始めに韓龍雲にとってマッチーニがそうであったように、世紀の終わりにあって、在日朝鮮人である私がプリーモ・レーヴィの作品と思想から多くの霊感を与えられたとしても、決して不思議ではないでしょう。私の「プリーモ・レーヴィへの旅」は、二〇世紀を特徴づけた植民地支配、世界戦争、人種差別と大量殺戮といった悪夢の数々から私たち人類がきっぱりと手を切ることのできる道を求める、あてどない旅の一部分でもあります。

私がプリーモ・レーヴィに強い関心を抱いた原因は、大きく三つの要素に分けて説明することができるだろう。

第一には、すでに示唆したとおり、マイノリティとしての共感である。日本社会のマイノリティである私は、イタリアのマイノリティとしてのプリーモ・レーヴィに格別な共感を抱く。たとえば、『周期律』（竹山博英訳、工作舎、一九九二年）という短編小説集の冒頭に置かれた「アルゴン」という作品には一九世紀という「同化と解放の時代」を生きたピエモンテ地方のユダヤ教共同体の記憶が、ユーモア溢れる筆致で描かれている。とくに、ヘブライ語とピエモンテ方言とが混じってできた彼ら独特の言葉があったこと、そして、その言葉が非ユダヤ人たちには理解しがたい「犯罪者用語的機能」をもち、「感嘆すべき喜劇的な力」をもっていたという記述は興味深い。こうした記述は、単一の脈絡のみによってモノフォニック（単声的）に語られる従来の歴史像とは比べものにならないくらい、ポリフォニック（多声的）で豊穣な歴史像を私たちに示してくれる。

『周期律』はプリーモ・レーヴィという「ユダヤ人」による、自己のアイデンティティをめぐる彷徨と探求の物語であるといえるが、それは内向的で個別的な精神世界に向けて閉じられているのではない。むしろ、ヨーロッパ人文主義と自由主義思想の遺産のうち最も良質な部分を継承しようとするヒューマニストの姿を私たちはこの作品に見出すであろう。そのことをよく現しているのが、対独抵抗運動の過程で犠牲になった若き日の親友サンドロ・デルマストロの追憶を綴った「鉄」である。

日本のマイノリティである私は、『周期律』を読むことによって、公的な歴史では語られることの少ない自分たちの歴史が、その細部の感情において、いかにイタリアのマイノリティの経験と共通しているかを感じ、いわば「マイノリティの普遍性」とでもいうべきものを感知する。そして、それとともに、マジョリティとマイノリティとを分かつ障壁を乗り越えるための、厳しく美しいヴィジョンを与えられるのである。

だが、マイノリティとしての共感というこの第一の要素については、本稿ではこれ以上詳しく述べることができない。

第二の要素は「証言の可能性と不可能性」という問題意識である。

第三の要素は「記憶の闘いへの参与（アンガージュマン）」という問題意識である。

以下に、これらの問題意識に即して述べていくことにする。

生還し証言する

プリーモ・レーヴィの代表作である『これが人間か』は、日本では『アウシュヴィッツは終わらない——あるイタリア人生存者の考察』というタイトルで一九八〇年に翻訳・出版された（竹山博英訳、朝日新聞社）。

日本は、ある意味では不思議なことだが、ナチズムや「ホロコースト」に関する書物が非常に多く翻訳出版されている国である。強制収容所生存者の証言文学に限ってみても、ヴィクトール・フランクルの『夜と霧』は一九六一年に、エリ・ヴィーゼルの『夜』は一九六七年に日本語版が刊行されている。『アンネの日記』もロングセラーの一つである。これらが一九六〇年代にすでに広く知られたことと比べると、プリーモ・レーヴィの『これが人間か』は、かなり遅く日本に紹介されたといえるだろう。そのため、読者にとってはすでに、ナチ強制収容所で起きた出来事の一つ一つは未知のことではなかったし、プリーモ・レーヴィの著作によって知らされる事実そのものへの驚きや衝撃はあまりなかったといえよう。そして、このことはプリーモ・レーヴィの発したメッセージの性質から見ても、必ずしも悪いことではなかったと思われる。彼のメッセージは事実そのものを知らせることより、その出来事が私たちに対してもつ意味について考察することを求めているからである。

『これが人間か』は強制収容所生存者の個人的な体験記として優れているだけではない。その枠を超えて、より深く、より普遍的な水準で、現代における「人間」そのものの危機の様相を本書は証言している。本書は、過去に残酷な出来事があったという事実を証言しているだけではない。その証言が伝わらないかもしれないという危機、「人間」は証言に耳を傾け過去の過ちに学ぶことができない存在なのかもしれないという恐ろしい危機についても、証言しているのである。

本書の刊行された一九八〇年の春、私の兄二人は韓国で九年目の獄中生活を過ごしていた。私と同じように日本で生まれ育った兄たちは一九六〇年代の終わりに韓国に留学していた。兄の一人は国立ソウル大学の大学院で社会学を学び、もう一人は同じ大学の法学部で法律を学んでいた。しかし、六〇年代初めにクーデタで政権をとり、強引な開発独裁政策を進めていた朴正熙《パクチョンヒ》大統領は七〇年代に入るとますます独裁権力を強化し、永久執権を目指すようになった。この動きに反対する知識人、学生、労働者の運動はすさまじい暴力によって弾圧された。

一九七一年の大統領選挙を前にして反政府運動が高揚したさなか、朴政権は「北朝鮮のスパイが学生運動を背後から操っている」として、スパイ団の検挙をセンセーショナルに発表した。その「スパイ団」の指導者として、私の兄二人の名が公表された。

彼らは虚偽の自白を強いる拷問を受けた。兄の一人は拷問に屈して筋書き通りの自白をすると学生運動や民主化運動に多大な被害を与える結果になると考え、むしろ死をえらぼうとして焼身自殺をはかった。彼は結果的に死を免れたが、全身に回復不可能な大火傷を負った。彼は無期懲役を宣告された。もう一人の兄は懲役七年を宣告されたが、刑期を満了した後も、「再犯のおそれがある」という理由で、裁判もなしに拘束を延長された。

彼らが政治犯として獄中にいた一九七〇年代と八〇年代、韓国では軍事政権の時代が続いた。獄中の政治犯に対して拷問や虐待が繰り返された。

一九七九年に独裁者・朴正熙が自らの側近によって暗殺され、韓国にようやく民主化のチャンスが到来したと思われた。私も、兄たちの釈放にかすかな期待を抱いた。しかし、一九八〇年五月、戒厳令を発布した将軍・全斗煥《チョンドゥファン》は民主化運動を弾圧し、自ら大統領の地位に就いた。とくに、野党色が強い地方都市、光州《クァンジュ》市で繰り広げられていた民主化闘争に対して空挺部隊による残酷な軍事鎮圧が行なわれ多数の犠牲者を出した。

まさにそういう時に、私はプリーモ・レーヴィの『これが人間か』に出会ったのである。しかも、兄たちと面会するため遠く日本から韓国の監獄へ通い続けた母が、この同じ時、ガンのため世を去った。獄中の兄と外界を結ぶパイプが切断されたのである。

もちろん、ナチ強制収容所と韓国の政治犯監獄が同じだと言うとすれば、それは飛躍しすぎであろう。しかし、人間性への徹底的な冒瀆が日常化していた韓国の政治犯監獄は、「人間が生まれながらにして平等だという神話がいかに空しいものか」を叩き込まれるという点では、プリーモ・レーヴィが収容されていた「ブナ」(アウシュヴィッツ第三収容所の通称)と共通していた。

そんな時に『これが人間か』に出会い、私は大きな励ましを得た。もちろん、その励ましとは、楽観とはまったく異なるものだ。この本に描かれているのは、「思いやり」「憐れみ」「理性」「良心」「対話能力」といった、私たちが通常、「人間的」と考えている諸特徴が完膚なきまでに破壊された世界である。「人間ならこんなことまではしないはずだ」という私たちの思いに、どんなに根拠がないか。「人間同士ならわかり合えるだろう」という私たちの思い込みが、どんなに空しいものであるか。そのことを教えてくれる書物が『これが人間か』である。そんな書物を読んで、なぜ私は励ましを得たのか。それは、「生還して証言する」という意志の機能が、ここに語られていたからだといえる。

プリーモ・レーヴィは生前、強制収容所で生き延びた人間のタイプについて、宗教的または政治的な信念の強い者は生き残った、と語っている。信仰の強い人間にとっては「この世」の外部に「あの世」が存在する。共産主義者にとっては「現在」の外部に「歴史的必然性によって実現する未来の共産主義社会」が存在する。それらが、「この世」や「現在」の苦痛に耐える力になるだろうし、自分の犠牲を意味づける根拠にもなるだろう。

だが、プリーモ・レーヴィは、自分はこのタイプとは異なる、自分にとっては生還して証言しようという意志が生き延びる助けになった、と述べている。生還して証言しようとするのは、その限られた世界――たとえばナチ強制収容所――に「外部」があり、そこにはきっと証言を聞いてくれる誰かが、まさに「人間」が、いるに違いないという期待が残されているからだ。かりに全世界が強制収容所であり、そこには「外部」などないのだとすれば、何のために生き残り、誰に向かって証言しようというのか。プリーモ・レーヴィは、これほどの人間性の破壊を直接に経験しながらも、なおかつ、証言という行為を通じて、破壊された「人間という尺度」の再建に取り組もうとしているのである。

そのことを、もっともよく現しているのは、収容所仲間の「ピコロ」にダンテの『神曲』からオデュッセウスの航海のくだりを暗唱して聞かせる場面である。これは、苦難の航海を経て帰還し証言するという物語であり、「理性」の導きによって地獄から煉獄を経て天国にいたるという物語でもある。それはさらに、強制収容所を生き延びて人間性の勝利のために証言するという物語につながっている。

プリーモ・レーヴィこそが、いわば「人間」の尺度だ。彼を見よ、人間はアウシュヴィッツのような地獄、人間性の廃墟をも生き延びて、帰還し証言することができる。そして、「人間性」の価値をいっそう高めるために何ごとかをなすことができるのだ。彼がそうであったように、獄中の兄たちにも、ひいては私自身にも、いつの日かこの狭苦しい囚われの場所から人間たちのいる「外部」へ生還し、証言する日が来るに違いない。――当時の私はそう思ったのだった。

韓国では多大な苦痛と犠牲をともなう闘争の結果、八〇年代末になって軍事政権時代に終止符が打たれた。私の二人の兄たちも二〇年近い獄中生活を生き延びて出獄した。ようやく証言の時が来たのだ。だが、物語はそこで終わりではなかった。一九八七年にプリーモ・レーヴィが自殺したのだ。「人間」の尺度が自殺したのである。

証言の不可能性

プリーモ・レーヴィの死は、日本では当初、ヨーロッパほどには衝撃をともなう話題にならなかった。ようやく九〇年代に入ってから、ヨーロッパでの議論が徐々に紹介されはじめた。そのうちで、もっとも私の心をかき乱したのは、フランク・シルマッヒャーの「誰もがカインである」という文章である。もともとドイツの新聞「フランクフルター・アルゲマイネ・ツァイトゥンク」(一九九一年二月一六日付)に載ったものが、日本では『みすず』(一九九一年七月号)という出版社の広報誌にひっそりと翻訳掲載された。

後になって報告できるように、苦悩に耐えよ。これが、文学の最も厄介な最も疑わしい命題の一つである。(中略)他者に報告するために、苦悩の中に意味を見いだすために、苦悩、拷問、尊厳の喪失に耐えるのだ。文学のこうした中心的な宥和的な定式がグロテスクな誤解であるということ、イタリア生まれのユダヤ人プリーモ・レーヴィの年代記のなかで表現されているのはそのことである。

もし、この筆者の指摘するとおりだったとしたら、かつて私がプリーモ・レーヴィから励ましを得たことも「グロテスクな誤解」に過ぎなかったことになる。プリーモ・レーヴィはむしろ、証言の不可能性をこそ、私たちに証言したのではないか。

そう言えば、『これが人間か』の中で、「神曲」暗唱の部分に劣らず印象的な部分は、収容所で毎晩きまって見る悪夢についての記述だ。

そこには妹と、だれだか分からないが、私の友人と、ほかにたくさんの人がいる。みな私の話を聞いている。（中略）自分の家にいて、親しい人々に囲まれ、話すことがたくさんあるのは、何とも形容し難い、強烈で、肉体的な喜びだ。だがだれも話を聞いていないのに気づかないわけにはいかない。それどころかまったく無関心なのだ。（中略）すると心の中にひどく心細い悲しみが湧いてくる。

ここにすでに悲劇的な予感があますところなく語られている。

私たちの日常の想像をはるかに超えるような経験は、多くの人にとって理解も想像も不可能である。あまりに苛酷な経験をした人は、その経験がひどいものであればあるほど、その細部を語らない。この人たちは普通、「とても口では言えない」というのが精一杯だ。なぜなら苛酷な経験を想起することは、それを追体験することだからだ。まして、この人々は、想像を絶する経験を語ったところで、誰も——最も親しい者たちですら——まともに聞いてくれないだろうと、すでに囚われの身である時から予感しているのである。

このことが問うているのは、人間の行なう残虐や暴力が人間自身の想像力や表現力を超えてしまった時、その経験を表象したり、他者に伝達したりすることは不可能ではないのか、という問題だ。逆に言うと、私たちの多くは自らの身のまわりしか見ず、できるだけ近い将来のことしか考えず、そうした残虐や暴力への想像力を自ら遮断することで毎日毎日をやっと生きているといえるかもしれない。

しかし自分の想像力が追いつかない出来事を、それを体験した被害者が証言しなければならないのである。そのまま黙っていれば、惨事が繰り返されるのだから。ここに逆説が生じる。被害者が、被害者であるにもかかわらず、証人という重荷を背負わされるのだ。しかも、ほとんどの人々はまともに耳を貸そうとしないだけでなく、証拠がないとか、大ゲサだとか、説得力がないなどといった無神経な批判を証人に投げ付けるのである。

プリーモ・レーヴィは、このアポリアに立ち向かわねばならなかった。

最初の作品である『これが人間か』の序文に、彼は次のように書いている。

ラーゲル［強制収容所］とは、ある世界観の論理的発展の帰結なのだ。だからその世界観が生き残る限り、帰結としてのラーゲルは、私たちをおびやかし続ける。であるから抹殺収容所の歴史は、危険を知らせる不吉な警鐘として理解されるべきなのだ。

そして、およそ四〇年後に書かれた最後の作品『溺れる者と救われる者』(Il sommersi i salvati) の「結論」で、こう述べている。

> 私たちには、若者と話すことがますます困難になっている。私たちはそれを義務であると同時に、危険としてもとらえている。時代錯誤と見られる危険、話を聞いてもらえない危険である。私たちは耳を傾けてもらわなければならない。個人的な経験の枠を超えて、私たちは総体として、ある根本的で、予期できなかった出来事の証人なのである。まさに予期できなかったから、根本的なのである。(……)これは一度起きた出来事であるから、また起こる可能性がある。これが私たちの言いたいことの核心である。(竹山博英訳、朝日新聞社、二〇〇〇年)

四〇年間にわたる証言ののちに、彼の不安は静まるどころか、ますます高まっていることがわかる。

『これが人間か』は、アウシュヴィッツから生還したばかりの二〇代の若者が一気に書いたものとは信じがたいほど、隅々まで計算されたような重層的な物語の構造を備えている。ヨーロッパ文学の正統的な伝統をしっかりと踏まえているともいえる。土台に置かれているのはギリシャ＝ローマ神話である。その上に重ねられたダンテの『神曲』はルネサンスと人文主義の物語であり、「人間性」や「理性」の勝利を唱える西欧啓蒙主義思想へと伸びていく。さらにその上に重ねられたのは「ホロコースト」の物語なのだ。『これが人間か』は、こういう三層構造をなす物語である。だが、この三層構造の物語は、証言が最終的に成就する成功物語ではない。最上層で反転して、啓蒙主義的人間観の破局の物語となるのである。

ツベタン・トドロフはその著書『極限に面して』（宇京頼三訳、法政大学出版局、一九九二年）で、「レーヴィが一九八七年に自殺しなかったならば、すべてが単純明快だっただろう」と書いている。プリーモ・レーヴィは、地獄から生還した「文化的英雄」としてだけ存在したのではなかった。証人の務めをはたすことがどんなに困難かということ。そして、証言を前にした私たちの理解や洞察がどんなに薄っぺらなものかということ。つまりは証言の不可能性というアポリアを、彼は不意の自殺によって私たちに突きつけたのである。

プリーモ・レーヴィへの旅

一九九六年一月、プリーモ・レーヴィの墓の前に立つため、私はトリノへの旅に発った。トリノの公営墓地は広大だった。案内図をたよりに、ずいぶん歩き回ってから、ようやくユダヤ人墓地の一隅に彼の墓を見つけた。その簡素な墓碑には「174517」という六桁の数字が刻まれてい

囚人番号「174517」が刻まれたプリーモ・レーヴィの墓（写真／鎌倉英也）

た。私は、その数字が何を意味するのか、すぐにはわからなかった。しばらくして気づいたのだが、それはアウシュヴィッツで彼の左腕に入れ墨された囚人番号なのであった。

墓碑に囚人番号を刻む——それが個人の遺志によるのか、遺族の意思なのか、私にはわからない。ただ、レーヴィの言うように、強制収容所生存者に二つのタイプ——すなわち、「忘れたいと願いながら悪夢に責めさいなまれている者たち」と、「思い出すことは義務である」と感じ「社会が忘れることを警戒している者たち」がいるとすれば、明らかに後者であった彼にふさわしい墓碑であるといえる。それは、証人としてのアイデンティティを最後まで保とうとした人の、死後も証言を続けるという意思の表明であるように私には見えた。かりにアウシュヴィッツ否定論や歴史修正主義が支配する世の中が到来しても、世界中の人びとが「ホロコースト」の惨事を忘れ去った後にでも、遠い未来に、誰かがこの謎のような六桁の数字を発見し、まるで考古学者が古代の象形文字を読み解くように、二〇世紀に実際に存在した未曾有の暴力の歴史を復元するかもしれない。そんな願いが込められているようにすら思えた。

この旅の記録と思索を記した著書が、先にふれた『プリーモ・レーヴィへの旅』である。その著書から以下に数行引用することを許されたい。

証人がいないのではない。証言がないのではない。「こちら側」の人々が、それを拒絶しているだけだ。グロテスクなのは「こちら側」である。私たちがいま生きているのは「人間」という理念があまねく共有された単純明快な世界ではない。断絶し、ひび割れた世界だ。それでもなお、断絶の深みから身を起こした証人たちが、「人間」の再建のために証言しているのだ。だが、「こちら側」の人々は保身や自己愛のために、浅薄さや弱さのために、想像力の貧しさや共感力の欠如のために、証人たちの姿を正視せず、その声に耳を傾けようとしないのである。

（中略）

彼の自殺はそもそも、不安、恐怖、失意、絶望、あるいは倦怠のゆえではなく、自己の最後の尊厳を守るための、そして「証人」としての最後の仕事をやり遂げるための、静かな選択だったのかもしれない。

二〇〇二年春、私は再びトリノに出かけた。先に述べた著書『プリーモ・レーヴィへの旅』をもとに、NHKがドキュメンタリー番組を制作することになり、その番組に出演するため撮影クルーとともに現地に出かけたのである。

私たちは公営墓地やレ・ウンベルト街にあるプリーモ・レーヴィの生家——自殺の現場でもある——を撮影した。また、重要なインタビューをいくつかすることができた。

その第一のものは、ビアンカ・グイディッティ＝セラさんとのインタビューである。彼女は八〇歳まで弁護士として活躍した人物だが、学生時代からプリーモ・レーヴィや「鉄」の登場人物サンドロ・デルマストロの親友でもある。彼女自身はユダヤ人ではないが、大戦末期には「女性の擁護及び自由のために戦う闘争兵士を支援する会」という組織に属して抵抗運動に従事した。当時、ユダヤ人を匿ったり逃がしたりする活動にも従事し、プリーモ・レーヴィの母親や妹とも連絡を保っていた。終戦後も生還したプリーモ・レーヴィとの親交は続いた。彼の自殺の数日前まで、ともに景色の良い高台を散歩したという。

彼女は私たちに、プリーモ・レーヴィから送られてきた「灰色の領域」（竹山博英訳『溺れる者と救われる者』朝日新聞社、二〇〇〇年所収）のタイプ草稿を見せてくれた。そこには次のようなメッセージが添えられていた。「親愛なるビアンカへ。これはいま自分が取り組んでいる作品の最初の章です。君は以前興味があると言ってくれましたね。本気にさせてもらいます。私も君の意見をぜひ知りたいと思っています」。

第二のものは、エイナウディ出版社のプリーモ・レーヴィ担当編集者であるヴァルテル・バルベーリス氏のインタビューである。プリーモ・レーヴィの作家活動を最も近くから見守ってきた彼の言葉は多くの点で、私の推測を補強してくれるものだった。以下に、その内容を要約して紹介する。

プリーモ・レーヴィはたんなる小説家というより「記憶の作家」であり、なによりもまず証人だった。

現在、歴史修正主義や否定論的な傾向が見られるが、これは現在のヨーロッパにおいて私たちが考えるべき一つの危機だと思う。こういった傾向こそが、証言の役割を果たす文学への関心を逆に高めていったのだ。その意味で、プリーモ・レーヴィの文学は大変重要な位置を占めている。

プリーモ・レーヴィはいつでも気さくな人だった。自宅によく招かれたが、きわめて質素な生活をしていた。決して相手に不快な思いをさせせない繊細な人だった。彼が絶えず気にかけていたのは歴史の中で何が起きたのかをはっきりと理解し、その記憶を次世代に伝えることだった。でも、晩年の彼を悩ませていたのは、どちらかと言えば、個人的な、家庭の問題かもしれない。

もう一つ彼を悩ませていたのは、イスラエルとパレスチナの関係だった。彼はナチス・ドイツがポーランド人に対して行なったことを、イスラエルがパレスチナ人に対して行なっているのではないかと憂慮していた。彼は公式なユダヤ人社会との付き合いでとても苦労していた。ユダヤ人社会は同じユダヤ人である彼がイスラエルの政治に反する考えをもっていることに耐えられなかったのだろう。

プリーモ・レーヴィのような人物から与えられた証言を受け継いでいく倫理的な使命が私たちにはあると思う。

私たちはさらに、ジュリアーナ・テデスキさんにもインタビューすることができた。彼女もまたアウシュヴィッツからの生還者である。プリーモ・レーヴィの友人であり、一九六五年の収容所解放記念式典に際しては、彼とともにアウシュヴィッツを再訪した。また彼女は長い間、高校の教師を務めたが、先のヴァルテル・バルベーリス氏は彼女の教え子のひとりだということだ。彼女の左腕には囚人番号の入れ墨が残っていた。「この番号をレーザー手術などで消す人もいますが、私は決してそんなことはしたくありません。むしろ、寒くなっても半袖を着て、できるだけ人の目に触れるようにしてきました。これは私たちが死ぬまで背負っていく務めですから。でも、『どうして、そんなところに電話番号をメモしてるの?』なんて尋ねられることもあります」。

「人類は今後、人種、民族、宗教などの障壁を克服して平和に共存していけると思いますか」という私のナイーヴな問いには、彼女は首を左右に振って、「そう思いません。少なくとも私が生きているうちには無理ね」と答えた。

このようなインタビューを含む取材の結果、制作されたドキュメンタリー作品「アウシュヴィッツ証言者はなぜ自殺したか――作家プリーモ・レーヴィへの旅」は、二〇〇三年の日本放送批評懇談会テレビ部門大賞を受賞した。幸い現在まで繰り返し放映されている。

記憶の闘い――日本の文脈

上に述べたような私の活動は、しかし、私の個人的な動機からだけ行なったものではなかった。それは、日本における「記憶の闘い」に対する、私なりの参与（アンガージュマン）でもあった。ヨーロッパの一九八〇年代を第二次大戦後何度目かの「記憶の闘い」の時代と名づけることは、おそらく妥当だろう。一九七〇年代の西ドイツ社会ではヴィリ・ブラントの「東方外交」に象徴される「リベラル左派的コンセンサス」が主流の位置を占めたが、一九八二年にキリスト教民主同盟が政権につくと「健全なドイツ国民意識」を前面に押し出そうとする保守派の巻き返しが始まった。一九八五年にフォン・ヴァイツゼッカー大統領が「荒れ野の四〇年」と題する国会演説を行なった。この演説は「過去に眼を閉ざすものは現在にも盲目である」という呼びかけによって世界的に知られるが、実際には左右両派の均衡をはかろうとするものであった。

同じ一九八五年にクロード・ランズマン監督の映画『ショア』（Shoah）が公開されたことも、記憶の闘いを象徴する出来事であった。この映画には、ナチ強制収容所の生存者たちが登場して証言している。

翌一九八六年から、「歴史家論争」が始まった。歴史学者エルンスト・ノルテはその論文で「過去が過ぎ去らないことに不快の念を表わし、もう『終わり』にして、ドイツの過去を他の国の過去と異ならないものにしたい」という「ドイツ国民」の心情を擁護して、歴史修正主義の旗を掲げた。これに対するユルゲン・ハーバーマスの批判をきっかけに論争は一年近く続いた。その結果、学問的レベルではハーバーマス側が勝利したものの、一般大衆のレベルでは「いつまでもナチのことをいわれるのはウンザリだ」という大衆の心情に歴史修正主義の主張がかなり浸透したといえる。

こうした状況が晩年のプリーモ・レーヴィの心理に大きな影響を与えたであろうことは想像に難くない。彼が自殺したのは、「歴史家論争」の直後である。

ヨーロッパから一〇年ほど遅れて、日本でも「記憶の闘い」が始まった。

一九八九年は「ベルリンの壁崩壊」に象徴されるように冷戦構造崩壊を画す年である。冷戦期間中、韓国、台湾、フィリピンなどアジア各国では、冷戦の論理によって自己正当化をはかる権威主義的な開発独裁政権が存続した。これらの政権は表向きにはかつての加害者である日本を批判しつつも、同時に日本との政治経済的関係を自己の政権にとって有利な形で維持することに腐心したため、日本の戦争責任や植民地支配責任に対する追及も表面的なものに過ぎなかった。しかし、八〇年代になって各国で民主化が進展し、上記のいずれの国においても権威主義政権が退場することになった。この結果、それまでは声を上げることもできなかった被害者諸個人が、歴史上初めて、自らの権利と正義を要求する主体として登場し、日本の加害責任を追及することになったのである。

一九八九年はまた、昭和天皇が死去した年でもある。朝鮮植民地支配の最高責任者であり、日中戦争、太平洋戦争の最高指揮官でもあった彼は、ついに自らの加害責任を認めることなく、被害者に対する謝罪もしないままに死去した。これを契機に、それまであまり表面化しなかった対立層が浮上した。つまり、あらためて日本の過去を想起し、その責任を明らかにすべきだという主張と、むしろ過去の責任をうやむやにし、近代史を輝かしい物語として描くことで「日本国民としての誇り」を強調しようという主張との対立である。

このようにして徐々に始まった日本における「記憶の闘い」を決定づけた重要な事件は、金学順《キムハクスン》さんというひとりの韓国人女性が、一九九一年八月にソウルで記者会見を開き、自分は日本軍「慰安婦」【註2】だったと公表したことである。彼女は顔と実名を明らかにした最初のもと「慰安婦」となった。それまで、漠然としか知られておらず、しばしば事実に反してロマンチックな物語の脇役としてしか認識されてこなかった「慰安婦」が、顔と声をもつ生身の人間として目の前に現れ、自らが受けた暴力と尊厳の否定について、生々しい証言を始めたのである。

金学順さんの登場以後、韓国だけでなく北朝鮮、台湾、中国、フィリピン、インドネシア、オランダなど、かつて日本軍の侵略を受けた各地域から、もと「慰安婦」などの戦争被害者が次々に名乗り出てきた。東アジアにおける戦争被害の記憶が呼び覚まされ、それまで声をあげることのできなかった証人たちがいっせいに現れてきたのだ。一九九〇年以後、日本政府や企業を相手取って謝罪と補償を求める訴訟が数十件も提起された。

こうした事態は日本人の一部に、アジアの戦争被害者の証言に真摯に応答し、謝罪と補償を通じて新しい友好関係を築こうという姿勢を促したが、残念ながら、そうした動きは少数にとどまった。むしろ、日本人の別の一部に対しては、「いつまで謝れというのか」といった倒錯した被害者意識、「日本はアジア解放のため欧米と戦ったのだ」というナルシスティックな歴史認識、「アジアの被害者は金銭目当てに虚偽の告発をしている」という蔑視感、「このままでは日本は中国や韓国に負けてしまう」という対抗的国家主義、などの自己中心的な情動を掻き立てる結果になった。

こうして否定論と歴史修正主義が勢いを増すことになり、保守政治家たちの大部分もこうした国民の情動を共有した。一九九四年に中学校の歴史教科書に初めて「慰安婦」に関する記述が現れたが、右派がこれに猛反発して抗議運動を展開するとともに、「日本国民の誇り」を強調する新しい教科書を作り普及する運動を開始した。この右派の運動は予想外の広がりを見せながら、その後、現在まで継続している。

日本政府はかつて一貫して「慰安婦」に関する国家と軍の関与を否定していたが、九〇年代に入って証人たちが現れ、歴史家たちの研究が進むと、一九九三年になってようやく、公式に政府と軍の関与を認める見解を発表した。しかし、この見解においても日本政府は法的責任を認めておらず、現在まで正式な謝罪と補償を行なっていない。数十件にのぼった補償要求訴訟も結局ほとんどすべて敗訴に終わった。

日本国首相（本稿執筆当時）である安倍晋三氏は九〇年代から、上記した右派の運動に積極的に協力して、一九九三年の政府見解を見直すべきだという意見を表明するなど、歴史修正主義的な発言を繰り返してきた。今年になって彼はアメリカ合衆国をはじめとする国際的な圧力を受け、二〇〇七年四月末に訪米した際、奇妙なことにブッシュ大統領に対して「申し訳ない」と謝罪の意を表したが、この謝罪は被害者に向けられたものではない。去る七月三一日、アメリカ下院は「慰安婦」問題について日本政府の公式な謝罪を促す決議を採択したが、これによっても、日本政府の姿勢が変化する兆しは見られない。まとめていうと、日本で九〇年代にはじまった「記憶の闘い」においては右派や保守派の歴史修正主義が勝利しようとしているといえる。

私自身は、この「記憶の闘い」において、問題を日本対アジア諸国という国家間の二項対立的な構図に閉じ込めることは、ことの本質を見誤らせ、むしろ歴史修正主義を利する結果になることを憂慮してきた。そのため、日本における「記憶の闘い」を世界的に普遍的な文脈のなかに位置づけ、二度にわたる世界大戦や「ホロコースト」という二〇世紀の未曾有の政治暴力を克服するという人類史的課題の一環として見ることが必要であり、それが証人たちの証言の意味をより深く省察するためにも不可欠であると考えた。こうした考えから、私は日本における「記憶の闘い」にプリーモ・レーヴィという参照項を導入しようと試みたのである。

しかし、結論から言えば、私のこの試みは大きな成果を挙げることはできなかった。その原因は右派や保守派の力が強いからというより、大多数の日本国民の姿勢が——ここでプリーモ・レーヴィの作品を借りて言うならば――「バナディウム」（『周期律』）に登場するドイツ人、ミュラー博士の姿勢に共通するものであるからだ。

かつて「ブナ」の化学実験室でプリーモ・レーヴィと出会ったことのあるIG・ファルベン社員のミュラーは、自分自身をあたかも「善意の第三者」のようにとらえていた。彼はプリーモ・レーヴィに「過去を克服するために会いたい」と申し入れながら、IG・ファルベンが囚人を雇用したのは保護するためだったとか、「ブナ」の工場はユダヤ人の「生存を助ける」ために建設された、などと言うのだった。戦後もIG・ファルベンの社員であり続けたミュラーは、「自分が食べている皿に唾を吐くことなどしないのだ」。ミュラーは「頑固なナチ」ではなかったが、無意識のうちに自らを正当化しようとする「ある曖昧な人間像の典型」であり「単眼の人物の一人」だった。

プリーモ・レーヴィが描くこのような人間像に、私は日本でしばしば出くわす。彼らは、あれは時代が悪かった、戦争というのはそういうものなのだ、と説得を試みる。一部の狂信的な軍人が暴走したのであり天皇も一般国民も事実を知らされていなかった、だから責任は狂信的軍人にだけあるのだ、と言い張る。朝鮮の植民地支配については、日本がやらなければロシアがやったはずだ、日本は後進的な朝鮮人を日本人なみに引き上げようとしたのだ、その善意を認めるべきだ、などと主張する。

彼らは自分のことをヒューマニストの平和愛好家だと信じているが、しばらく話していると、「いったいいつまで謝れと言うのですかね？」などと言い始める。そして、お互いに「ルサンチマン」を捨てて「共生」することが大切だと高説を述べるのである。だが、「お互い」とはどういうことか？　被害者が加害者にルサンチマンを抱く理由はいくらも挙げられるが、その逆は思いつかない。彼らは実際のところ、加害者の責任をうやむやにし、いまも傷の癒えない被害者に向って「過去を水に流す」ことを慇懃に要求しているのである。

前述したように、日本は世界でも稀なほど、ナチズムや「ホロコースト」に関する書籍が翻訳紹介され、研究のレベルも高い国である。しかし、残念ながら、それらの知的蓄積は自国の歴史や現実の社会問題と結びつけて考察されることが少ない。研究者たちが狭いアカデミズムの枠内にのみ閉じられた議論に終始している一方、一般大衆は「ホロコースト」に関する著作や映画にその場限りの同情を覚えたり、あるいは娯楽として楽しんだりしている。いずれにしても自分たちとは無縁な他人事なのである。日本がヒトラーのドイツ、ムッソリーニのイタリアと同盟関係であったこと、したがって、日本もまた「ホロコースト」の加害責任の一端を免れないことを自覚している日本人はあまりにも少ない。

ソウルにて

二〇〇六年四月から、私は韓国のソウルで生活している。私は韓国国籍の保持者なのだが、軍事政権時代にはこの国に出入りすることができなかった。長い年月が流れ、ようやく私の祖先の国で生活してみる機会を得たのである。

韓国に来るにあたって、私は幾つかの課題を自らに課したが、そのうちの一つはプリーモ・レーヴィの著作を韓国の人々に広く紹介することだった。そのため、韓国で各方面に働きかけた結果、まず二〇〇六年一二月に、私の著書『プリーモ・レーヴィへの旅』が翻訳出版された。そして、二〇〇七年一月には『これが人間か』と『周期律』の二冊が、私の解説つきで翻訳刊行された。これらは韓国で初めて翻訳されたプリーモ・レーヴィの著作である。

韓国では、日本に比べて、ナチズムや「ホロコースト」に関する書籍の紹介されている数は圧倒的に少ない。ここでもヴィクトール・フランクルとエリ・ヴィーゼルは知られているが、プリーモ・レーヴィを知っている人は一部の専門研究者を除いてほとんどいなかったというのが現状である。一般の韓国人が「ホロコースト」に関してもっている知識はスティーブン・スピルバーグの映画「シンドラーのリスト」によってもたらされた範囲を大きく上回るものではないようだ。一般の韓国人にとって、この主題は、少なくとも今日までは、あまり自分たちの身に迫るものではなかったといえよう。その理由については、さまざまな推測が可能であろう。

私の知るある大学教授は、韓国の近現代史は植民地支配、内戦、軍事独裁といった残酷な政治暴力の連続であるため、韓国人の多くは遠い他国の虐殺事件にまで関心を抱く余裕がなかったのだ、と言う。また、こんなことを言う人物にも出会った。「ユダヤ人もひどい目にあったかもしれないが、自分たちもそれに劣らぬ悲劇を経験した。彼らの経験だけが特別なものではない」。このような見解がどの程度一般的なものであるのか、まだ判断はできないが、少なくとも、日本ではほとんど出会うことのない反応だといえよう。

しかし、予想に反して、『これが人間か』の韓国版は好調な売れ行きを示している。初版の三〇〇〇部は韓国の出版文化から見れば少ない部数ではないが、たちまち増刷に入り、出版七カ月後の現在までに九〇〇〇部を発行した。（一方、『周期律』は現在のところ初版の三〇〇〇部がまだ完売していない。）

この好調な売れ行きの理由について出版社の担当者は以下のように分析している。

出版社として当初想定した読者層は①アウシュヴィッツと「ホロコースト」そのものに関心をもつ人びと、②「記憶の闘い」という問題意識をもつ人びと、③ツベタン・トドロフやジョルジョ・アガンベンの著作を通じてプリーモ・レーヴィについて思想的ないし哲学的な関心をもつ人びと、④イタリア文学の愛好者、という四類型であった。刊行後の反応を見ると、①③④の類型の読者からの反応はあまりなく、むしろ②類型の読者によく読まれていることがわかる。とくに、一九八〇年五月の虐殺事件の舞台となった都市である光州で「青少年推薦図書」に選ばれ、この地域で売れ行きが伸びたことが、上記の推測を裏付ける材料といえる。

韓国ではインターネットのブログで個人が書籍の読後感や書評を公表することが非常に広く行なわれているが、『これが人間か』に対する投稿はきわめて多く、一つ一つが長文であり、基本的に真摯な内容である。私が読んでみて印象的だったことは、やはり韓国人自身が経験してきた政治的受難の記憶やその証言という問題と結びつけて考えているものが多いことである。

韓国では民主政権の誕生とともに過去の政治暴力の真相を究明し、被害者の名誉回復と補償を行なうことが、政策として進められてきた。たとえば、一九四八年の「済州島《チェジュド》4・3事件」では多数の住民が政府軍や警察、右翼団体の暴力の犠牲となったが、軍事政権時代にはこの事件は共産主義者の反乱であり犠牲者は「暴徒」であると規定されてきた。しかし、二〇〇〇年になって、このような見方を政府が改め、「済州島4・3事件の真相糾明と犠牲者の名誉回復に関する特別法」が施行された。これは、韓国において現在進行している、過去の政治暴力の真相と責任をめぐる「記憶の闘い」の一例に過ぎない。

先に言及した一九八〇年の光州における虐殺事件は、今日では公式に「光州民主抗争」と呼ばれるようになった。しかし、まだまだ真相が解明され、責任者が処罰されたとは言えない。この虐殺事件の最高責任者であり、のちに大統領となった全斗煥は現在も健在であり、支持者も少なくない。また今年（二〇〇七年）末に予定されている次期大統領選挙【註3】の有力候補者である朴槿恵《パククネ》は、かつての独裁者・朴正熙の娘であり、全斗煥ともつながりを保っている。つまり、韓国における「記憶の闘い」は現実的な政治闘争の重要な構成要素なのである。こうした状況の中で、現在もなお抑圧されている被害者たちの証言に期待し、それに耳を傾けようという要請として、プリーモ・レーヴィが読まれていると言えそうだ。

もう一つ、韓国らしい反応として印象的だったのは、韓国軍の制度的な非人間性とむすびつけて読んだ読後感である。この書評者は、「韓国の男性なら誰でも、プリーモ・レーヴィの本を読んですぐさま軍隊生活を思い出すだろう」と書き始め、軍におけるすさまじいまでの私的制裁の横行と人間の尊厳に対する侵害を告発している。彼によれば、こうした構造的な暴力のため毎年数百人が軍隊で自殺しているというのである。

韓国は徴兵制を実施しており、基本的にすべての男性国民は兵役につかなければならない。南北分断という軍事的緊張状態を過去数十年にわたって続けてきたため、軍事政権の時代ほどでないとはいえ、現在も社会の各層に軍事文化が浸透しているといえる。良心的兵役拒否の制度は現在やっと議論されるようになったが、まだ法制化されておらず、兵役忌避者はきびしい処罰を免れない現状である。

以上の二つの事例が示すように、韓国でのプリーモ・レーヴィの読まれ方は、過度にとも言えるほど、自分たちの現実の問題にひきつけたものであるといえよう。これは日本との明瞭な違いである。

こうした韓国での読まれ方は、「ホロコースト」という出来事そのものの深い理解や、プリーモ・レーヴィの発した思想的な問題――とくに「証言の不可能性」というアポリア――に対する考察という水準には、まだ到っていない。韓国で政治暴力の被害と加害の記憶が呼び起こされ、議論され、深く考察されるのは今後の課題だといえるだろう。しかし、『これが人間か』の反響を見る限り、今後に期待を持つことはできそうだ。

極東アジアで継続中の「記憶の闘い」は、植民地支配、世界戦争、人種差別と大量殺戮といった二〇世紀の悪夢と手を切るための、全世界的な闘いの重要な一部分である。しかし、私たちはまだ出口を見出すことができず、当分あてどない旅を続けなければならないようだ。二〇年前に世を去ったプリーモ・レーヴィを繰り返し召還し、彼の残したメッセージに耳を傾け、対話を続けなければならない。

【註】

〈1〉マッチーニ（Giuseppe Mazzini, 一八〇五〜七二年）は、カヴール、ガリバルディと並ぶイタリアのイタリア統一運動時代（リソルジメント）の代表的政治家、革命家。その自由主義的国民主義思想は一九世紀後半、諸民族の独立運動に大きな影響を与えた。

〈2〉日本軍による「慰安婦」制度は、正確には戦時性奴隷制度と呼ばれるべきものである。一九三七年以後、中国との戦争が本格化するにともない、日本軍指導部は、①日本軍兵士による中国民間人女性への強姦事件の多発、②性病の蔓延による戦闘力の低下、等の問題への対策として戦地に「慰安所」を設けることを政策として決定した。この「慰安所」には①軍が直営するもの、②軍が売春業者に委嘱して経営させるもの、③現地の既存の売春施設を軍直属に指定するもの、という三種があった。

そこで実際に売春の仕事を強要されたのは朝鮮人、台湾人など、日本の植民地の若い女性たちが多かった。また、中国、フィリピン、インドネシアなど日本軍が占領した地域の女性たち（オランダ人を含む）も強制的に売春を強要された。彼女たちは軍人と売春業者による暴力、性病や結核などの疾病に苦しめられた。多くの場合、きわめて非人道的な環境に長期間拘束され、約束の報酬も与えられなかった。また、戦争が日本の敗戦に終わった後、そのまま戦地に捨てられた。こうした九〇年代に入って日本軍「慰安婦」だったと名乗り出た生存者の数は韓国だけで一六〇人以上、アジア各国を合わせると数千人にのぼる。「慰安婦」被害者の総数については研究が進行中だが、一説には二〇万人と推計されている。

この日本軍「慰安婦」制度被害者は、日本による戦争被害者全体の一部を占めるものにすぎない。この他に、南京大虐殺、七三一部隊による生体実験、強制連行・強制労働など、広汎な領域に多数の被害者が存在する。

〈3〉結局、朴槿恵は自らが属す政党の大統領候補指名競争に敗れ、李明博《イミョンバク》が指名を獲得した。大統領選挙では李明博が当選し、保守政権への政権交代となった。

道徳性をめぐる闘争——ホー・チミンと「革命的単純さ」

パリ

一九八四年の秋、私は生まれて初めてパリの街に立った。一〇代の頃からの念願を果たしたのである。

私の一〇代はちょうど六〇年代という時代に一致する。カミュを読み、サルトルを読んだ。サルトルから枝分かれしてフランツ・ファノンを読み、別の枝をたどってポール・ニザンを読んだ。このような筋道は、当時の若者にとって珍しいものではなかった。

大学は文学部の仏文科に入った。勉強らしいことはしなかったが、それでも卒業論文はニザンで書いた。大学を出た後、友人のうち何人かは旅行や留学でフランスに行ったが、当時の私にとって、それは夢物語に過ぎなかった。大学を出て一〇年が経った頃、私は明日をも知れぬ閉塞状況にあったが、半ばやけっぱちで、何の目論見もないまま旅に出たのである。パリという場所を、生涯に一

フランス社会党トゥール大会に参加したホー・チミン

度は見ておきたいという気持ちがあった。

サンジェルマン・デ・プレの地下鉄駅に降り立ってみると、あれは何かの広告だったのだろうか、壁一面にサルトルとボーヴォワールの巨大な肖像写真が貼られていた。

これがパリだ！　まるで、パリが私を待ち受けていたかのようだった。

興奮を引きずったままカルチェ・ラタンのカフェにひとり坐った。しかし、飲み慣れない苦いコーヒーをすすっているうちにゆっくりと心に浮かび上がってきたのは、サルトルやニザンではなく、痩せたアジア人青年の姿である。優しそうに見えるが、目に強い光をたたえている。ホー・チミンであった。もっと具体的にいうなら、写真で見たことのある、一九二〇年フランス社会党トゥール大会における彼の姿である。

パリに来てみるとアフリカ系やアジア系の人々の

姿が目についた。その多くは旧フランス植民地の出身者である。街路の清掃夫、タクシー運転手、料理店の皿洗いなど、おおむね貧しい暮らしぶりだ。植民地帝国の首都パリに満ちている植民地臣民とその末裔たちの気配が、ひたひたと私の心を占めていった。そうした人々の一人として、ホー・チミンはこの街で暮らし、ここで学び、ここで闘っていたのだ。パリ、ロンドン、ウィーン、ベルリン、東京、……かつて帝国の首都で生活した第三世界人の先覚者たちは、どれほどの苦痛と屈辱に耐えて、学び、自らを鍛え、闘ったことか。一〇代以来、私の想像上のパリはサルトルやニザンの街だったが、実際に来てみると、そこはホー・チミンの街であった。

ダイハンへの眼差し

これは以前にも書いたことだが、ある時、アヴィニョンという古い街で腹を空かせて一軒の中華料理店に飛び込んだところ、そこは中華料理ではなくベトナム料理店だった。店主らしい男性が近づいて来るのを見て、「彼はボートピープルだろうか？」という空想が唐突に私を襲った。注文をとりに来た彼が、「ジャポネ（日本人か）？」と尋ねた時、私は「ノン、コレアン（いや、朝鮮人だ）」と即答することができなかった。

ベトナム戦争が終わって一〇年近くたっていたが、戦争中に韓国軍が行なった残虐行為の記憶はまだ生々しかった。アメリカの戦略のもと、韓国が猛虎、白馬の二師団を主力とする部隊を派兵したのは一九六五年。韓国軍兵士の給与はアメリカが支払い、彼らの仕送りが韓国の苦しい外貨事情を裏から支えた。タイやフィリピンの軍隊とは異なり、韓国軍はきわめて「まじめに殺した」といわれる。ベトナム民衆の多くは、アメリカ軍よりもむしろ、忠実な「傭兵」としての韓国軍を蛇蝎《だかつ》のように嫌った。

共同通信サイゴン特派員であった亀山旭が、南ベトナム政府による韓国軍兵士への勲章授与式で目撃した、こんな情景を記録にとどめている。動員された学童たちが南ベトナム国旗と韓国旗を打ち振って「ダイハン（大韓の意）、ダイハン」と叫ぶ。汗とほこりにまみれた韓国軍将校を戦友が迎えた。二人は涙を流しながら、ひしと抱きあう。その場面で、亀山は学童たちの背後で兵士たちを見つめる農民の視線に気づく。「この農民たちの氷るような冷たい視線を私は見たことがない」。

いま私の目の前の料理店主は職業的な微笑をたたえているが、私が「コレアン」だと知ったとき、彼の眼はどんな光を帯びるのか？……こんなふうに思いが乱れたのは、料理店主が若い日のホー・チミンに生き写しに見えたからである。

ホー・チミンが勝利の日をみることなく死去したのは一九六九年九月二日である。私は大学一年生だった。サイゴンが陥落し、ベトナムの抗米戦争が事実上終結したのは、さらに六年後、一九七五年四月三〇日のことである。

山水画的簡潔さ

ホー・チミンの生涯は、伝記作家泣かせである。小倉貞男は、ベトナムの指導者たちが「ある共通した人生哲学」をもっていると述べている。彼らは外に向かって自らの体験を語ろうとしない。「その理由は、じつに簡単なことで、『ホ・チ・ミンが何も残さずに去った以上、われわれが残すわけにはいかない』というものだ」。

さぞかし面白い挿話に満ちているだろう幼年時代や青年時代については知られていることがあまりに少ない。その反面、彼が革命の道に入ってから抗米戦争勝利を前に没するまでの生涯は、一種の山水画的な簡潔さに貫かれていて、ロマン主義文学的な興味をそそるものとは言えないからである。

ホー・チミン（胡志明）というのは、彼の数多い仮名の一つである。本名はグエン・シン・クンという。革命運動中はグエン・アイクォック（阮愛国）と名のっていた。

フランスのベトナム支配は一八四七年のフランス軍艦によるダナン攻撃事件に始まる。一八八五年の清仏天津条約によってベトナムはフランスの植民地に組み入れられた。ホー・チミンはその五年後の一八九〇年五月一九日、ベトナム中部地方ゲアン省の農村で中流の知識人家系に生まれた。父親のグエン・シン・サックは科挙に合格し、教員を務めたあと一時は僻地の知事になったものの、

「官吏という職業は奴隷の中の奴隷である」という考えからフランス植民地支配機構に仕えることを潔しとせず、地方の知事を辞して製薬業を営み暮らしを立てた。

ホー・チミンはユエ（フエ）の国学院に通っていた少年時代（一九〇五〜一〇）に、すでに抗仏民族運動の強い影響を受けて活動を開始している。当時の民族運動の一つがファン・ボイチャウの指導による東游（ドンズー）運動であった。これは日露戦争に勝利した日本に学んでフランスと闘うための民族的力量を強化しようとする日本への留学運動である。しかし、一九〇七年の日仏協約により日本はベトナム人留学生を強制退去させた。留学生たちは「断腸の思い」で日本を去った。日本に裏切られた挫折の経験は、ベトナムの革命家たちに大きな教訓を残したであろう。

一九一一年、ホー・チミンはフランス船籍貨客船に「コック見習い」として乗船し祖国をあとにした。「コック見習い」とは、「とくに腕に職のない労働者」の呼び名であり、事実上は奴隷と大差ない境遇であった。彼が再び祖国に帰るのは三〇年後のことである。

彼の海員生活は二年におよび、その間にニューヨークにも立ち寄ったといわれる。一九一三年末に海員生活を切り上げ、ロンドンで庭師や調理師助手として働いた。中国人やインド人の労働者組織、アイルランド民族主義者などと交わったとされる。

第一次世界大戦が始まり、各国は植民地臣民を戦争に動員していた。イギリスはインド人やネパール人の部隊を、フランスはセネガル人やベトナム人の部隊を戦場に投入した。不足する労働力を補うためにも膨大な数の植民地臣民が下層労働者として宗主国に引き入れられた。帝国主義戦争は同時に人類史上初の総力戦でもあった。それは結果的に女性の社会進出と「国民化」を促したように、植民地臣民の「国民化」をも促した。植民地臣民の側では民族独立という課題を全世界的視野の中で構想することが求められることになったし、宗主国の左派勢力にとっては植民地問題を自国革命の戦略にいかに位置づけるかが重要な課題となった。

このような状況の中で、ホー・チミンはフランス社会党に入党している。そこで彼は当時の指導的な左翼知識人であるポール・ヴァイヤン=クーチュリエ、後に首相となるレオン・ブルム、カール・マルクスの長女の夫にあたるシャルル・ロンゲなどと知り合うこととなった。だが、ホー・チミンは同時に、ベトナムの民族独立という自己の最優先課題を手放さなかった。彼は国際植民地同盟（The Intercolonial Union）の機関紙『ル・パリア』の発行にかかわり、また『ベトナム・ホン』（ベトナム魂）という雑誌を刊行したとされている。

普遍主義の母国フランスで

当時、彼が書いた「フランスの植民地主義化の過程」という論文は、植民地臣民の立場から植民地主義の反道徳性を徹底して批判したものである。

――フランスの海外徴兵は名目上は志願制をとりながら、植民地ではあらゆる手段で「徴募兵」がかき集められる。ベトナムでは十分な身代金を払える者だけが徴募を免れることができた。しかも、「名誉の戦死」をした徴募兵の親族は報償としてアヘン販売の特許を与えられた。これは人道に対する「二重の犯罪」である。フランス植民地当局はベトナム人に飲酒の悪習を広めた上、米を原料とする酒の独占製造権をフランスの会社に与えた。この会社の利益を保護するため、ベトナム人の自家製酒造施設を手入れし、罰金や禁固刑を科した。ついに、植民地当局は規定量の「政府の酒」をあらゆる村に配給し、代金を強制的に村民に支払わせるにいたった。

この論文の一章は、「国民化」の罠に関する鋭い考察に割かれている。そこで彼は「大志をいだく土着人」に、彼らが「吸血虫クラブに仲間入りする」（フランス市民になる）方法を教えている。それは法律で定められているのだ。そこにはレジオン・ドヌール勲章の受章、大学卒の学位、植民地行政への重要な貢献、フランス軍に勤務し将校か下士官に昇級する、フランス女性と結婚し居住場所をもつ、などの資格条件が列挙されている。しかも、「大志をいだく土着人」は次のような質問に満足に答えられなければならない。「あなたの妻と子はフランス語が話せるか？」「彼らはヨーロッパ風の服を着るか？」「家に家具はあるか？」「食事はテーブルでとるか、それとも床にゴザを敷いて？」「土着人にかかわる法律がこれほど有利にできているのに、どうしてフランスに帰化を希望するのか？」

フランス革命によって勝ち取られた「国民」としての権利は、「土着人」にこのような屈辱を強い、彼らから尊厳とアイデンティティを奪い取ることと引き換えに与えられた。権利が欲しければ独立を捨てよ。これは、普遍主義を標榜する帝国が植民地支配を継続するために必要とする差別装置であった。今日にまで続く、植民地臣民と宗主国人との間の深い溝を、ホー・チミンはすでにこの時点で見抜いていたようだ。

一九一八年のヴェルサイユ講和会議に際して、ホー・チミンは、「祖国解放のための八項目」を起草し会議事務局に提出した。そこには民族自決権、立憲政府、民主的自由、ベトナム人とフランス人の法的平等、出版・結社・集会の自由、強制労働の廃止、塩税とアルコール強制消費の廃止といった内容が含まれていた。この当然な要求は当時のフランスでは、少数派の社会党を除いて、一笑に付された。

解放と独立を願うベトナム人にとって、『ル・パリア』誌上のグエン・アイクォック署名論文は「雷鳴」のような効果をもった。それを読んだある民族主義者は、すぐさま筆者に会うべきだと直感した。海員仲間から選ばれて密使となった彼はパリに赴き、ゴブラン街六番地の質素な下宿にホー・チミンを訪ねた。ホー・チミンは突然訪ねてきたこの同胞を美術展に連れて行ったという。「数百枚の絵があり、ひどく混んでいた」というからサロン・ドートンヌだったかもしれない。おそらくルーブル美術館にも足を運んだであろう。ダヴィッドの大作「ナポレオンの戴冠」や七月革命を主題にしたドラクロアの「民衆を導く自由の女神」など、フランスの普遍主義の歴史を体現する美術作品に、彼はどんな眼差しを向けていたのだろうか?

一九二〇年、ホー・チミンはトゥールで開かれたフランス社会党大会に参加した。ロシア革命を成し遂げたレーニンが主唱する第三インターナショナルに加盟するかどうかを決定する歴史的な大会であった。ホー・チミンは「インドシナ代表」としてフランス植民地支配の犯罪を告発した。彼が「社会党は私の抑圧された同胞のために行動を起こさなければならない」と述べたとき、ロンゲが「私はすでに土着人のために仲介の労をとっている」とやじを飛ばしている。ホー・チミンは冷静に「すでに静粛をお願いしたはずだ」とロンゲを制したとき、会場からは「笑い声」があがった。誰が、誰を、なぜ笑ったのだろう？

ホー・チミンはさらに「第三インターへの加盟は、社会党が植民地問題にそれに値するだけの重要性をあたえるということへの明確な約束である」と主張した。ロンゲは社会党右派の代表であり、党が第二インターにとどまることを支持していた。ホー・チミンを第三インター支持へと動かしたのはレーニンの民族理論であり、「万国の被圧迫民族よ、団結せよ」という訴えであった。この大会を契機にフランス共産党が結成され、ホー・チミンはその創立に加わった。こうして、彼は「ベトナム人として最初の共産主義者」となった。

彼が革命運動への出発点でもったこのような経験を想起しつつ読むとき、ホー・チミンとその同志が一九四五年九月二日に発したベトナム民主共和国の独立宣言は、いっそう含蓄深いものに思われる。

すべての人間は生まれながらに平等である。彼らは造物主によって、一定の奪いがたい権利を付与され、その中には生命、自由、および幸福の追求がふくまれる。この不滅の言葉は、一七七六年のアメリカ合衆国独立宣言の中で述べられたものである。その広義の意味は、地球上のすべての民族は生まれながらに平等であり、生存する権利、幸福かつ自由である権利をもつということである。

一七九一年に出されたフランス革命の人および市民の権利宣言も、こう述べている。「すべての人は自由かつ権利において平等なものとして出生し、生存する。」これらは否定することのできない真理である。しかしながら、八〇年以上にわたって、フランス帝国主義者は、自由・平等・博愛の旗印を悪用して、わが祖国を占領し、わが同胞を抑圧してきた。彼らの行動は、人道と正義の理想とは正反対であった。

第二次大戦中、ヨーロッパ戦線でドイツがフランスを占領したことに乗じて、日本はフランス領インドシナに進駐していた。一九四五年三月には日本軍はフランス植民地当局（ヴィシー政府）に対するクーデターを起こし、名実ともにインドシナを占領。日本軍占領下のベトナムで二百万人といわれる民衆が飢餓のため命を落とした。日本軍の敗北と同時にホー・チミンらのベトナム独立同盟（ベトミン）が蜂起し、ハノイにおいて独立を宣言した。

しかし、連合国軍はその即時独立を認めず、北緯一六度線でベトナムを南北に分割し、北部を中国国民党軍が、南部をイギリスが占領し管轄した。国民党軍は略奪を繰り返し、イギリス軍はフランスの南部ベトナム再占領を公然と手助けした。対独レジスタンス勢力が中心となって構成された戦後フランス政府も、ベトナムの独立を認めるつもりはなかった。フランス共産党の最高指導者でありフランス政府副首相でもあったモーリス・トレーズは、ホー・チミンは「トロツキスト」であるとして不信を表明していた。ここには、おそらくソ連の意向も投影されている。当時のソ連はフランスが共産主義に向かう可能性があると考え、フランス領植民地をフランスに縛り付けておくことが有利と読んでいたのである。

その後のベトナムの闘争について詳述する紙幅は残されていない。一九五四年までの抗仏戦争勝利、一九七五年の抗米戦争勝利まで、長い戦いが続いた。

普遍主義の母国フランスで共産党の創設に加わったホー・チミンは西欧普遍主義思想の光と闇を、二つながら、もっともよく学んだのであろう。ホー・チミンは民族解放という目的のためには思想であれ武器であれ、他者から（時には戦っている相手からさえ）借りてくることをためらわなかった。識字率を高めるため、ベトナム語をローマ字標記に変えることも即断している。ベトミンの軍事委員はしばしば「三国志」の諸葛孔明を引いて作戦を説明したという。ベトナムと中国との歴史的な敵対関係や諸葛孔明の「南蛮」征服譚を想えば、これも驚嘆に値するプラグマチズムではないか。

ベトナムの独立宣言がアメリカとフランスの普遍主義思想を冒頭に掲げていることは、この両国と戦う上で、敵側の二重基準を暴くために有利だっただけではない。そのような外交戦や宣伝戦のレベルにとどまらず、ホー・チミンにはおそらく、次のような確信があっただろう。——彼らの理想は素晴らしい、しかし、彼らには自らの理想を実現することはできない。彼らが植民地主義を克服しない限り。反植民地闘争を通じて、彼らの理想を真に実現するのは、われら植民地臣民である。そうであるから、ベトナム人がアメリカとフランスの理想を掲げてこの両国と闘うことは、決して「借り物」による闘いではない。彼らの理想は、われらのものである。

ホー・チミンは民族主義者か共産主義者か、というのはよく提起される問いである。しかし、この問いそのものに二項対立的思考の罠がひそんでいることは、前記のことから理解されるであろう。

清貧さ——闘いとしての

ホー・チミンの人となりをどう表現すればよいだろう？　すべての回想や会見記が異口同音に、その清貧さ、無私な潔癖さ、温かさといった長所を挙げており、短所に言及したものがほとんど見られない。ややもすれば、退屈なくらいである。

第三世界の指導者たち、とくにその第一世代は、死後になって、権力乱用、蓄財、身内びいき、異性関係、気まぐれ、不寛容など、生前の不品行を暴き立てられるのが常である。このうち幾分かは帝国主義側による情報戦の所産であろうが、すべてが事実に反すると言えないことも確かだ。例外はゲバラとホー・チミンくらいではないか。

ホー・チミンには兄が一人、姉が一人いる。どちらも抗仏運動に加わって投獄されたことがあるようだ。一九四五年九月のベトナム民主共和国独立宣言のあと、新しい政府の主席ホー・チミンが弟であることを知って驚いた姉は、「二羽のアヒルと卵二二個」を土産にハノイまで弟に会いに行った。その後、姉は村に帰り、九年後に村で没した。兄も国家の指導者となった弟に会いに行ったが、ホー・チミンはまだ自分の正体を秘密にしておきたかったので官邸には招き入れず、郊外の親戚の家で一時間ほど話をしただけで、その後は二度と兄に会わなかったという。肉親に対するこうした（冷淡さといわないまでも）厳格さは、おそらく他の第三世界指導者とは異なる、ホー・チミン独特のものだ。

ホー・チミンに「獄中日記」がある。一九四二年八月、彼は在中国のベトナム人革命勢力との連絡のため中国へ向かったが、国民党地方軍に逮捕され、一年以上にわたって広西省の一三県にわたる一八の監獄を転々とした。「獄中日記」は漢詩の形式で綴られたその間の日記である。一九六〇年、七〇歳の誕生日を記念して、ハノイの文学出版社から出版された。その中の「落了一隻牙（歯が抜けた）」という一篇は面白い。

你的心情硬且剛　　おまえのこころは堅くて強い
不如老舌軟而長　　舌のように軟らかくも長くもない
従来與你同甘苦　　これまでおまえと苦楽をともにしてきたが

栄養不足と虐待の続く獄中生活のため歯が抜けたのである。苛酷な状況をうたっているのだが、どことなくユーモラスなのはなぜだろう？　おそらくは漢詩という形式のせいでもあろうが、東アジアの読書人らしい風雅と、農民的朴訥さとが感じられる。あえて表現すれば「単純さ」といえよう。しかし、自然に湧き出たものであるだけでなく、十分に政治的に意識されたものでもあろう。シンプルということであって、ナイーヴということではない。「革命的単純さ」と言ってもいい。

ホー・チミンはいつでも単純さを重んじた。政治報告を書いたときも草案をまずボディーガードに読ませて、彼らが理解できるよう書き改めたという。解放軍の政治委員がマルクス・レーニン主義の難解な政治用語を乱用することは堅く戒められた。農民にわかりやすい表現を用い、農民の具体的な要求に答えるべきことが強調されたのである。

残されているホー・チミンの写真はすべて清貧のイメージに結びつくものだが、きわめつけは一九五〇年に撮られた一枚であろう。老いた農夫が静かな池に釣り糸を垂れている図である。ステレオタイプとすら見えるこのアジア的清貧さのイメージはホー・チミン自身の偽りのない姿であったとしても、同時に彼とその同志たちは、こうしたイメージが、内部のベトナム民衆に対してだけでなく、外部の国際社会に対しても、戦略的にきわめて重要であることを深く理解していたに違いない。ホー・チミンがパリでの貧窮時代、東洋美術の模写をつくって売る仕事をしていた挿話も、こ

1950年に撮影されたホー・チミンの写真

の想像を補強する。彼はアジアしか知らなかったのではない、西欧人がアジアに求めるイメージを熟知し、それを戦略的に演じていたのである。

ベトナム労働党は抗米戦争の戦略を軍事、政治、外交という三つの局面における闘争の結合としてとらえていた。六八年のテト攻勢は多大の犠牲を出し軍事的には成功といえなかったが、アメリカ国内で反戦・厭戦の気運を盛り上げる契機となり、その意味で戦局を転換する外交的勝利につながった。

ベトナム戦争は他のどの民族解放闘争にもまして、国際社会とくに西側の世論の同情と支持を集めたものであった。そのことはベトナム戦争が全世界的な反帝国主義闘争の最前線と位置づけられていたからである。ベトナムの解放勢力自身がそのことをよく自覚し、人道主義的、民主主義的な国際世論を味方につけることをつねに戦略的に重視していた。北爆の最中に北ベトナムに招かれた敵国人スーザン・ソンタグの報告は、この視点で見るならば、彼女のというより、むしろベトナム側の賢明さの証しであると読める。

ハノイで私たちの目にうつるのは、美しい、ひとしなみに窮乏した、清楚なアジア的都市のすがただけだ。魅力的で威厳をそなえた人たちが、わびしい物質的窮乏と精神力や忍耐力に対するきわめてきびしい要請の中で生きているすがたが見えるだけだ。私はこれほどの静けさがあろうとは思ってもいなかった。……ベトナムでは「デモクラシー」という言葉が、きわめてひんぱんに唱えられるのに私は気づいたけれども、それは、キューバをふくめ、かつて私が訪れたどのコミュニズム国家よりもたびたび口にされるようであった。ベトナム人の主張によると、デモクラシーは彼らの文化、特にそのすさまじい独立不羈な農民精神の慣習、に深い根をもっているのである。……アメリカの急進論者たちが北ベトナムを訪れてみると、あらゆる問題――コミュニズム、革命、愛国心、暴力、言語、礼節、エロスなどに対する、アメリカ人として必然的なアメリカ的姿勢、そして、いうまでもなく、もっと一般的な、自己の存在証明にかかわる西欧的性格――が疑惑の淵に投げ込まれるのだ。きわめて割引した表現にしたがっても、私は北ベトナム訪問以後は、その前よりも世界がいっそう巨大なものに見えてきた、と証言してはばからない。

誤解のないように付け加えると、これはもちろん、北ベトナムの巧妙なプロパガンダにソンタグが一杯喰わされたというような浅薄な話ではない。「巧妙なプロパガンダ」などで、あれだけ長期間にわたって、国際社会のあれだけ多様な知識人やジャーナリストの共感を引き付けておくことはできなかっただろう。ベトナムの解放勢力は、少なくともホー・チミン自身は、西側の人々に彼らの文明観とアイデンティティそのものを問うこと、普遍主義的理想の体現者ははたしてどちらであるかを問うことを解放闘争の主要な戦略としていた。ホー・チミンはパリ時代以来、植民地主義との闘いが何よりも「道徳性」をめぐる闘争であること、そしてそこにこそ帝国主義に対する勝機がひそんでいることをよく理解していた。清貧を保ち続けることは、それ自体、苛烈な反植民地闘争であり、ホー・チミンはこの闘争のまれな勝利者であった。その意味で、彼の眼差しは宗主国人のみならず、私たち第三世界人をも静かに射るのである。

＊本稿執筆にあたり以下の文献を参照した。
■チャールズ・フェン『ホー・チ・ミン伝』（上下）岩波新書、一九七四年
■ベトナム労働党中央党史研究委員会『正伝ホー・チ・ミン』毎日新聞社、一九七〇年
■日本ベトナム友好協会編『わが祖国の自由と独立』新日本出版社、一九六九年
■小倉貞男『ドキュメント　ヴェトナム戦争全史』岩波書店、一九九二年

■亀山旭『ベトナム戦争』岩波新書、一九七二年
■ファン・ボイチャウ『ベトナム亡国史』平凡社東洋文庫
■スーザン・ソンタグ『ハノイで考えたこと』晶文社、一九六八年

〔付記〕

本稿執筆後に中野亜里編『ベトナム戦争の「戦後」』（めこん、二〇〇五年）という文献を知った。新しい世代の研究者たちが抗米戦争終結と南北統一後におけるベトナムを論じた論集であり、現在のベトナムが抱える諸問題について学ぶところが少なくないが、筆者の一人による次の記述には、強い疑問を覚えた。

「ベトナム革命に共感を寄せる日本人は、ベトナム人の上にアメリカ帝国主義の犠牲者の姿を見出そうとする。しかし、戦時中と戦後の混乱期の犠牲者の七六％は、ベトナム人どうしの殺し合いによるものだという数字もある［Bui Tin 2003］。外国軍による残虐行為に正当化の余地はない。しかし、ベトナム人が同じ民族の多様な思想・信条を排除し、単一のイデオロギーで強権支配を行なったことは、外国の敵の侵略よりも大きな民族的悲劇と言えるのではないだろうか。」（五七頁）

この筆者は、はたして植民地支配というもののシンプルな本質を理解しているのだろうか？　帝国主義はいつでも、解放勢力との闘争を「おなじ民族どうしの殺し合い」という形式で遂行しようとするものだ。ベトナム戦争こそ、その好例である。

あとがき

本書は私の評論集として五冊目になる。過去の四冊はすべて影書房にお世話になったが、今回は高文研が版元になって下さった。先の見えない「出版冬の時代」に、あえてこうした書物を出して下さる出版社の方々に、まず感謝申し上げる。

最初の評論集『長くきびしい道のり』（一九八八年）を出した時、兄二人はまだ獄中にあり、私は途方に暮れた無職の若者であった。それから本書にいたるまで、結果として二〇年以上にわたって五冊の評論集を出すことになった。私は思春期の頃から漠然と「もの書き」を志望していたが、こうしたことは想像していなかった。「進化論的発想」といおうか、若かった頃、私は、人々に自分の考えを読んでもらいさえすれば少しずつ理解する人が増え、やがて自分の発言など無用のものになるだろうと予想していた。なにしろ自分はしごく当然のことを述べているに過ぎないのだから。その日が来るのを期待していたと言ってもよい。

だが、その考えは間違っていたようだ。むしろ断絶のみが深くなることを感じてきた。

昨年一二月のある日、若い在日朝鮮人女性からメールが届いた。

「先週の金曜日、京都朝鮮第一初級学校に『在日特権を許さない市民の会（在特会）』なる団体が押しかけ、子どもたちの前で、スパイの子どもたち！朝鮮学校を日本からたたきだせ！などと数時間にわたって脅迫しました。昨今、この種の事件が絶えません。『一部の排外主義者がやっていることだから放っておけば…』という日本人マジョリティの感覚がすでに今回のような脅迫行為や暴行を許してしまう社会を生み出しているような気がしてなりません。ご意見をお聞きしたいです。」

思いつめたような調子である。私には、答える言葉がなかった。

その時、胸に湧いていたのはこんな思いだ。——いま私は満五九歳になった。彼女はまだ二〇代になったばかりだ。私が彼女の年齢だったとき、まったく同じ疑問と怒りを感じていた。それから四〇年後の現在まで、同じ一つのことを主張し続けてきたような気がする。だが、それで何が、どう変わったというのか。こんな無残な社会を若い世代に残すことになるとは……

申し訳なさと空虚感が心にこみ上げた。

昨年夏、民主党への政権交代が実現した。だが、民主党の公約であった外国人参政権法案は「朝鮮籍」を除外する方向になり、しかも、そんなゴマ化しの法案ですら、どうやら見送られることになりそうだ。野党ばかりか与党の内部にも頑強な反対派が相当数存在するためだが、なにより日本国民多数の支持が得られないからである。

高等学校学費無償化の対象からも朝鮮学校を除外すべきだという主張が公然と行われている。この問題が今後どうなるか、現時点ではよく見通せないが、どういう結論に落ち着くにせよ、すでに繰り返し表明されたあからさまな敵意によって、在日朝鮮人、とくに子どもや若者たちがひどく傷つけられたことだけはたしかだ。在日朝鮮人が日本にいるのは日本の植民地支配の結果である。もともと一つであったその在日朝鮮人を二つに分け、一方には権利を与えるが、もう一方は排除するなどといった選別が許されてよいはずはないのである。

これほど明白に理不尽な状況を前にして、リベラルで良識的なはずの日本国民多数は、なぜ「高見の見物」を決め込んでいるのか。それは、私がこの二〇年余、問い続けて来たことだ。その問いへの回答を、本書中の「『和解』という名の暴力」という一文で試みてみた。こうした現象は、私の考えでは、日本のマジョリティに偏在する「国民主義」を背景として「継続する植民地主義」が表面化したものである。「在特会」など一部の問題ではない。

今年は「韓国併合一〇〇周年」だという。植民地支配の開始から一〇〇年。歴史がなんであれ、事実がどうであれ、「北朝鮮」と結びつけさえすれば、どんな暴言も差別も許容される社会が実現された。解き放たれた敵意は、その被害者である在日朝鮮人ばかりでなく、日本人自身をも確実に蝕んでいる。植民地主義というものは、こんなにも大きな、取り返しのつかない傷と歪みを残しながら、さらに継続し、増殖するのである。

本書の初校校正を終えたあと、担当編集者である高文研の真鍋かおるさんから「これもニアミス？」との連絡をもらった。李良枝の「わたしは朝鮮人」という文章が高文研の出した本に入っていたことがわかったのだ。高文研はかつて『考える高校生』という雑誌を発行していたが、そこに高校生だった李良枝が投稿していた。そして、一九七七年に出版された高校生たちの手記集『青空に叫びたい』に彼女の手記が収められているというのである。

続けて真鍋さんは、当時その本を編集した人が、本書中の私の批評「ソウルで『由熙』を読む」を「きびしすぎる」と評していたと教えてくれた。

きびしすぎる？　そうだろうか？　判断は読者にゆだねるほかないが、よく読んでもらえれば、彼女の高校時代の文章を私が高く評価しており、その後の迷走を惜しむとともに、迷走の原因を「きびしく」考察しようとしていることがわかるだろう。私が「きびしい」のではなく、在日朝鮮人が投げ込まれている状況が「きびしすぎる」のだ。

こんなことを書いたところで心が晴れるわけでもない。私はもはや年齢相応に沈潜し、こんな文章を書くのもやめたほうが良いのかもしれない。だが、どうやら私はまだ、この「きびしすぎる」役回りを担い続けなければならないようだ。

二〇一〇年三月九日　　東京にて

徐　京植

徐　京植（ソ・キョンシク）

1951年京都市に生まれる。早稲田大学第一文学部（フランス文学専攻）卒業。現在、東京経済大学現代法学部教員。

著書に『私の西洋美術巡礼』『汝の目を信じよ！—統一ドイツ美術紀行』（以上、みすず書房）『子どもの涙—ある在日朝鮮人の読書遍歴』（柏書房）『新しい普遍性へ—徐京植対話集』『過ぎ去らない人々—難民の世紀の墓碑銘』『半難民の位置から—戦後責任論争と在日朝鮮人』『秤にかけてはならない—日朝問題を考える座標軸』（以上、影書房）『プリーモ・レーヴィへの旅』（朝日新聞社）『青春の死神—記憶の中の20世紀絵画』『夜の時代に語るべきこと—ソウル発「深夜通信」』（以上、毎日新聞社）『ディアスポラ紀行—追放された者のまなざし』（岩波新書）など、共著書に『断絶の世紀証言の時代—戦争の記憶をめぐる対話』『ソウル—ベルリン玉突き書簡—境界線上の対話』（以上、岩波書店）などがある。

植民地主義の暴力——「ことばの檻」から

●二〇一〇年　四　月一五日————第一刷発行

著　者／**徐　京植**

発行所／株式会社 **高文研**

東京都千代田区猿楽町二—一—八
三恵ビル（〒一〇一＝〇〇六四）
電話　03＝3295＝3415
振替　00160＝6＝18956
http://www.koubunken.co.jp

組版／株式会社WebD（ウェブ・ディー）

印刷・製本／シナノ印刷株式会社

★万一、乱丁・落丁があったときは、送料当方負担でお取りかえいたします。

ISBN978-4-87498-441-3　C0010

〈観光コースでない――〉シリーズ

観光コースでない **沖縄** 第四版
新崎盛暉・謝花直美・松元剛他　1，900円
「見てほしい沖縄」「知ってほしい沖縄」の歴史と現在を、第一線の記者と研究者がその"現場"に案内しながら伝える本！

観光コースでない **「満州」**
小林慶二著／写真・福井理文　1，800円
満州事変の発火点・瀋陽、「満州国」の首都・長春など、日本の中国東北侵略の現場を歩き、克服さるべき歴史を考えたルポ。

観光コースでない **台湾** ●歩いて見る歴史と風土
片倉佳史著　1，800円
台湾に惹かれ、台湾に移り住んだ気鋭のルポライターが、撮り下ろし126点の写真とともに伝える台湾の歴史と文化！

観光コースでない **マレーシア・シンガポール**
陸　培春著　1，700円
日本軍による数万の「華僑虐殺」や、マレー半島各地の住民虐殺の〈傷跡〉をマレーシア生まれの在日ジャーナリストが案内。

観光コースでない **香港** ●歴史と社会・日本との関係史
津田邦宏著　1，600円
西洋と東洋の同居する混沌の街を歩き、アヘン戦争以後の一五五年にわたる歴史をたどり、中国返還後の今後を考える！

観光コースでない **韓国** 新装版
小林慶二著／写真・福井理文　1，500円
有数の韓国通ジャーナリストが、日韓ゆかりの遺跡を歩き、記念館をたずね、百五十点の写真と共に歴史の真実を伝える。

観光コースでない **グアム・サイパン**
大野　俊著　1，700円
ミクロネシアに魅入られたジャーナリストが、先住民族チャモロの歴史から、戦争の傷跡、米軍基地の現状等を伝える。

観光コースでない **ベトナム** ●歴史・戦争・民族を知る旅
伊藤千尋著　1，500円
北部の中国国境からメコンデルタまで、遺跡や激戦の跡をたどり、二千年の歴史とベトナム戦争、今日のベトナムを紹介。

観光コースでない **東京** 新版
轡田隆史著／写真・福井理文　1，400円
名文家で知られる著者が、今も都心に残る江戸や明治の面影を探し、戦争の神々を訪ね、文化の散歩道を歩く歴史ガイド。

観光コースでない **アフリカ大陸西海岸**
桃井和馬著　1，800円
気鋭のフォトジャーナリストが、自然破壊、殺戮と人間社会の混乱が凝縮したアフリカを、歴史と文化も交えて案内する。

観光コースでない **ウィーン** ●美しい都のもう一つの顔
松岡由季著　1，600円
ワルツの都。がそこはヒトラーに熱狂した舞台でもあった。今も残るユダヤ人迫害の跡などを訪ね20世紀の悲劇を考える。

観光コースでない **シカゴ・イリノイ**
デイ多佳子著　1，700円
アメリカ中西部の中核地帯を、在米22年の著者がくまなく歩き回り、超大国の歴史と現在、明日への光と影を伝える。

◎表示価格は本体価格です（このほかに別途、消費税が加算されます）。